INSPÍRATE / PLANIFICA / DESCUBRE / EXPLORA

PERÚ

DK GUÍAS VISUALES
PERÚ

CONTENIDOS

DESCUBRE PERÚ 6

EXPLORA LIMA 76

EXPLORA PERÚ 134

GUÍA ESENCIAL 266

Izquierda: Tejidos de lana hechos a mano del mercado de Pisac
Página anterior: lago Antamina, en los Andes

DESCUBRE

Cuzco y los Andes

BIENVENIDO A PERÚ

Perú es un país lleno de riquezas: la sofocante y húmeda selva amazónica, la aridez del desierto costero, las culturas antiguas fascinantes, una variedad fabulosa de fauna en estado puro y las legendarias ruinas incas de Machu Picchu. Sea cual sea el viaje soñado, la Guía Visual de Perú será una estupenda fuente de inspiración.

1

2

3

4

1 Surfista sobre las olas de Punta Hermosa, Lima.

2 El convento de Santa Catalina en Arequipa.

3 Bailarines tradicionales en Candelaria, Lima.

4 Calle adoquinada al atardecer en Ollantaytambo, Cuzco.

Con un territorio que se extiende desde el oeste hasta el centro de Sudamérica, Perú destaca por su larga costa y sus maravillas arqueológicas. La capital, Lima, corona el litoral con su centro colonial español y barrios llenos de vida, con bares de pisco, música en directo y algunos de los mejores restaurantes del mundo. Hacia el norte, la paradisiaca zona de Máncora atrae a los amantes del surf, mientras que al sur, las líneas grabadas en el desierto de Nazca llevan sorprendiendo a los visitantes desde hace décadas.

La cordillera de los Andes ofrece una inmensa variedad de historia, cultura y aventura. El legado vivo del imperio inca –y de culturas aún más antiguas– se encuentra por todas partes, desde impresionantes ciudadelas en ruinas a coloridos festivales tradicionales. Aunque se conozca más la belleza de las plazas y calles adoquinadas de Cuzco, las de Arequipa, Ayacucho y Cajamarca recuerdan el encanto del Viejo Mundo. Uno se hace pequeño entre los bosques nubosos de las faldas de la cordillera del oeste de Perú, rebosantes de aves, orquídeas y mariposas, y al adentrarse en la selva tropical de las tierras bajas y el majestuoso río Amazonas. Experimentar la belleza natural de Perú, sus picos nevados, los lagos glaciares y los profundos cañones es también una opción.

La inmensidad y diversidad de Perú puede resultar sobrecogedora. Por eso se ha dividido el país en zonas fáciles de recorrer, con itinerarios detallados, información contrastada y mapas vistosos y exhaustivos para que la visita resulte perfecta, ya sea una estancia corta o bien una larga aventura.

POR QUÉ VISITAR PERÚ

Desde las cimas de los Andes hasta la selva amazónica, si algo ofrece Perú es diversidad. Junto a sus impresionantes ruinas antiguas, su animada oferta de ocio o su naturaleza fascinante, he aquí algunas buenas razones para visitar Perú.

1 MACHU PICCHU

Para muchos es el lugar más impresionante. Esta icónica ciudadela inca en lo alto de una montaña, rodeada por un bosque nuboso espectacular, es uno de los monumentos más maravillosos del planeta *(p. 184)*.

2 AVENTURAS EN EL AMAZONAS

Ya sea avistar delfines rosados desde la cubierta de un barco fluvial de lujo como pescar pirañas desde una piragua motorizada, las aventuras en el Amazonas están garantizadas *(p. 248)*.

3 UN PARAÍSO PARA OBSERVAR AVES

Perú es uno de los mejores lugares del mundo para la observación de aves, con más de 1.800 especies, que incluyen el gallito de las rocas, el colibrí y el cóndor andino *(p. 56)*.

COMIDA PERUANA 4

En Lima se puede disfrutar de algunos de los mejores restaurantes del mundo, pero también se puede probar una mazorca de maíz tostado en un puesto Ayacucho o un buen ceviche en Máncora.

FESTIVALES DE LA SIERRA 5

Los festivales tradicionales, mezcla de creencias católicas coloniales y andinas antiguas, son un derroche de bailarines y músicos, disfraces pintorescos y procesiones de santos *(p. 40)*.

CIVILIZACIONES PRECOLOMBINAS 6

Perú esconde restos impresionantes de antiguas culturas: desde los muros de adobe de la ciudadela chimú de Chan Chan *(p. 232)* hasta los misteriosos geoglifos de Nazca *(p. 140)*.

SENDERISMO EN LOS ANDES 7

Muchos de los senderos que atraviesan los Andes, poblados por alpacas, comunidades tradicionales y ruinas deterioradas, ofrecen espectaculares vistas *(p. 38)*.

PISCO *SOUR* 8

Este delicioso cóctel, que mezcla el sabor ácido del zumo de lima con el auguardiente pisco y una clara de huevo batida, es la bebida nacional de Perú *(p. 50)*.

9 DIVERSIDAD CULTURAL

La población indígena representa el 46 % del total del país. Esta población posee una rica diversidad de lenguas y culturas. La gran mayoría es quechua *(p. 74)*.

10 DORMIR EN LA SELVA

Ya sea por oír el canto de los grillos hasta quedarse dormido, o despertarse por el graznido de los loros, alojarse en el corazón de la selva es una experiencia inolvidable.

LOS CAÑONES MÁS PROFUNDOS DEL MUNDO 11

Con más del doble de profundidad que el Gran Cañón del Colorado, el cañón del Colca *(p. 166)* y el de Cotahuasi *(p. 168)* ofrecen un terreno fantástico para el senderismo y relajantes piscinas termales.

LAS PEÑAS 12

Una parte fundamental de la vida nocturna de Lima y otras ciudades son estos bares pequeños e informales, a los que se acude para empaparse de música folclórica en directo *(p. 84)*.

PERÚ
EN EL MAPA

Esta guía divide Perú en nueve zonas de interés diferenciadas por colores, tal y como se muestra en este mapa. En las siguientes páginas se amplia la información sobre cada zona.

COLOMBIA
BRASIL
BOLIVIA
Yuturi
Río Napo
Río Tigre
Río Corrientes
Iquitos
Río Amazonas
Tarapacá
Nauta
Benjamin Constant
Río Marañón
Moyobamba
Yurimaguas
Río Ucayali
Tarapoto
Rodrigues
RESERVAS AMAZÓNICAS
p. 248
Cruzeiro do Sul
Feijó
Río Marañón
Pucallpa
Tingo María
Huaraz
Huánuco
Cerro de Pasco
Churín
Río Altopurús
Huacho
Huaral
Tarma
Río Tambo
Río Piedras
Santa Rosa de Quives
Huancayo
Río Madre de Dios
LIMA
p. 76
Lima
Puerto Maldonado
Huancavelica
Ayacucho
CUZCO Y EL VALLE SAGRADO
p. 170
Chincha Alta
Andahuaylas
LA SIERRA CENTRAL
p. 196
Cuzco
Río Inambari
Pisco
Ica
Carhua
Sicuani
Nazca
Río Ocoña
Huancané
Caranavi
AREQUIPA, CAÑONES Y EL LAGO TITICACA
p. 150
LA COSTA SUR
p. 136
Juliaca
Puno
Lago Titicaca
Aplao
Arequipa
La Paz
Camaná
Mazo Cruz
Mollendo
Fundición
El Ayro
Oruro
0 kilómetros 20
N
Tacna
Boca del Río

CONOCIENDO PERÚ

Más allá de la ciudad inca de Machu Picchu, Perú es un país de contrastes geográficos extremos: desde la costa, seca y desértica, a la selva amazónica y los picos nevados. Su biodiversidad natural y sus ruinas prehispánicas demuestran que Perú es una de las cunas de la civilización americana.

PÁGINA 76

LIMA

Situada justo al borde de los escarpados acantilados de la árida costa del Pacífico, la capital de Perú es una conjunción del Viejo Mundo y del Nuevo Mundo. En Lima, los templos incas acaban en transitados bulevares y la arquitectura colonial alberga objetos milenarios de valor incalculable. Con una gastronomía de renombre mundial y una vida nocturna que va desde lo más sofisticado a lo más tradicional, Lima es un ejemplo de ciudad latinoamericana moderna.

Lo mejor

Museos, arquitectura colonial y gastronomía

Qué ver

San Francisco, Huaca Pucllana, Museo Nacional de Arqueología, Antropología e Historia del Perú

Experiencias

Ir de peña en peña por el bohemio barrio de Barranco

PÁGINA 136

LA COSTA SUR

Hogar de los yacimientos arqueológicos más famosos –y misteriosos– de Perú, la costa sur es un largo tramo de desierto, con ciudades costeras dispersas, que llega hasta la frontera con Chile. A pesar de su aridez, su mayor punto de interés natural son las islas Ballestas. Esta región tiene una tierra sorprendentemente fértil y, más hacia el interior, las viñas centenarias cultivadas en las llanuras fluviales juegan un papel primordial dentro de la producción del licor favorito del país, el pisco.

Lo mejor
Paisajes desérticos y enormes yacimientos precolombinos

Qué ver
Las Líneas de Nazca, la Reserva Nacional de Paracas

Experiencias
Sobrevolar a primera hora de la mañana las Líneas de Nazca

PÁGINA 150

AREQUIPA, CAÑONES Y EL LAGO TITICACA

Este territorio andino alberga una cordillera llena de volcanes que se junta con los cañones más profundos del mundo y la visión deslumbrante del lago Titicaca. La espectacular ciudad de Arequipa, representante tanto de la cultura colonial como de la indígena, es un punto de interés destacado. También ofrece al visitante el acceso a comunidades remotas aún impregnadas de tradición y el encuentro con el inmenso pájaro sagrado de los incas: el cóndor de los Andes.

Lo mejor
Paisajes imponentes, senderismo y la cultura andina tradicional

Qué ver
Monasterio de Santa Catalina, el lago Titicaca, el cañón del Colca

Experiencias
Las vistas del volcán Misti desde un bar de azotea en Arequipa

→

PÁGINA 170

CUZCO Y EL VALLE SAGRADO

El casco viejo de Cuzco está abarrotado de lujosas mansiones coloniales y edificios religiosos, pero son los restos de templos construidos de forma excepcional en las montañas lo que más destaca sobre la ciudad. Las extraordinarias ruinas incas de Machu Picchu son ineludibles y el lugar obligado de visita de la región, pero los pintorescos pueblecitos dispersos por el Valle Sagrado aportan una visión deslumbrante de la fuerte conexión que aún existe entre la vida indígena antigua y la moderna.

Lo mejor
Los tejidos andinos y descubrir la cultura inca

Qué ver
La catedral, el Camino del Inca, Machu Picchu

Experiencias
Pasearse por un mercado andino en Pisac

PÁGINA 196

LA SIERRA CENTRAL

Los Andes son la espina dorsal de la Sierra Central, una región de valles sorprendentemente verdes y bonitas y remotas ciudades en las que las tradiciones de montaña están muy arraigadas. Ayacucho es la más pintoresca de todas, casi a la altura de Cuzco, con su lujosa arquitectura colonial y su gran número de iglesias. Destaca por su artesanía, al igual que los pueblos cercanos a Huancayo.

Lo mejor
El inhóspito paisaje andino, la artesanía y los festivales tradicionales

Qué ver
Ayacucho, valle del Mantaro

Experiencias
Viajar en uno de los trenes a más altura del mundo desde Huancayo a Huancavelica

PÁGINA 206

LA CORDILLERA BLANCA

La Cordillera Blanca se extiende hacia el norte y el interior de Lima. Sus escarpados paisajes están coronados por picos nevados de 6.000 m de altura, atrayendo a montañeros y senderistas. Pero las vistas más maravillosas de la región se encuentran a altitudes más bajas: los antiguos yacimientos arqueológicos de Chavín de Huántar, donde se rendía culto a los felinos, y Caral, el centro urbano más antiguo de América, figuran entre los más importantes de Perú.

Lo mejor
Espectaculares picos nevados, senderismo y montañismo

Qué ver
Parque Nacional Huascarán, Chavín de Huántar, Caral

Experiencias
Una caminata hasta un lago glaciar en la cordillera

PÁGINA 222

LA TIERRA MOCHE

Este largo y estrecho tramo de desierto se extiende hasta la frontera con Ecuador. Sus playas de finísima arena blanca están entre las más bonitas de Perú, y en ellas también se pueden encontrar y degustar algunos de los ceviches más frescos. Aunque la tierra moche no solo es océano y arena; los erosionados y polvorientos restos de antiguas culturas preincaicas y sus magníficos museos arqueológicos están entre los mejores del continente.

Lo mejor
Playas, yacimientos arqueológicos preincaicos y museos

Qué ver
Trujillo, Museo Tumbas Reales de Sipán

Experiencias
La playa del animado complejo turístico y paraíso surfista de Máncora

PÁGINA 236

LA SIERRA NORTE

La Sierra Norte se caracteriza por la agreste mezcla, típicamente peruana, de profundos valles fluviales y altísimos picos de montaña. En su momento fue el bastión de la cultura chachapoya, que dejó su huella en Kuélap, una fortaleza que rivaliza con Machu Picchu en esplendor. Sin embargo, la huella del hombre es estos paisajes se difumina en comparación con la belleza de la naturaleza del entorno, en el que el senderismo es solo una manera de apreciar cascadas que golpean la tierra desde alturas imposibles y exuberantes bosques neblinosos en los que florecen las orquídeas.

Lo mejor
Salirse de las rutas habituales, la cultura chachapoya y ciudades coloniales

Qué ver
Cajamarca, Kuélap

Experiencias
Degustar platos de queso tradicionales en el corazón de los lácteos de Perú: Cajamarca

PÁGINA 248

RESERVAS AMAZÓNICAS

Poco menos de dos tercios del país están cubiertos por el follaje denso y húmedo de la selva amazónica, un lugar en el que la naturaleza es la única protagonista. En este rincón de biodiversidad, el más importante del planeta, habitan miles de especies exóticas, como guacamayos de vivos colores que vuelan sobre el manto de arboles y capibaras que se escabullen entre los riachuelos. Las ciudades de entrada –Iquitos al norte y Puerto Maldonado más al sur– ofertan aventuras inolvidables en tranquilas embarcaciones fluviales.

Lo mejor
La flora y la fauna, las culturas amazónicas y los trayectos fluviales

Qué ver
Iquitos, Reserva Nacional Pacaya Samiria, Reserva de la Biosfera de Manu

Experiencias
Alojarse en una acogedora cabaña en lo más profundo de la selva amazónica

1

2

3

2 SEMANAS *en Perú*

Perú ofrece todo tipo de opciones para el viajero, desde circuitos de cuatro días por las grandes ciudades hasta viajes más extensos por todo el territorio. Estos itinerarios ayudan a que cada uno trace su propio recorrido a través de este animado y heterogéneo país.

Día 1

Un día para absorber la rica historia cultural, arquitectura colonial y actividades de ocio de Lima *(p. 80)*.

Día 2

Un viaje de tres horas en autobús por la mañana en dirección sur hacia Paracas *(p. 144)*, un balneario costero que en su momento fue muy famoso entre los limeños más adinerados. Después de comer frente al mar en el patio de La Negra y El Blanco *(www.lanegrayelblanco.pe)*, un recorrido por las islas Ballestas *(p. 144)*, habitadas por una multitud pululante de chillones pingüinos de Humboldt y leones marinos. En invierno, las ballenas rorcuales migran por las aguas circundantes. Para terminar el día degustando un pescado fresco insuperable, basta con acercarse a cualquiera de los sencillos restaurantes del muelle.

Día 3

La soleada ciudad de Ica *(p. 144)*, una hora al sur, está rodeada de un fértil valle salpicado con las viñas más antiguas de Perú. Se puede empezar el día familiarizándose con el licor local por excelencia yendo de bodega en bodega artesanal de pisco y comiendo en cualquiera de sus restaurantes destilería. De vuelta a Ica, una visita al Museo Regional Adolfo Bermúdez Jenkins *(p. 145)*, con sus tejidos de la cultura de Paracas. El viaje a Nazca por la noche en un trayecto de dos horas en autobús puede finalizar cenando al llegar comida criolla en Los Ángeles *(p. 146)*.

Día 4

Las mejores condiciones para observar los misteriosos geoglifos de las Líneas de Nazca *(p. 140)* se consiguen en un avión a primera hora de la mañana. A pesar de las muchas

1 La impresionante catedral de Lima. ↑

2 Pingüinos de Humboldt en las islas Ballestas.

3 Volcán detrás de Arequipa.

4 Pasadizo en el monasterio de Santa Catalina.

5 Barcazas en el lago Titicaca.

teorías que existen sobre por qué fueron grabadas en el desierto hace unos 2.000 años, todavía no hay ningún consenso. Después del vuelo y el trayecto de nueve horas en autobús por la tarde hasta Arequipa *(p. 154)*, una ciudad rodeada de volcanes apreciada por su arquitectura colonial, uno puede relajarse en el tranquilo pisco bar Museo del Pisco *(p. 169)*.

Día 5

Se empieza el día explorando el centro histórico y elegante de Arequipa, declarado Patrimonio de la Humanidad por la Unesco, construido principalmente a partir de sillares de piedra volcánica blanca, que hace que se la conozca como la "ciudad blanca". Para apreciar con más profundidad el singular estilo arquitectónico de Arequipa, lo mejor es deambular por los hermosos claustros del monasterio de Santa Catalina *(p. 158)*. Se continúa realizando un recorrido autoguiado por las iglesias más bonitas de Arequipa, incluyendo la suntuosa fachada tallada de la iglesia de la Compañía *(p. 156)*. Al llegar la noche, hay que probar la cocina local, como el rocoto relleno (pimientos rellenos picantes) en una de las picanterías típicas cerca de la plaza.

Día 6

Cogiendo el autobús de las 3.00, se llega en unas tres horas al cañón del Colca *(p. 166)*, el segundo cañón más profundo del mundo. En el mirador de la Cruz del Cóndor *(p. 166)*, cámara en mano, se observa cómo los cóndores surcan los cielos grácilmente entre las 7.00 y las 9.00. De regreso al borde oriental del cañón, lo ideal es relajarse en Chivay, donde se encuentran los baños termales de La Calera, ricos en hierro *(p. 166)*. Después de cenar un filete de alpaca en Maray *(Avenida Salaverry 103, Chivay)*, se pasa la noche realizando el trayecto de seis horas en autobús hasta Puno *(p. 164)*.

Día 7

Por la mañana, desde el puerto, se puede navegar por las brillantes aguas del lago Titicaca *(p. 162)*, considerado por los incas el lugar de nacimiento del sol. Una hora en las islas Uros *(p. 163)* –unas islas construidas en su totalidad de juncos flotantes– es suficiente. Por la tarde se llega a la isla Amantaní *(p. 164)*, famosa por sus tejidos de colores. El viajero puede quedarse a pasar la noche en la casita de una familia quechua.

→

1

2

3

Día 8

Al llegar al día siguiente a la pequeña isla Taquile *(p. 164)*, hay que subir lentamente, para evitar los efectos de la altitud y los más de 500 escalones que van hasta la plaza. En lo alto, hay una tienda ineludible que lleva la comunidad en la que se venden trajes hechos a mano. Se puede cenar algo en un restaurante con vistas al lago antes de volver andando al barco. Al regresar a Puno, se inicia el trayecto de seis horas en autobús nocturno hasta Cuzco *(p. 174)*.

Día 9

La primera mañana de visita en Cuzco no hay que perderse la plaza de Armas *(p. 174)*, donde se encuentra la catedral *(p. 178)*, con un cuadro de la última cena en la que aparece un cuy (conejillo de Indias) asado como elemento central en la mesa. Posteriormente se puede ir a disfrutar de los cuadros de la escuela de Cuzco *(p. 179)* al Museo de Arte Religioso *(p. 177)*, y observar la famosa piedra inca de 12 lados que forma parte del muro exterior del museo. Por la tarde una opción es ir en taxi hasta Sacsayhuamán *(p. 175)* y explorar la fortaleza inca. Para cenar, nada como sumergirse en la gastronomía andina en Greens Organic *(Santa Catalina Angosta 135)*.

Día 10

Se empieza el día viendo la efímera presencia de los incas en Koricancha *(p. 176)*, en su momento un templo de muros de oro en el que se adoraba al dios Sol, del que los españoles extrajeron sus tesoros de valor incalculable y lo reconstruyeron como la hermosa iglesia y convento de Santo Domingo *(p. 176)*. Por la tarde se puede admirar la parte más bonita de la ciudad: el barrio de San Blas *(p. 176)*. Si es fin de semana, la feria de artesanía ofrece una buena oportunidad para comprar tejidos andinos tradicionales y otros recuerdos. Para cenar, un buen filete de alpaca en uno de los diminutos restaurantes del distrito de San Blas.

Día 11

Se va en colectivo (autobús), dirección noroeste, hasta Pisac *(p. 194)* por su famoso mercado de artesanía, que se celebra a diario, aunque el día más animado es el domingo. Se sigue a lo largo del valle hasta Ollantaytambo *(p. 195)*, considerado el último pueblo inca vivo. Las calles de adoquines de este pueblo conducen hasta la Arakama Ayllu *(p. 195)*, la fortaleza desde la que consiguió rebelarse Manco Inca contra los españoles. Un buen sitio para cenar a primera hora

4

5

1 Arco de piedra en isla Taquile.
2 El barrio de San Blas de Cuzco.
3 Ruinas de Machu Picchu.
4 Tejidos en el mercado de Pisac.
5 Familia de capibaras.

antes de prepararse para el trayecto en tren hasta Machu Picchu al día siguiente es el innovador restaurante de cocina andina El Albergue *(www.elalbergue.com/restaurant)*.

Día 12

Con la primera luz del día da comienzo el peregrinaje a la impresionante ciudadela inca de Machu Picchu *(p. 184)*, donde hay que reservar acceso al menos con seis meses de antelación. Este monumento, Patrimonio de la Humanidad por la Unesco, se alza entre dos montañas, con bancales excavados en las colinas adyacentes y con una impecable mampostería inca que se puede ver en el templo del Sol *(p. 188)*. De vuelta a Cuzco, en el tren que pasa por Ollantaytambo, lo mejor es relajarse en el alojamiento.

Día 13

El vuelo desde Cuzco a Puerto Maldonado *(p. 258)* y la selva amazónica dura 30 minutos. Remontando el río Tambopata *(p. 258)* se llega al Refugio Amazonas *(www.perunature.com)*, un alojamiento reformado en la orilla derecha del río en el que pasar la noche. Dentro del recorrido, hay que visitar una colpa *(p. 259)*, uno de los mejores sitios para avistar y fotografiar la fauna, para después caminar a un lago cercano y observar las nutrias gigantes, una especie poco común. Una caminata de noche por la selva es la oportunidad perfecta para ver la rana punta de flecha antes de dormirse bajo el arrullo de los sonidos de la selva.

Día 14

Un trayecto en barco de cuatro horas desde el alojamiento ofrece las mejores posibilidades de avistar guacamayos de vivos colores, capibaras, monos aulladores, nutrias de río y hasta pirañas. Río abajo en barco se regresa a Puerto Maldonado, en donde se toma el avión de vuelta a Lima que pone fin al viaje.

Para alargar el viaje:

Se puede recorrer el Camino del Inca *(p. 180)* a pie en cuatro días y tres noches, desde Cuzco a Machu Picchu, pero es imprescindible reservar al menos con seis meses de antelación, ya que las entradas están limitadas. La opción de hacer el camino de Salkantay a Machu Picchu en cinco/siete días es solo para aquellos senderistas experimentados que estén aclimatados a los pasos a gran altitud.

1

2

3

4

→

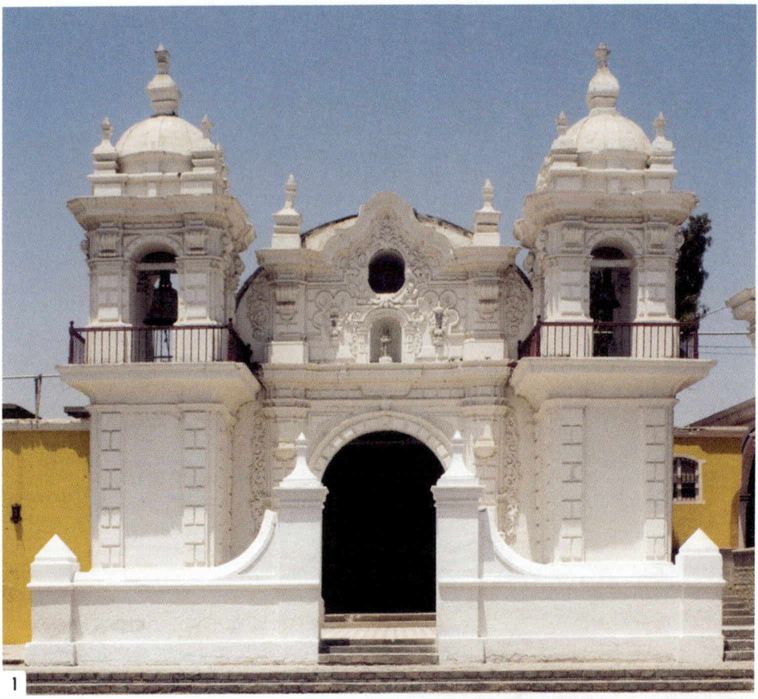

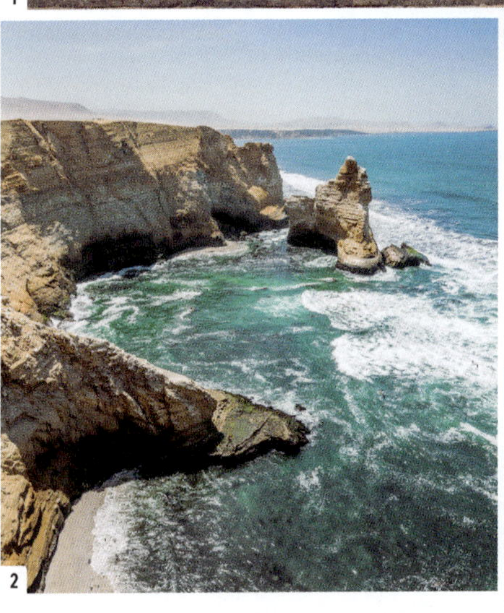

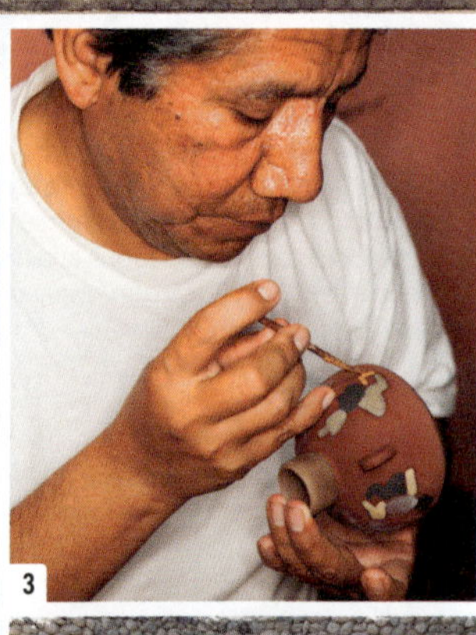

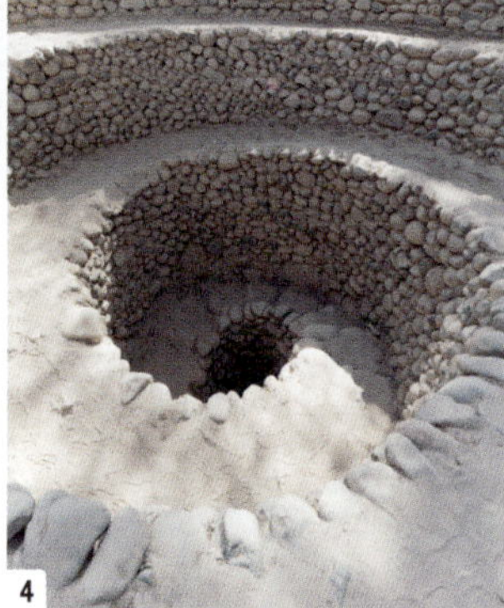

[1] La maravillosa fachada de la Hacienda San José.

[2] Reserva Nacional de Paracas.

[3] Pintado un cuenco de barro.

[4] El impresionante acueducto de Cantalloc.

4 DÍAS
en la costa sur

Día 1

Mañana Se empieza el recorrido en Chincha Alta, el centro de la cultura afroperuana. Para alojarse, la Hacienda San José *(www.casahaciendasanjose.com)*, una antigua plantación de azúcar construida en el siglo XVII, es una buena opción.

Tarde En dirección sur se hace una parada en Tambo Colorado *(p. 145)*, una de las ciudades de adobe mejor conservadas de Perú. Desde aquí, el autobús tarda una hora en llegar a Pisco *(p. 145)*. Desgraciadamente, en el terremoto de 2007 se derrumbaron muchos edificios, pero en la plaza principal aún se pueden visitar los monumentos que quedan en pie.

Noche Se coge un autobús a Paracas *(p. 144)* para darse un paseo por el puerto. El mejor premio para terminar la jornada es tomarse un trago en un bar con vistas al océano sin quietarle un ojo a los pelícanos.

Día 2

Mañana Para dar una vuelta por las islas Ballestas *(p. 144)*, hogar de los pingüinos de Humboldt y de los leones marinos, hay que ir en lancha motora. Al volver a Paracas, se puede alquilar una bici para explorar la Reserva Nacional de Paracas *(p. 142)*, un área protegida en la que los desérticos acantilados se encuentran con el Pacífico. Se hace una pausa para comer en la destartalada comunidad de pescadores de Lagunillas *(p. 142)*.

Tarde En una hora de autobús hacia el sudeste se llega a Ica *(p. 144)*, y desde aquí en taxi al oasis de Huacachina *(p. 145)*. Aquí se puede realizar un salvaje recorrido en *buggy* por las dunas de arena de los alrededores para poner a prueba su nivel de adrenalina.

Noche De vuelta en Huacachina, lo mejor es cenar en las mesas de fuera de cualquier restaurante con vistas al oasis.

Día 3

Mañana Reservando con antelación, se puede visitar El Caravedo *(www.piscoporton.com)*, una de las mejores bodegas de pisco de los campos de Ica. Se puede dar un paseo a caballo por sus viñedos –algunos de los más antiguos de Perú– y terminar con un pícnic.

Tarde Recorrido por la ciudad de Nazca *(p. 146)* y su fascinante Museo Didáctico Antonini *(p. 146)*, que contiene una colección de momias descubiertas en las cercanas pirámides de Cahuachi *(p. 146)*. Después se puede hacer una excursión a los talleres de alfarería del barrio de San Carlos, en los que artesanos locales realizan auténticas réplicas de la cerámica nazca.

Noche Si lo que se quiere es saber más sobre el sitio arqueológico más famoso de la ciudad, las Líneas de Nazca *(p. 140)*, lo ideal es dormir en el hotel Nazca Lines *(p. 145)*. Sus charlas de 45 minutos de duración aportan una introducción a las teorías sobre el origen y usos de los geoglifos.

Día 4

Mañana Hay que coger una avioneta para sobrevolar las Líneas de Nazca, el enorme conjunto de geoglifos grabados en la tierra del desierto hace unos 2.000 años. También merece la pena visitar el cercano acueducto de Cantalloc *(p. 146)*, construido con forma espiral por los nazcas.

Tarde Excursión a la Reserva Nacional Pampa Galeras-Bárbara D'Achille *(p. 146)*, donde habitan miles de vicuñas salvajes.

Noche Para terminar el día y disfrutar de la última noche, lo mejor es elegir un restaurante de los que hay por Jirón Bolognesi y degustar la comida más auténtica.

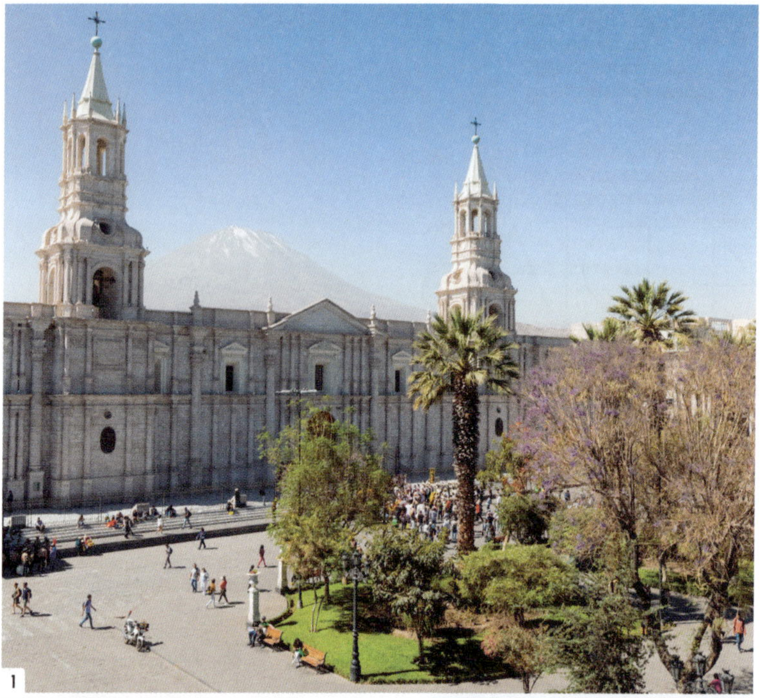
1

2

3

4

←

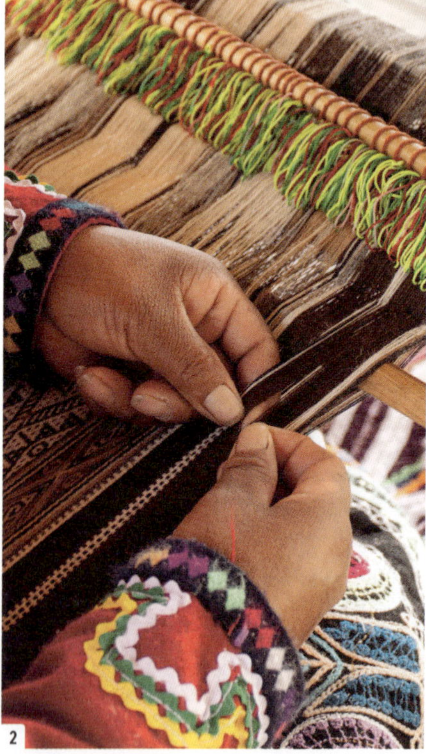

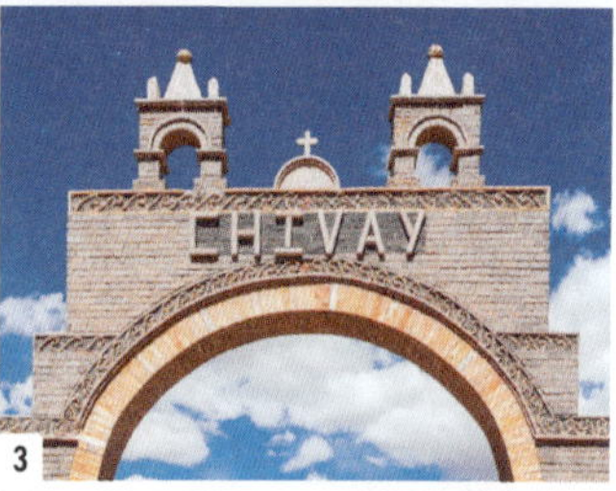

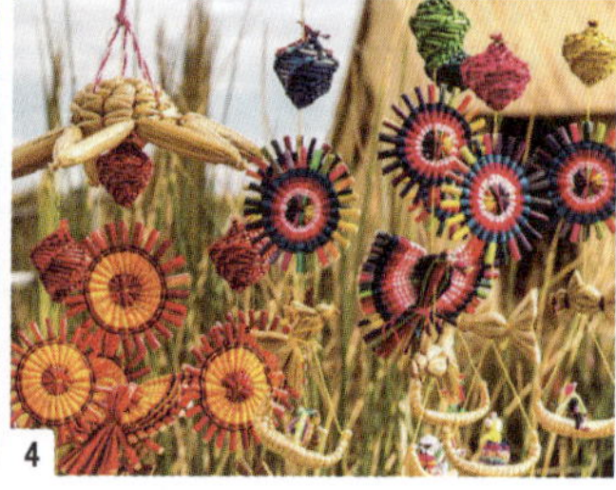

1 La catedral de Arequipa.

2 Una mujer tejiendo en Mundo Alpaca.

3 La entrada a Chivay.

4 Recuerdos de las islas del lago Titicaca.

5 DÍAS
en los cañones

Día 1

Mañana Se inicia la visita en la plaza de Armas de Arequipa *(p. 154)* para apreciar el patrimonio colonial de la ciudad. Al otro lado de la plaza está la iglesia de la Compañía *(p. 156)*, junto a tiendas de recuerdos.

Tarde En la terraza del Crepísimo *(p. 155)* tienen unas crepes muy sabrosas para comer. Después se puede ir al convento de la Recoleta *(p. 155)* y admirar aquí el estilo arquitectónico de Arequipa.

Noche La Casona del Pisco *(www.casonadelpisco.com)* es el lugar ideal para darse un homenaje a base de comida peruana, degustación de pisco y música en directo.

Día 2

Mañana Para conocer más a fondo los sacrificios incas hay que ir al Museo Santuarios Andinos *(p. 157)*, donde se encuentra Juanita, la momia de una muchacha que se halló congelada en un volcán cercano.

Tarde Mientras las alpacas pastan en Mundo Alpaca *(p. 156)*, se puede echar un vistazo a las tradiciones tejedoras de Perú, aprendiendo cómo convertir la lana en tejido, y comprar algunos tipos.

Noche En la Casona Iriberry *(p. 154)* se expone una colección de arte contemporáneo. Después se puede ir a Chicha *(p. 155)* para cenar lo último en alta cocina.

Día 3

Mañana En el trayecto en autobús a Chivay, que dura tres horas y media, hay que bajar a ver las vicuñas en las mesetas altas de la magnífica Reserva Nacional de Salinas y Aguada Blanca *(Avenida Arequipa, Arequipa 04001)*.

Tarde En Chivay se puede picar algo rápido antes de relajarse en una de las cinco piscinas de las fuentes termales de La Calera *(p. 166)*.

Noche En 15 minutos en autobús hacia el este se llega a Yanque *(p. 166)*, un pueblecito agrícola que sirve como base para hacer el recorrido del borde del cañón del Colca *(p. 166)*.

Día 4

Mañana Por la mañana temprano se admira mejor la blanquísima iglesia de la Inmaculada Concepción *(Plaza de Armas, Yanque)*, construida con sillares. A continuación, la visita al mirador de la Cruz del Cóndor *(p. 166)* ofrece unas vistas excelentes al cañón en el que los cóndores planean con las corrientes térmicas.

Tarde Se inicia el sendero para caminar hacia el cañón. Durante la bajada de 1.300 m, se aprecian en las colinas los bancales de Collagua *(p. 166)*.

Noche Se pasa una noche tranquila en un albergue rural pero muy acogedor en el valle de Sangalle, un oasis en lo más profundo del barranco.

Día 5

Mañana La escarpada caminata de cuatro horas por fuera del cañón hay que empezarla a primera hora de la mañana para evitar las horas más fuertes de calor. Desde Cabanaconde *(p. 166)* se vuelve a Chivay para conectar con un autobús que tarda seis horas en llegar a Puno *(p. 164)*, y que atraviesa un paisaje serrano maravilloso.

Tarde La visita a las islas Uros *(p. 163)*, construidas con juncos de totora, sale desde el embarcadero, para después llegar a la isla Taquile *(p. 164)*.

Noche Se puede dormir en la casa de una de las familias de la isla *(p. 163)*.

1

2

3

4

1 Las ruinas y plataformas de Tambomachay, en Cuzco.

2 Una selección de fruta y verdura en un mercado de Pisac.

3 Las impresionantes terrazas de Moray.

4 Las salinas de Maras.

5 DÍAS
en Cuzco y el Valle Sagrado

Día 1

Mañana Se empieza la visita a Cuzco en el Museo Inka *(p. 174)*, imprescindible para todo amante de la cultura inca. A continuación, un paseo por la calle Hatunrumiyoc *(p. 177)* invita a descubrir la pericia de este pueblo en la construcción de un muro con piedras de 12 lados..

Tarde Los granos de cacao proceden de la selva amazónica, así que no hay mejor sitio para demostrar las habilidades chocolateras del visitante que en un taller del Choco Museo *(p. 176)*.

Noche Las obras maestras de la cerámica moche se encuentran en el Museo de Arte Precolombino *(p. 174)*. Después, se puede cenar comida peruana justo al lado, en el MAP Café *(p. 177)*.

Día 2

Mañana A Tambomachay y sus restos de nichos incas, se puede llegar desde Cuzco en taxi. Para volver a Cuzco, se desciende andando por la carretera, y por el camino aparece Sacsayhuamán *(p. 175)*, una antigua fortaleza inca.

Tarde De nuevo en la ciudad, está la iglesia de Santo Domingo *(p. 176)*, construida encima de las ruinas de Koricancha. En los jardines de detrás se pueden comprar obsequios de lana hechos a mano en el Centro de Textiles Tradicionales de Cuzco *(p. 176)*.

Noche Al caer la noche, nada como un pisco *sour* mirando la plaza desde el balcón de la calle del Medio *(p. 177)*.

Día 3

Mañana El trayecto hasta las puertas de Rumicolca *(p. 192)*, que usaron los incas para controlar los accesos a Cuzco, debe empezar temprano. Después queda tiempo para visitar San Pedro de Andahuaylillas *(p. 192)*, iglesia conocida como la "Capilla Sixtina de América" por su interior.

Tarde Volviendo en dirección a Cuzco se puede degustar en Tipón *(p. 193)* un plato típico andino: el cuy asado. Después de comer, se recorre Tipón maravillándose con los canales de agua.

Noche En el animado Museo del Pisco *(Santa Catalina Ancha 398, Cuzco 08000)*, el viajero se sumerge en una banda sonora de música criolla.

Día 4

Mañana Se llega a Pisac en colectivo *(p. 194)* para después coger un taxi hasta las ruinas que se encuentran en las colinas. De vuelta al pueblo, hay que deambular por el mercado de los artesanos, uno de los más grandes de la zona.

Tarde Alojándose en el hotel de montaña Kuychi Rumi *(www.urubamba.com)*, cerca de Urubamba, se puede dar un paseo a caballo por las fértiles llanuras fluviales del valle.

Noche Cenar en el coqueto Tres Keros *(p. 193)* es una experiencia muy apetitosa.

Día 5

Mañana Se puede subir en taxi hasta los bancales circulares de Mocay *(p. 194)* y después tomar el sendero que llega hasta las salinas de Maras *(p. 194)*, donde los lugareños llevan siglos extrayendo sal.

Tarde El colectivo que regresa al valle pasa por Ollantaytambo *(p. 195)*, un pueblo con excelentes heladerías.

Noche Al regresar al hotel, lo mejor es relajarse frente a la chimenea antes de coger temprano el tren al Machu Picchu *(p. 184)*.

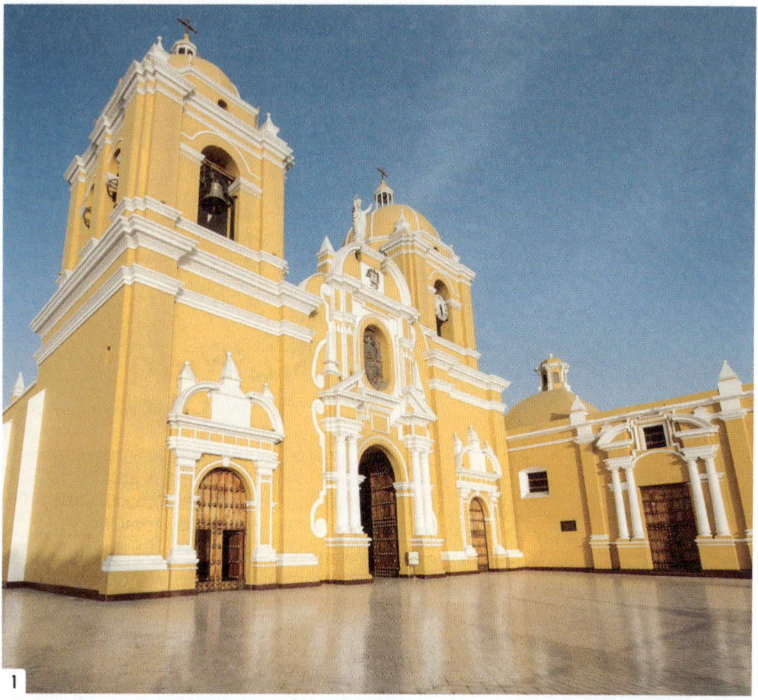
1

2

3

4

←

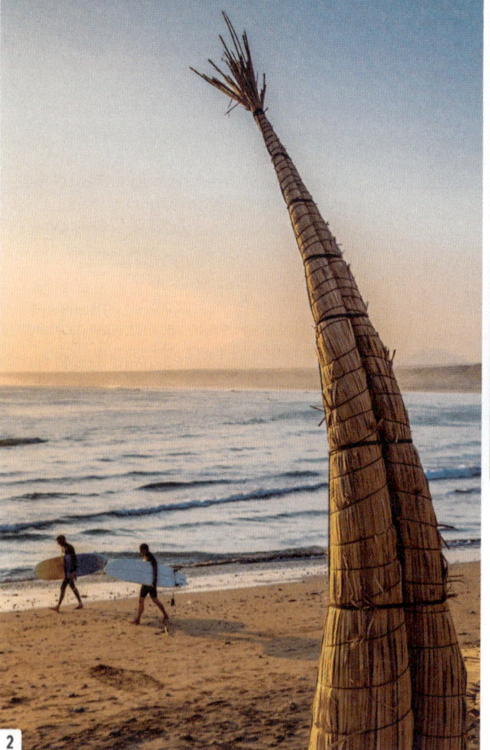

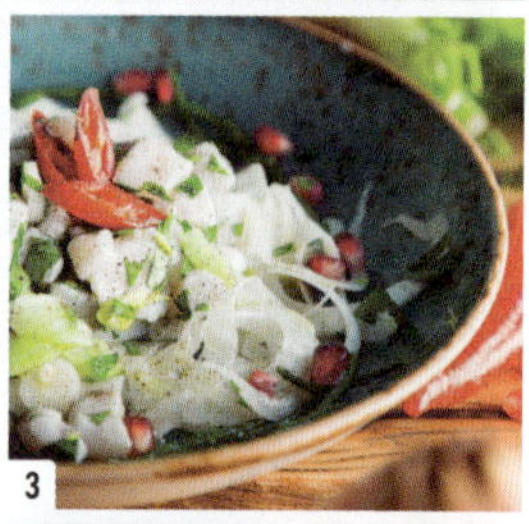

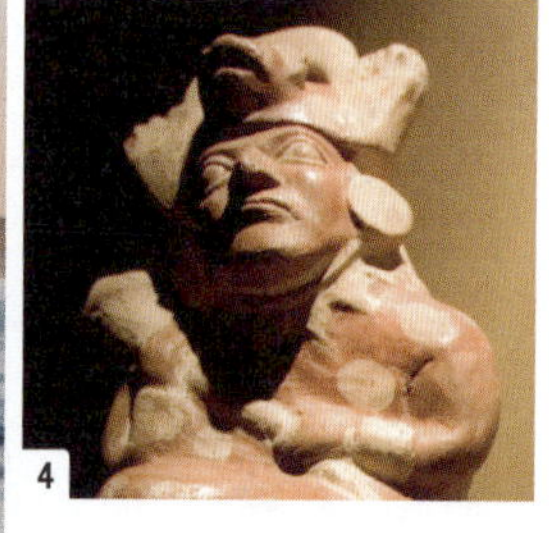

1 La bonita catedral de Trujillo.

2 Una barca de juncos tradicional en la playa de Huanchaco.

3 Un plato de ceviche fresco aderezado con chile.

4 Cerámica en el Museo de las Tumbas Reales de Sipán.

10 DÍAS

en el norte de Perú

Día 1

Mañana Se da comienzo al día visitando las coloridas mansiones pintadas del centro colonial de Trujillo. La catedral del siglo XVII, restaurada y con una fachada de color amarillo mostaza *(p. 226)*, se encuentra en la plaza de Armas, la plaza central más grande de Perú *(p. 226)*.

Tarde Lo mejor para entender la historia preincaica de la zona es tomar un autobús a Chan Chan *(p. 232)*, la ciudad de adobe más grande del mundo y antigua capital del imperio chimú. Los elaborados frisos decorados con motivos marinos, que han sido restaurados minuciosamente, evidencian su antiguo esplendor.

Noche Para acabar el día se puede degustar el plato local, el cabrito con frijoles, en El Mochica *(www.elmochica.com.pe)*, y ver una actuación del baile típico de Trujillo, la marinera *(p. 52)*.

Día 2

Mañana Al sur de la ciudad se pueden pasar unas horas visitando la Huaca de la Luna y la Huaca del Sol *(p. 232)*, dos templos de adobe construidos por la cultura moche. Los frisos multicolores que narran los rituales de sacrificios religiosos son fascinantes.

Tarde Merece la pena una escapada al norte, hasta Huanchaco *(p. 233)*, una ciudad balneario tranquila con un ambiente de pueblecito de pescadores a las afueras de Trujillo. En cualquiera de los restaurantes del paseo marítimo se puede comer relajadamente un buen plato de ceviche fresco *(p. 49)*.

Noche Navegar sobre las olas en un caballito de totora tradicional (una balsa de juncos) es la oportunidad perfecta para observar el atardecer sobre la fina arena dorada de Huanchaco.

Día 3

Mañana Se puede alquilar una tabla de surf y adentrarse, sin olvidar el neopreno, en las heladas aguas de la corriente de Humboldt y así despertarse del todo. Después, lo ideal es quedarse tumbado calentándose al sol de la playa.

Tarde Se aconseja visitar el incomparable Complejo Arqueológico El Brujo *(p. 233)*, un yacimiento moche en el que, en 2005, se descubrió el cuerpo modificado de una jefa chamánica de 1.500 años de antigüedad. Esta es la única gobernante femenina que se ha hallado en todo el Perú antiguo. Se puede ver su cuerpo lleno de tatuajes en el museo del yacimiento.

Noche Volver a Trujillo y hacerse con una mesita en el evocador balcón del siglo XVIII del restaurante El Celler de Cler *(Jirón Independencia 588)* es lo mejor para cenar con vistas a la cercana iglesia de San Francisco.

Día 4

Mañana Llegar hacia el norte hasta Chiclayo *(p. 233)*, en su momento una pequeña villa colonial y hoy en día la segunda ciudad más grande del norte de Perú, implica tres horas de autobús.

Tarde Un colectivo local lleva a Lambayeque y a la singular estructura piramidal del Museo Tumbas Reales de Sipán *(p. 230)*, que contiende más de 1.400 objetos preciosos. Muchos estaban dentro de la cámara funeraria del Señor de Sipán *(p. 230)*, uno de los descubrimientos arqueológicos recientes más importantes de Perú.

Noche Para cenar en Fiesta Chiclayo Gourmet *(p. 235)* hay que reservar. Aquí se disfruta de alta cocina tradicional peruana creada por el afamado chef Hester Solís.

1

2

3

Día 5

Mañana Los campos plantados de caña de azúcar surcan los caminos hasta Túcume *(p. 235)*, un grupo de 26 pirámides de adobe que conformaban la capital de la cultura lambayeque. Como parte de la visita se puede subir hasta lo alto de la colina del Purgatorio, de 197 m de altitud, y así ver el complejo en todo su conjunto.

Tarde Se continúa al este hasta los templos cercanos de Batán Grande *(p. 234)*, escondidos entre un bosque de algarrobos y de donde se cree que procede el 80% de los objetos de oro precolombinos que hoy se exhiben en Perú.

Noche En el bar restaurante Cuatro Once *(calle Juan Cuglievan 411, Chiclayo)*, de regreso a la ciudad, se sirven especialidades típicas de la zona como el ceviche y cerveza peruana artesanal.

Día 6

Mañana El autobús hasta la encantadora ciudad colonial de Cajamarca *(p. 240)* tarda seis horas.

Tarde Pocas ciudades pueden competir con el ambiente histórico de las bonitas calles empedradas de Cajamarca, que fueron testigo de la captura y ejecución del emperador inca Atahualpa *(p. 69)* a manos de los conquistadores españoles a comienzos del siglo XVI. Si se desea profundizar en el tema, merece la pena ir al Cuarto del Rescate *(p. 241)*. Más adelante, no se puede dejar de ir a la fascinante Casa Museo Nicolás Puga *(www.casamuseonicolaspuga.com)*, con su colección privada de objetos de metal, tejidos y retablos precolombinos de 2.000 años de antigüedad.

Noche Hay que dejarse caer en una de las peñas típicas de Cajamarca, la peña Usha Usha *(Amalia Puga 320)*. A menudo medio escondidos, en estos pequeños bares locales la música en directo y el ambiente divertido están casi asegurados.

Día 7

Mañana A primera hora se puede llegar en autobús a las impresionantes Ventanillas de Otuzco *(p. 244)*, unos antiguos cementerios excavados en un precipicio de roca volcánica, a 8 km de Cajamarca.

Tarde Desde allí sale un sendero agradable que sigue el río hacia el sur hasta llegar a los Baños del Inca *(p. 244)*, unas termas en las que

1 Yacimiento de Túcume. ↑
2 Catedral de Cajamarca.
3 Ventanillas de Otuzco.
4 Plaza mayor de Chachapoyas.
5 Ruinas de Kuélap.
6 Las impresionantes cataratas Gocta.

se bañaba Atahualpa para relajarse e ideales para remojarse unas horitas en una piscina privada.

Noche En el restaurante Salas *(Jr Amalia Puga 637)* de Cajamarca, se puede probar el manjar de la región: el caldo verde (una sopa de verduras con tropezones de queso blando).

Día 8

Mañana Comienza el viaje de 12 horas hasta Chachapoyas *(p. 245)*, pasando por Celendín y Leymebamba *(p. 245)*. Ir bordeando valles escarpados y atravesar desfiladeros a 4.000 m de altura pone los pelos de punta.

Noche Al llegar a Chachapoyas, lo ideal para estirar las piernas es caminar por la calle peatonal Jirón Amazonas, al este de la plaza de Armas, y cenar en uno de sus coquetos restaurantes.

Día 9

Mañana A primera hora se toma el teleférico hasta la ciudadela de la cumbre de Kuélap *(p. 242)*, una inmensa fortaleza de piedra construida por la cultura chachapoya hace unos 1.500 años. Si se mira bien el suelo interior de las 400 casas circulares del yacimiento pueden llegarse a ver los canales de piedra que se usaban para guardar a los cuyes de las familias.

Tarde En la plaza principal, de regreso en Chachapoyas, está el Museo Municipal Reino de las Nubes *(p. 245)*. Este pequeño recinto cuenta con excelentes exposiciones sobre la mayoría de los yacimientos y culturas antiguos que rodean la ciudad.

Noche Toca relajarse con un vaso de macerado (licor de frutas fermentado), elaborado en las instalaciones del animado establecimiento Licores la Reina *(Jr Jirón Ayacucho 544)*.

Día 10

Mañana Un autobús llega hasta el principio de un sendero de 6 km que serpentea por el bosque nuboso hasta llegar a la base de las cataratas Gocta *(p. 247)*, uno de los saltos de agua más altos del mundo y que se mantuvo escondida para el resto del planeta hasta su *descubrimiento* en 2002.

Tarde Después de la caminata, hay que tomar un almuerzo bien merecido en Café Fusiones *(p. 245)*, donde se sirven alimentos orgánicos deliciosos y café cultivado en las granjas cercanas.

Noche Se regresa a Lima en avión.

Mercados de alimentación

Los bulliciosos mercados andinos son una mezcolanza de olores y texturas, y en ellos se venden prácticamente las mismas verduras que en época inca. Se puede echar un vistazo a los sacos de quinoa, kiwicha y papas, y probar algunas de las numerosas variedades de patata en los mercados de Puno *(p. 164)*.

↓ Montones de frutas y verduras en un mercado local de Pisac

PERÚ Y LA HERENCIA INCA

El imperio inca, además del famoso Machu Picchu, dejó tras de sí tesoros antiguos maravillosos por toda la zona andina. Hay una gran cantidad de restos arqueológicos poco visitados así como recorridos y actividades que permiten seguir los pasos de los incas, e incluso comer con ellos

Puente de cuerda de Q'eswachaka

Último vestigio que queda de un puente de cuerda inca. En el recorrido de Cuzco *(p. 174)* a Q'eswachaka se puede cruzar el río Apurimac y maravillarse con esta impresionante estructura. Cada mes de junio se teje y cuelga un puente nuevo de remplazo, dentro de las actividades de un festival comunitario.

↑ Lugareños construyendo un nuevo puente de cuerda; y una mujer quechua cruzando el famoso puente *(izquierda)*

Machu Picchu

El Machu Picchu *(p. 184)*, el primero de la lista de cualquier visitante y a menudo la única razón para viajar a Perú, no decepciona en absoluto. Las ruinas restauradas con pericia de esta icónica ciudadela inca son impresionantes, pero es sobre todo el maravilloso entorno natural que lo rodea lo que lo hace mágico de verdad. Encaramado en una cresta escarpada y rodeado de montañas boscosas, la majestuosidad del Machu Picchu se observa mejor desde Intipunku (Puerta del Sol) *(p. 183)*.

↑ El paisaje espectacular que rodea las ruinas de Machu Picchu

MUSEOS DE HISTORIA INCA

Museo Inka, Cuzco
Expone una gran colección de momias, tejidos y más objetos incas *(p. 174)*.

Museo Machu Picchu, Cuzco
Cuenta la historia de la ciudadela inca *(p. 177)*.

Museo Arqueológico Rafael Larco Herrera, Lima
Muestra colecciones excelentes de objetos de oro y plata incas *(p. 131)*.

El Cápac Ñan

El famoso Camino del Inca *(p. 180)* comprende únicamente una parte pequeñísima del Cápac Ñan (Camino Real), una red de carreteras de piedra de 40.000 km de longitud que atravesaban todo el imperio inca. La sección que va desde Castillo a Huánuco Pampa en la Sierra Central *(p. 196)*, con sus 60 km conservados a la perfección, es ideal para descubrir un paisaje increíble, lleno de ruinas antiguas.

Senderismo por un tramo serpenteante del Camino del Inca

Los glaciares en el Camino de Salkantay

La alternativa favorita al Camino del Inca se centra en el volcán nevado Salkantay, que es la joya de la corona de la cordillera Vilcabamba de Cuzco. Tanto si se opta por el camino elevado que rodea el glaciar como si se toma el sendero clásico, las vistas a la montaña son impresionantes. Este desafío de cinco días puede ser más llevadero si se cambian la tienda de campaña y el saco de dormir por la comodidad de un alojamiento rural, completándolo con excelente comida e inmersiones en *jacuzzi*.

→

Sendero cubierto de rocas que conduce al nevado Salkantay

PERÚ Y LOS SENDEROS INCAS

No hay por qué venirse abajo si no se consigue una reserva en el Camino del Inca, saturado de peticiones. Hay otros caminos igual de excitantes, con el aliciente de bellos paisajes, encuentros culturales y ruinas incas, sin aglomeraciones y que se pueden organizar en Cuzco.

Encuentro con las tradiciones antiguas

El senderista con menos experiencia suele elegir la caminata Lares, de tres días y 33 km de largo. Este magnífico sendero atraviesa pueblecitos andinos tradicionales, aportando una visión preciosa del día a día de las comunidades tejedoras andinas, e incluye fuentes termales fabulosas y valles montañosos típicos con pintorescos lagos y cascadas.

←

Mujer con un pesado hatillo bajando por una calle de Lares

MEJORES VISTAS

El observatorio Casa Andina

El hotel Casa Andina *(www.casa-andina.com)*, en el Valle Sagrado *(p. 171)*, dispone de un gran planetario y observatorio: un sitio mágico en el que maravillarse con la Vía Láctea. Abierto tanto a huéspedes como a visitantes, cuesta 6 $.

¿Lo sabías?

El mejor momento para el senderismo es de mayo a septiembre, cuando los días son normalmente secos y soleados.

Adrenalina a tope

La mezcla de actividades emocionantes y senderismo hacen del camino Jungle Trek el cóctel perfecto para los amantes de la aventura. Un descenso arriesgado en bicicleta de montaña seguido por una caminata por un frondoso valle subtropical, con posibilidad de hacer rafting y lanzarse en tirolina. Antes de ponerse en marcha para la caminata del último día por la vía del ferrocarril hasta Aguas Calientes *(p. 183)*, los baños termales de Cocalmayo en los que uno se puede sumergir son el estimulante perfecto. Para descubrir más sobre el tema *www.peru.travel/iperu*.

↑ Tirolina sobre la selva peruana

El desafío hasta Choquequirao

Encaramada en una colina aislada, la ciudadela hermana de Machu Picchu, Choquequirao, tiene unas ruinas y un paisaje que no desmerecen en absoluto. Como la mayoría del yacimiento sigue enterrado entre la selva, conserva el aire romántico de cuando Hiram Bingham vio por primera vez el Machu Picchu, hace más de un siglo. Las ruinas esperan al final de una dura caminata de siete días.

Choquequirao, ubicado entre montañas cubiertas de flora amazónica

PERÚ Y SUS FANTÁSTICOS FESTIVALES

Los 3.000 festivales que se celebran en Perú cada año son un ejemplo fascinante del sincretismo entre el catolicismo colonial español y las culturas indígenas. Sea espiritual o profano, los festivales tradicionales están cargados de simbolismo, e invitan a disfrutar y a bailar sin importar la época del año.

El carnaval de Cajamarca
Aunque las celebraciones anteriores a la Cuaresma se organizan por todo el país, la ciudad serrana de Cajamarca *(p. 240)* celebra una de las mejores fiestas. Hay guerras de globos de agua, carrozas con alegorías y la ceremonia del yunza, un árbol decorado con regalos que representa la abundancia y que se tala durante una danza ritual que marca el final de la diversión. La reina del Carnaval y el rey Momo (o Ño Carnavalón) presiden los actos, con una efigie del rey que se quema el Miércoles de Ceniza.

→

Uno de los coloridos desfiles de máscaras en la plaza de Armas de Cajamarca

Los bailarines interpretan números de baile con sus brillantes galas

Fiesta de la Virgen de la Candelaria

Si hay alguna festividad folclórica peruana que destaque por encima de todas las demás es este gran espectáculo cultural de dieciséis días de duración que tiene lugar cada año en febrero. Fusiona el culto a la Virgen con antiguos rituales andinos relacionados con las cosechas y la fertilidad. Aunque se celebra en otras partes de Perú, solo en Puno *(p. 164)* se aprecian los trajes tan espectaculares, donde además se llegan a juntar hasta 40.000 bailarines. Una vez terminada la procesión de la Virgen, los grupos de baile concursan entre ellos. El baile más famoso del festival es la Diablada, que incluye grupos de diablillos vestidos con elaborados disfraces a los que persiguen los ángeles.

Representación de la Crucifixión de Cristo durante la Semana Santa

TOP 4 FESTIVALES DIVERTIDOS

Inti Raymi
Tiene lugar el 24 de junio en el Sacsayhuamán de Cuzco para celebrar el solsticio de invierno, e incluye una dramatización en honor al dios Sol.

Virgen del Carmen
Tres días de julio en los que se celebran desfiles de máscaras y trajes de lo más estrafalario en Paucartambo en honor de la patrona de la ciudad.

Mistura
El mayor festival de comida de Latinoamérica, que se celebra en Lima, dura diez días a principios de septiembre.

Selvámonos
Esta divertida semana cultural y musical en la pequeña ciudad tirolesa-peruana de Oxapampa se celebra a finales de junio.

Semana Santa

Esta es la semana más importante del calendario religioso peruano. Ayacucho *(p. 200)* celebra los actos más elaborados, con alfombras de flores que representan escenas clave de la Semana Santa y muchas procesiones a la luz de las velas. El Viernes Santo es la procesión de las imágenes del Señor del Santo Sepulcro y de la Virgen Dolorosa. Van en pasos altísimos, adornados con rosas blancas y miles de velas.

Costaleras en la procesión de María Magdalena hasta la catedral de Lima

↑ Espectaculares matices hacia el solsticio de invierno en Tres Cruces

Amanecer en Tres Cruces

La ilusión se palpa en esta vigilia en la cima de una montaña al este de Cuzco *(p. 174)*. Cuando el sol se eleva entre la bruma, un rayo de luz tiñe de rosa y oro las nubes, revelando la inmensidad de la Amazonia peruana más abajo. Es una experiencia asombrosa en cualquier época del año, pero hacia el solsticio de junio, una ilusión óptica parece crear tres soles que parecen cruces (de ahí su nombre).

PERÚ Y SUS MARAVILLAS NATURALES

De cimas nevadas a selvas sofocantes, de cañones inmensos a dunas desérticas, Perú ofrece todo tipo de paisajes. Algunos se pueden disfrutar desde lejos, mientras que para ver otros hace falta perseverancia y esfuerzo; de cualquier manera, la recompensa es verdaderamente espectacular.

CONSEJO DK

Conocer las estaciones

El tramo de desierto costero es seco todo el año, pero más caluroso en verano (dic-mar/abr). En los Andes y la Amazonia se considera invierno a la estación lluviosa (oct-abr), pero en la selva llueve en gran medida todo el año.

Catarata de Yumbilla

Perú tiene muchos saltos de agua, desde las cataratas Gocta *(p. 247)* hasta la catarata Bayoz *(p. 264)*, pero el más espectacular es la catarata de Yumbilla de Chachapoyas *(p. 245)*. Este imponente salto de 900 m sobre precipicio en pleno bosque nuboso del norte de Perú es uno de los más altos del mundo.

→ La asombrosa catara de Yumbilla, cayendo sobre un precipicio escarpado

La selva amazónica

Pocos lugares cautivan tanto como la selva (*p. 249*). Con una superficie que cubre más de la mitad del país y llena de fauna salvaje, la selva peruana es un enorme mosaico esmeralda de árboles altísimos, ciénagas, manglares y llanuras, donde todos confluyen hacia su arteria de vida: el majestuoso río Amazonas.

←

El imponente río Amazonas, y visitantes recorriendo la selva (*arriba*)

Ausangate y la montaña de los Siete Colores

Con más de 6.000 m de altura, este pico nevado y venerado *apu* (divinidad de la montaña), se recorta hacia el cielo, y acaba en un conjunto de lagos cristalinos. Una caminata en círculo de cinco días rodea el macizo, ofreciendo vistas interminables de glaciares relucientes, escarpados acantilados y rocas de extraños colores. Desviándose un día del circuito se encuentra la estriación de colores más llamativa de todas, la Montaña de Colores (*p. 192*), cuya belleza ha sido descubierta hace muy poco gracias al retroceso del glaciar.

→

Espectacular paisaje de la montaña de los Siete Colores, Cuzco

Experiencia práctica
Los tejidos son una pieza fundamental de la cultura quechua, con historias ancestrales literalmente contadas sobre las telas. Hay turoperadores especializados, que trabajan con las comunidades locales del Valle Sagrado *(p. 170)*, que ofrecen talleres sobre las técnicas del difícil y antiguo arte de tejer en un telar de cintura. Los más interesados pueden optar a un curso intensivo.
Dónde ir: Ollantaytambo *(www.awamaki.org)*; Cuzco *(www.textilescusco.org)*; Huancayo *(www.incasdelperu.org)*.

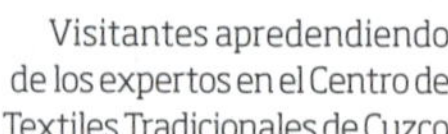

→ Visitantes apredendiendo de los expertos en el Centro de Textiles Tradicionales de Cuzco

PERÚ Y LA ARTESANÍA

Recipientes y ponchos, máscaras y miniaturas... Las tradiciones de la artesanía peruana hecha a mano han ido evolucionando a través de las diferentes culturas durante miles de años. Tanto si se busca un recuerdo original como aprender de los maestros, Perú ofrece de todo para todos.

1.700 $

Este es el precio de una bufanda de vicuña, hecha con la lana más escasa y de mayor calidad del mundo

Encontrar una ganga

Deambular por los mercados de la sierra y regatear es parte de la diversión cuando se compran recuerdos en Perú. No obstante, no está de menos recordar que los márgenes de beneficio ya son muy pequeños. Aunque los precios son más bajos que en Lima, la variedad es desbordante y la calidad varía: para encontrar un buen chollo se necesita perseverancia y aguante.
Dónde ir: Tejidos en Pisac *(p. 194)* y Chinchero *(p. 194)*; artesanía del valle de Mantaro en la feria dominical de Huancayo *(p. 202)*; joyería de filigrana y cerámica de Chulucana en Catacaos en el norte de Perú; para las compras de última hora, en la calle Petit Thouars de Miraflores *(p. 105)*, Lima.

← Recuerdos de Perú en una tienda de Ollantaytambo

Cuencos de cerámica en un mercado de Pisac

Aprender de los expertos

Los artesanos peruanos tienen una habilidad y paciencia pasmosa, que se han ido trasmitiendo de generación en generación, para crear asombrosas obras de arte. Pueden tardar meses en acabar una calabaza grande grabada con intrincados motivos o un chal de lana finísimo, pero muchos artesanos están dispuestos a demostrar sus técnicas a los visitantes y contestar a sus preguntas, sobre todo si compran algo después.
Dónde ir: Talleres en Ayacucho *(p. 200)*; cooperativas tejedoras en isla Taquile *(p. 164)*; para observar in situ a los artesanos trabajar en un telar de cintura, Mundo Alpaca *(p. 156)*.

↑ Tejedora demostrando sus habilidades en Mundo Alpaca, Arequipa

TOP 5 ARTESANÍA PERUANA

Tejidos
Telas y prendas de punto del Valle Sagrado, Arequipa y Taquile.

Cerámica
Desde reproducciones de piezas nazca hasta recipientes shipibo exquisitos.

Joyería
Los collares de cuentas naturales del Amazonas que se venden en Iquitos son especialmente famosos.

Madera
Los retablos folclóricos pintados de Ayacucho son muy buscados.

Mates burilados
Calabazas que se graban y fabrican con exquisita habilidad en el valle de Mantaro.

Surcar el cielo

Ya sea lanzándose en tirolina en el Valle Sagrado o haciendo parapente en la Cordillera Blanca, las vistas impresionantes están garantizadas. Sobrevolar Lima en parapente es una manera totalmente distinta de apreciar los acantilados de la capital. Para los que necesiten todavía una mayor dosis adrenalina, el salto de puenting más alto de Sudamérica está justo al salir de Cuzco (www.actionvalley.com).

←

Parapentes sobrevolando la extensa costa de Lima

PERÚ PARA AVENTUREROS

Con la cordillera tropical más alta del mundo, los Andes, donde nace el río más caudaloso del planeta, el Amazonas, los amantes de las emociones fuertes tienen suficiente donde elegir. Y, además, los turoperadores locales no paran de inventar nuevas formas de acelerar el pulso.

Explorar a pie

Al ser uno de los mejores destinos del mundo para hacer senderismo, Perú ofrece muchísimas rutas por la Cordillera Blanca *(p. 206)*, el cañón del Colca *(p. 166)* o el Valle Sagrado. En todas, la naturaleza está en su estado más puro, con aldeas indígenas cerca del camino. Muchas de ellas tienen fuentes termales, perfectas para recuperar el tono muscular. Otra opción aún más emocionante es lanzarse montaña abajo en bicicleta desde la cima, hasta donde los organizadores llevan al visitante. Las curvas cerradísimas de la ruta de Abra Málaga *(www.iletours.com)* son las más arriesgadas.

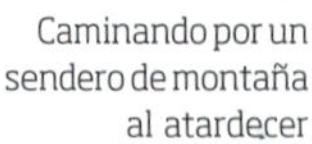

→

Caminando por un sendero de montaña al atardecer

Sky Lodge
Colgadas de la vertiente rocosa, a 400 m de altura sobre el Valle Sagrado, están las cápsulas transparentes del excepcional Sky Lodge. El mero hecho de llegar hasta la cama supone una escalada previa por las rocas, y eso solo es el principio. Esta experiencia única ofrece vistas increíbles sobre el valle y del cielo estrellado... para aquellos que sean lo suficientemente valientes, claro.

F6 Valle Sagrado, Pista 224 km
naturavive.com

Pescando pirañas en la Reserva Nacional Tambopata

En el corazón de la selva

Para algunos, subirse a un barco carguero que va de Pucallpa a Iquitos *(p. 252)* puede bastar como aventura, pero los más avezados pueden iniciarse en la supervivencia en la selva con un curso de entrenamiento. En Amazonia Expeditions *(www.amazoniaexpeditions.com)* enseñan técnicas de supervivencia para construir refugios y balsas y métodos para buscar agua potable o pescar pirañas.

¿Lo sabías?

Muchos de los senderos clásicos y yacimientos antiguos de Perú se pueden visitar a caballo.

Al agua

Perú tiene una gran oferta de actividades de aventura para los más acuáticos, con sus aguas bravas de interior y su costa norte plagada de playas. En el cañón de Cotahuasi (p. 168) se puede hacer rafting, aunque también se puede pasear en kayak por el lago Titicaca *(p. 162)*. La excursión de una semana haciendo rafting y acampando al aire libre desde los Andes a la Amazonia también resulta una aventura inolvidable.

Rafting en los rápidos del río Urubamba

PERÚ PARA COMIDISTAS

El panorama culinario de Perú, famoso por sus deliciosos pescados y mariscos, origen de la quinoa y de infinidad de variedades de patata, es tan diverso como sus paisajes. Da igual si se cena damasco en Arequipa o se picotea un ceviche en una playa de Máncora: el paladar está de suerte.

La gastronomía en Lima

Gracias a Gastón Acurio, el chef que atrajo la atención internacional a la cocina novoandina (ingredientes andinos tradicionales con un toque moderno), Lima es hoy sinónimo de innovación culinaria. Si no se consigue reservar en el legendario Central Restaurante (www.centralrestaurante.com.pe), siempre queda la opción de hacer una ruta culinaria o recibir una clase de cocina por Lima Gourmet Company (www.limagourmetcompany.com.pe) y Sky Kitchen (www.skykitchen.com.pe).

→ El chef peruano Virgilio Martínez Véliz en Central Restaurante, que ofrece alta cocina exquisita

Frutas exóticas

En los mercados peruanos hay abundancia de frutas exóticas. Junto con frutas tropicales como el mango, la papaya y la piña, también están la celestial chirimoya, el camu camu y el lúcumo. Conocido como el oro inca y relacionado con la fertilidad, la textura cremosa y acaramelada del lúcumo lo convierte en el sabor de helado preferido de Perú.

La pitihaya, fruta originaria de América, a la venta en un mercado peruano

CEVICHE

El ceviche, que tiene su origen en el Perú colonial, es el plato nacional del país y lo primero que hay que probar cuando se visita. La receta clásica de este plato marinero es a base de trozos de pescado crudo marinado con zumo de lima, cebollas y chiles, servido con maíz tostado y batata. En la tierra moche *(p. 222)* se sirve uno de los mejores ceviches del país.

Mistura

Esta es la mayor feria culinaria anual de Sudamérica, y atrae a Lima a chefs, agricultores y cientos de miles de visitantes deseosos de probar nuevos sabores. Suele durar diez días en septiembre. La fundó Gastón Acurio para mostrarle al mundo lo mejor de la cocina peruana. Es una ocasión para probar tanto delicias gastronómicas como comida callejera, además de asistir a demostraciones, concursos, degustaciones y al siempre famoso puesto del pisco.

Granos de quinoa peruana expuestos en Mistura

PLATOS PERUANOS INELUDIBLES

Lomo saltado
Tiras de carne salteadas con cebolla, chile, tomates, especias, patatas fritas y arroz.

Rocoto relleno
Pimientos rojos picantes rellenos de carne, con queso derretido por encima.

Suspiro a la limeña
Mezcla de yemas de huevo, leche condensada, canela y oporto; con merengue por encima es para los más golosos.

↑ Visitantes cenando en un mercado central del casco antiguo de Cuzco

Comer como los lugareños

Las picanterías (puestos de mercado) tradicionales son los establecimientos perfectos para ello. Sirven un menú de mediodía económico que incluye normalmente sopa, plato principal y una bebida. Se recomienda llegar pronto para conseguir la comida más fresca.

De la chicha a la cerveza artesanal

La chicha de jora (cerveza fermentada de maíz) se vende normalmente durante los festivales de la sierra; es una bebida fuerte que existe desde la época inca. Puede que la chicha siga siendo la bebida alcohólica favorita de las poblaciones rurales, pero tomarse una cerveza de botella Pilsen Callao, Cristal o Cusqueña está bastante mejor para refrescarse después de un día largo. Hay un auge de la cerveza artesanal, y para degustarla se puede ir a la Cervecería del Valle Sagrado en Urubamba *(www.cerveceriadelvalle.com)*, la Barranco Beer Company en Lima *(www.barrancobeer.com)*, Nuevo Mundo en Cuzco *(Portal de Confituria 233)*, o Sierra Andina en Huaraz *(Av Centenario 1690)*.

Cerveza de grifo en la Cervecería del Valle Sagrado

PERÚ Y SUS BEBIDAS TÍPICAS

Cruzar el desierto, escalar montañas y atravesar la selva puede dejar la garganta reseca con facilidad. Afortunadamente, Perú puede presumir de una gran variedad de bebidas con y sin alcohol, desde su famosísimo pisco a un amplio abanico de bebidas a base de frutas y verduras.

CÓCTELES A BASE DE PISCO

Pisco *sour*
Es uno de los más famosos y consiste en una mezcla de pisco, lima, jarabe de azúcar y angostura, con clara de huevo batida por encima.

Pisco chilcano
Una combinación refrescante de pisco, lima, *ginger ale* y angostura.

El capitán
Parecido al manhattan, pero con una mezcla de pisco, vermú dulce y angostura.

El pisco es el rey

En lo que se refiere a alcohol, el pisco es el rey de Perú. Se consume todo el año, pero hay dos fechas especiales: el día nacional (cuarto domingo de julio) y el primer sábado de febrero, en el que el protagonista es el famoso pisco *sour*. En las grandes zonas de producción del pisco hay degustaciones, puestos de comida y música, sobre todo en Ica *(p. 144)* y Lima. En las mejores bodegas de Ica se organizan visitas durante todo el año para conocer mejor este aguardiente emblemático que suelen acabar con un chupito… o dos.

Pisco *sour* clásico con angustura y lima fresca

Combatir el frío del altiplano

Lo más probable es que, en algún momento, a los visitantes del altiplano se les ofrezca un mate (infusión) de coca, remedio indígena antiguo que se piensa que contrarresta el mal de altura. Hay mates, entre otros, de manzanilla, canela o anís. Los adictos al café puede que tengan que controlar las ganas. Para un país productor de café, llama la atención que la bebida matutina sea a menudo un sencillo café pasado (de filtro mezclado con agua caliente), aunque en las principales ciudades turísticas de Perú, es fácil encontrar americanos, expresos y capuchinos decentes.

← Hojas de coca seca preparadas para el té, muy buenas para paliar los síntomas del mal de altura

Calmar la sed

Aunque la Inca Kola, de color amarillo fluorescente y sabor a chicle, sea el refresco más vendido de Perú, no a todos les gusta. Por eso, la chicha morada, elaborada a base de maíz morado hervido, piña, manzana, lima y clavo, está ganando cada vez más adeptos. En muchos mercados hay puestos de zumo cada dos pasos. El más demandado es el llamado jugo especial.

↑ Se dice que la chicha morada tiene propiedades medicinales

CONSEJO DK

La ley seca

Durante la semana previa a las elecciones y en Semana Santa, está prohibida la venta de alcohol en Perú. Aun así, en el distrito rural de Tuti, en el valle de la coca, la ley seca está vigente todo el año, menos dos días de celebraciones locales que acaban siendo una locura: el 12 de mayo y 12 de diciembre.

Huaino andino

La zampoña es el típico instrumento andino, y, junto a las flautas, las arpas y los charangos conforman la base de las bandas de huaino, reforzadas a menudo por tambores e instrumentos de metal y viento. Son el elemento principal de cualquier festival de los Andes, y es frecuente oírlas acompañando a las comparsas callejeras cuando desfilan alegremente.

→

Tocando la zampoña en un mercado local de Pisac

PERÚ

LA MÚSICA Y EL BAILE

La música y el baile son básicos en la vida peruana, y reflejan la fusión de las raíces hispanas, africanas y andinas de su cultura. Si bien en la sierra lo que aún impera son las tradiciones folclóricas, el ritmo de la música criolla y la salsa, junto con el rock local, es lo que está de moda en las discotecas de la costa.

La marinera

Con algunas variaciones regionales, el baile nacional de Perú es un coqueto ritual de cortejo en el que se ondean pañuelos blancos. La mujer baila descalza, moviendo su voluminosa falda, mientras que el hombre la seduce con su sombrero. Una de las mejores oportunidades para ver este baile es en el Festival Nacional de la Marinera *(p. 66)*.

→

Bailando la marinera, que se interpreta por todo el país

¿Lo sabías?

Se cree que el primer grupo punk de la historia fueron Los Saicos, una banda peruana de los años sesenta.

Música afroperuana y criolla

Procedente de las plantaciones de esclavos de la franja costera central, el contagioso ritmo de la música afroperuana y criolla es uno de los preferidos en las peñas de Lima *(p. 84)*. Con un cajón de madera rectangular y a una quijada de burro, se amplifica la percusión y se crea el ritmo que anima a las bailarinas.

↑ Jóvenes peruanos tocando el cajón en un festival internacional

Música moderna

Cualquier discoteca de Lima es una prueba de que la juventud urbana de Perú está a la última en música moderna. La música electronica, el hip-hop latino y el martilleo del reguetón tienen, cada uno, sus adeptos. También se puede escuchar este tipo de música en cualquier bar de la playa en Máncora *(p. 234)*.

← El grupo indie peruano Olaya Sound System actuando en un festival

Supaypa wasin tusuq (danza de las tijeras)

La danza de las tijeras, interpretada solo por hombres, es un símbolo de la resistencia contra el colonialismo. Los bailarines realizan llamativas volteretas y saltos mientras, al ritmo de la música, hacen sonar las enormes tijeras que portan. Esta danza se puede ver en cualquier festival de la zona de Ayacucho *(p. 200)*, pero sobre todo durante el Yaku Raymi *(p. 67)*, el gran festival del agua de Andamarca.

→ Espectacular puesta en escena de la danza de las tijeras

TOP 3 PARAÍSOS ESCONDIDOS

Arennas, Las Pocitas
B2 arennasmancora.com
Elegante hotel *boutique* frente al mar; villas con piscina privada.

Kichic, Las Pocitas
B2 kichic.com
Hotel rural de lujo con nueve habitaciones decoradas con materiales naturales y un estilo único.

Yemaya, Punta Sal
B2 yemayaperu.com
Hotel de piedra y paja de estilo tailandés con todas las comodidades modernas.

↑ Hermoso atardecer sobre la ciudad de Máncora

LA TIERRA MOCHE Y SUS HERMOSAS PLAYAS

La costa desértica de Perú ofrece interminables playas de arena y sol durante todo el año, pero las mejores y de aguas más cálidas están al norte. De Trujillo a Tumbes hay playas para todos los gustos, sean para practicar surf, pescar, bucear, ir de marcha, o simplemente relajarse y ver el movimiento de las olas.

Jugar en las aguas de Punta Sal

El mar con oleaje pero poco profundo de Punta Sal, cerca de Zorritos *(p. 234)*, es perfecto para nadar o practicar cualquier deporte acuático. Se pueden alquilar kayaks, tablas de windsurf y paddle surf, con clases disponibles. Si hay suerte, incluso se pueden observar ballenas rorcuales, visibles desde la costa de julio a octubre.

La arena fina de la playa de Punta Sal, probablemente la más bonita de Perú

De fiesta en la costa de Máncora

Centro de surf y vida nocturna, Máncora *(p. 234)* es uno de los balnearios vacacionales más conocidos de Sudamérica. Durante la temporada estival, entre diciembre y marzo, está lleno de bares de playa y limeños con ganas de fiesta, y se puede bailar y beber toda la noche. Lo suyo es tomar el sol en las playas de suave arena durante el día, surfear, o aprender a bucear en la primera escuela afiliada a PADI de Perú.

CONSEJO DK

Las ballenas

Hay excursiones para ir a avistar ballenas, dirigidas por biólogos marinos, que salen de Los Órganos, al sur de Máncora, en busca de las rorcuales durante la temporada migratoria. En *www.pacificoadventures.com* hay más información.

Relajarse en la arena de Las Pocitas

Esta playa de palmeras junto a Máncora es mucho más lujosa y tranquila que los estridentes centros vacacionales –el único ritmo que se oye cuando se alcanza la cabaña junto al mar es el de las olas rompiendo contra la arena–. Pocitas es un lugar paradisíaco para relajarse: suculentos pescados y mariscos, hamacas para tumbarse, o paseos por la playa a caballo al atardecer.

→ Hileras de palmeras a lo largo de la playa de Las Pocitas

↑ Surfista cogiendo olas en la afamada playa de Chicama

Surfear en Chicama

Chicama, en la lista de deseos de los surfistas más profesionales, y que afirma tener la ola izquierda más larga del mundo, tiene más de dos kilómetros de paraíso surfero. Para los que no surfean, el espléndido Chicama Surf Resort *(www.waterwaystravel.com)* ofrece muchas actividades de ocio y recreativas, así como excursiones a Trujillo *(p. 226)* y los yacimientos antiguos de los alrededores.

Derroche de color en Madre de Dios

El espectáculo matutino de los guacamayos bajando por una colpa amazónica para comer la arcilla, rica en minerales, es verdaderamente impresionante. Aunque se van tan rápido como llegan, se pueden ver otras aves también increíbles, como tucanes de pico brillante o los extraordinarios hoazines. Los albergues y campamentos en Manu *(p. 256)* organizan excursiones a las colpas, aunque son mucho más accesibles desde Tambopata *(p. 258)*.

→ Un caleidoscopio de guacamayos en una colpa de Madre de Dios

PERÚ Y SU DIVERSIDAD DE AVES

Perú es el hogar de más de 1.800 especies de aves, lo que lo convierte en un imán para los amantes de la naturaleza. La selva tiene unas zonas fantásticas para ver los colores deslumbrantes y el extraordinario comportamiento de las aves tropicales de Perú, así que los prismáticos deben meterse siempre en la maleta.

CURIOSIDADES

Chaparri Lodge

La Reserva de Chaparri, la primera reserva privada de Perú, alberga 70 especies de aves endémicas. La experiencia de la reserva se completa quedándose en las cabañas rústicas del Chaparri Ecolodge *(www.chaparrilodge.com)*.

Encuentros en las copas de los árboles

Dado que la mayoría de la actividad animal se produce en el dosel de la selva, vale la pena subir hasta las copas de los árboles para verla. Hay varias torres o pasarelas en los doseles de varios lugares, pero si se quiere algo espectacular, se recomienda mirar lo que ofrece Explorama Lodges *(www.explorama.com)* cerca de Iquitos o Rainforest Expeditions en Tambopata *(www.perunature.com)*.

→ Avistamiento de aves desde una pasarela de un dosel en lo más profundo de la selva

Aves marinas en las islas Ballestas

En una cacofonía ensordecedora, millones de aves marinas, con sus peleas y graznidos, se empujan entre ellas para encontrar el mejor sitio en estos islotes rocosos superpoblados. Destacan el cómico pingüino de Humboldt y los elegantes charranes incas grises, con sus bigotes blancos y picos rojos. Hay barcos a las islas Ballestas *(p. 144)* cada día desde Paracas.

→ Un grupo de cormoranes sobre formaciones rocosas en las islas Ballestas

Cóndores de la Cruz del Cóndor

Un encuentro cara a cara con un cóndor impresiona. Por lo general, los cóndores no son sino una mota negra a lo lejos, que vuelan en lo alto de un lejano valle andino, pero en la Cruz del Cóndor –un mirador que sobresale del cañón del Colca *(p. 166)*– estas aves gigantes se alzan desde la parte baja del cañón, fascinando a la multitud que allí se agolpa.

← Un cóndor sobrevolando el cañón del Colca

↑ El ave nacional de Perú, el gallito de las rocas, encaramado a un árbol

Las joyas del bosque nuboso

Hay dos parcelas privadas de bosque nuboso que salvaguardan dos raros tesoros andinos. La reserva de Owlet Lodge protege al mochuelo peludo, un ave diminuta de la familia de los búhos que se creyó extinta durante muchos años. En la reserva de Huembo vive el colibrí de cola de espátula, con sus brillantes plumas en la cola con forma de raqueta. Para más detalles, consultar la página web *www.owletlodge.org.*

Senderismo fuera de las rutas habituales

Mientras que los impresionantes picos de la Cordillera Blanca *(p. 206)* son un imán tanto para los excursionistas aficionados como para los experimentados, el desafiante circuito de 12 días de la vecina cordillera Huayhuash *(p. 221)* promete igualmente un paisaje andino maravilloso sin turistas. Pasos de alta montaña que ofrecen vistas impresionantes a través de picos, desfiladeros y glaciares. Un descanso en los manantiales cerca del punto medio del recorrido proporciona alivio para los músculos cansados tras el esfuerzo. Se puede contactar con un turoperador en Huaraz *(p. 220)*, o contratar a un guía local.

Acampando junto a un lago en la cordillera Huayhuash

PERÚ Y SUS JOYAS OCULTAS

Las inmensas, heterogéneas y desafiantes tierras de Perú hacen que sea fácil escapar de las rutas turísticas sin demasiado esfuerzo. Hay muchos tesoros por descubrir, desde olas que rompen en calas aisladas hasta impresionantes vistas desde las cimas de montañas que se disfrutan en soledad.

Estancia con una familia indígena

Lleno de tradiciones antiguas, el majestuoso lago Titicaca ofrece varias opciones de alojamiento. Los visitantes pueden profundizar más en la cultura quedándose con una familia local: aprender sobre plantas medicinales, pescar, o ayudar a preparar una sabrosa pachamanca (comida que se cocina en un horno de tierra). Si se evitan las islas más frecuentadas de Taquile y Amantaní *(p. 164)*, el recibimiento es más cálido en las comunidades continentales de Chucuito *(p. 165)* o Llachón.

Mujeres junto a una barca de juncos en Uros, una de las islas del lago Titicaca

El camino de tierra menos frecuentado

Intransitable en época de lluvias (oct -mar/abr), el camino norte desde Oxapampa *(p. 264)* resulta toda una aventura a medida que se adentra en el encantador pueblo subtropical de Pozuzo *(p. 265)*, una pequeña villa tirolesa-peruana. El recorrido bordea un barranco y atraviesa muchísimos arroyos, ofreciendo vistas tentadoras de cascadas, exuberantes laderas boscosas y el furioso río que corre por debajo. Una experiencia aún más excitante es hacer el camino en bicicleta de montaña.

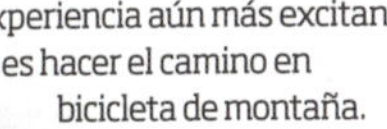

TOP 3 **RETIROS APARTADOS**

Tapiche Jungle Reserve
400 km al sur de Iquitos
tapichejunglereserve.com
Alojamiento rústico en una reserva privada llena de fauna en lo más profundo de la selva.

Llanganuco Lodge
36 km al norte de Carhuaz
llanganucolodge.com
Un alojamiento de montaña y senderismo de lujo con vistas impresionantes sobre la Cordillera Blanca.

Wayqecha Lodge
42 km al norte de Paucartambo birding.amazonconservation.org
Cabañas de madera para avistar aves en medio de un bosque nuboso de ensueño.

← La Reserva de la Biosfera de Oxapampa-Ashaninka-Yanesha

Cenar flotando en el Amazonas

Si se quiere vivir una experiencia culinaria única, hay que tomar un ferri desde Iquitos *(p. 252)* hasta Al Frio y Al Fuego *(www.alfrioyalfuego.com)*, un elegante restaurante flotante. Se puede tomar una copa, relajarse ante un magnífico atardecer amazónico si se va por la noche y degustar una deliciosa cocina *gourmet*.

↑ La localización impresionante de Al Frío y Al Fuego, que incluye piscina y terraza

Tesoros dentro del Museo Tumbas Reales de Sipán, y un collar de araña *(abajo)*

Los ojos fijos en el oro

Todo lo que brilla en el Museo Tumbas Reales de Sipán *(p. 230)*, en Lambayeque, sí que es oro. Este museo alberga algunos de los tesoros más importantes de Perú, que fueron enterrados en una tumba imperial mochica. Petos de oro y plata, copas y exquisitas joyas con incrustaciones de piedras semipreciosas están magníficamente expuestos dentro de una oscura pirámide inspirada en la época, junto con una impresionante reconstrucción de la tumba.

PERÚ PARA LOS AMANTES DE LA ARQUEOLOGÍA

Puede que el Machu Picchu y los incas sean los que acaparan los titulares, pero hay muchísimas culturas antiguas que han dejado una huella monumental en el paisaje peruano. No faltan maravillas arqueológicas; desde la ciudadela norteña de Kuélap hasta las enigmáticas Líneas de Nazca en el sur.

Descubriendo momias

La momificación, una práctica común entre las culturas precolombinas, siempre ha generado una fascinación macabra. En el cementerio de Chauchilla *(p. 147)*, los esqueletos sentados de más de mil años de antigüedad parecen estar mirando de manera inquietante. Su cabello, e incluso fragmentos de su piel se mantienen intactos debido al clima árido y desértico. El Museo Regional Adolfo Bermúdez Jenkins de Ica *(p. 144)* también alberga una fascinante colección de momias.

Momias inquietantes expuestas en el cementerio de Chauchilla ↓

Explorar ruinas antiguas

En pleno desierto moche, la gran Huaca del Sol de adobe *(p. 232)*, centro del antiguo imperio mochica, es una vista imponente. Pero lo verdaderamente emocionante es examinar los frisos de su templo hermano, la Huaca de la Luna, que representa un amplio espectro de espíritus naturales y el rostro feroz de la deidad principal, Ai Apaec. La visita a una de las ruinas de adobe mejor conservadas de Perú, Tambo Colorado *(p. 145)*, es extraordinaria.

TOP 3 MUSEOS DE ARQUEOLOGÍA

Museo Arqueológico Rafael Larco Herrera
Una colección privada de Lima llena de oro, plata y arte erótico mochica *(p. 131)*.

Museo de Arte Precolombino
Magnífica colección de objetos antiguos en Cuzco *(p. 174)*.

Museo Nacional de Arqueología, Antropología e Historia del Perú
Exhaustivo recorrido a través de las culturas antiguas de Perú *(p. 128)*.

Evocador friso pintado en la Huaca de la Luna de Trujillo

SEÑOR DE HUARI

El descubrimiento de la tumba del Señor de Huari en 2011 en Espíritu Pampa demostró que esa zona había estado ocupada por los huaris antes de la última batalla de los incas contra los españoles. Los objetos encontrados se exponen en el museo de Pikillacta *(p. 192)*.

↑ Familia real de las Líneas de Palpa, con el dios oculado de ojos saltones

Descifrar los grabados del desierto

Asomarse por la ventana del avión, según se sobrevuelan las misteriosas Líneas de Nazca *(p. 140)* –incluyendo el mono gigante, el colibrí y la araña– es una experiencia increíble. Esa emoción ahora se puede extender a las Líneas de Palpa *(p. 140)*, descubiertas recientemente, unos geoglifos aún más antiguos grabados en las colinas por la cultura paracas. Los más conocidos, la familia real, incluyen al dios oculado.

El oso de anteojos andino

Este oso, que fue la inspiración para crear el personaje de literatura infantil Paddington, toma su nombre por las manchas que se forman alrededor de sus ojos. La única especie de oso en toda Sudamérica es una criatura tímida y apacible que prefiere masticar bambú a comer carne. El mejor sitio para verlos es en la Reserva Nacional Chaparrí *(www.chaparrilodge.com)*, que también alberga un centro de recuperación.

Oso de anteojos, llamado así por sus inconfundibles manchas en los ojos

PERÚ Y SU ASOMBROSA FAUNA

Perú, uno de los mejores lugares del mundo para ver fauna salvaje, alberga un amplio abanico de especies. Muchas se encuentran en los desiertos de la costa y en las montañas, pero la mayoría viven en las laderas orientales de los Andes y en la exuberante Amazonia.

El jaguar

Muy venerado por la población peruana, este poderoso felino es el mayor depredador del Amazonas, sea en tierra firme, subiéndose a un árbol, o en el agua. Alojarse en un remoto albergue o campamento en Tambopata *(p. 258)* o Manu *(p. 256)*, acompañado por un guía naturalista, aumenta las probabilidades de llegar a ver a este magnífico animal.

→

El pelaje moteado del jaguar le aporta el camuflaje perfecto

Camélidos

Las llamas y las alpacas son sinónimo de los Andes, con el cuello largo y cara de camello, suelen ser los protagonistas de muchas fotos. Las llamas son más grandes, con las orejas más largas y la lana más gruesa, mientras que las alpacas son más pequeñas y esponjosas. La vicuña, su pariente en peligro de extinción, puede verse pastando en las llanuras de Pampa Galeras *(p. 146)*.

↑ Rebaño de elegantes vicuñas salvajes en los Andes, Arequipa

Mariposas

Revoloteando por los bosques tropicales de Perú, las impresionantes mariposas añaden toques de color y una elegancia etérea. La espectacular morfo azul es especialmente deslumbrante, con sus alas iridiscentes brillando bajo la luz del sol. Los amantes de los lepidópteros suelen ir a la región pakitza de la Reserva Nacional de Manu *(p. 256)*, que se jacta de tener el entorno más poblado de mariposas de cualquier lugar del planeta.

← *Morpho peleides*, o mariposa morfo azul

↑ Mono araña encaramado a la rama de un árbol

Monos

Los monos encabezan la lista de excursiones obligadas de la mayoría de los visitantes a la selva. Más de 30 especies brincan por el dosel selvático, desde el raro uakari de cara roja hasta los monos araña y traviesos capuchinos, cuyas acrobacias se suelen ver con más frecuencia. En casi cualquier campamento o alojamiento de la selva, uno se despertará con un coro de aullidos en plena madrugada, que posiblemente se repita antes del anochecer.

AVENTURAS EN EL AMAZONAS

La tentadora idea de hacer un viaje en barco por la selva está asegurada. Ya sea en una canoa motorizada que vaya a un hotel en medio de la jungla como en un barco de vapor acondicionado para hacer cruceros por el Amazonas, las posibilidades de aventura en las espléndidas aguas de Perú son infinitas.

Vistas estupendas desde los cruceros por el río

Los cruceros en barcos fluviales son una manera maravillosa de relajarse en la Amazonia. Para los que quieran más acción, existen excursiones que se adentran en el sotobosque, y por otro lado expediciones en piragua que permiten ver de cerca la vida acuática. La mayoría de los buques salen de Iquitos para explorar la Reserva Nacional Pacaya Samiria *(p. 254)*, aunque lo mejor es consultar Rainforest Cruises *(www.rainforestcruises.com)* para ver todas las opciones disponibles.

→ Cubierta del barco fluvial *Ayapua*, perfecta para relajarse o mirar el atardecer

Explorar en canoa

Para navegar en pequeños afluentes y lagunas poco profundas, es mucho más fácil hacerlo en canoa. Y, es más, permite una mayor cercanía a la fauna silvestre, yendo por el río hasta toparse con martines pescadores que se hunden en busca de su presa, con caimanes, o incluso con una familia de nutrias gigantes en alerta. La mayoría de los hoteles organizan viajes en canoa como parte de su estancia; si no es así, lo único que hay que hacer es llegar al muelle elegido y comenzar la aventura.

← Barca surcando un afluente del Amazonas, en Madre de Dios

CONSEJO DK

Fotografiar la naturaleza

El momento ideal para fotografiar la naturaleza en estado puro es al amanecer o al atardecer, cuando la luz está justo encima del horizonte. Si se dispara en condiciones nubosas, la luz es todavía más uniforme y aporta el ambiente perfecto para hacer la foto. Hay que acordarse de quitar el *flash*, ya que asusta a la fauna.

↑ Carguero en el puerto de Santa Rosa, a orillas del Amazonas

Viajes tranquilos en lancha

Balancearse en una hamaca al vaivén del traqueteo de una lancha (o carguero) es una forma de viajar río adentro sin ningún tipo de lujo, pero en la que se experimenta la vida fluvial de primera mano. Los horarios suelen ser bastante imprecisos, y lo mejor es llevarse comida propia. Las principales rutas se encuentran entre Yurimaguas *(p. 260)* o Pucallpa *(p. 262)* e Iquitos *(p. 252)*; lo único que hay que hacer es acercarse al muelle el día anterior.

↑ Hamacas dentro de una lancha, una manera única de acercarse a los viajeros peruanos

UN AÑO EN PERÚ

ENERO

△ **Festival de la Marinera** *(ene/feb)*. Parejas de todas las edades compiten en Trujillo para ser los mejores bailarines de marinera.

Aniversario de Lima *(18 ene)*. Las celebraciones por el aniversario de Lima incluyen fuegos artificiales y música.

FEBRERO

△ **Fiesta de la Virgen de la Candelaria** *(2 feb-med feb)*. Procesiones religiosas, música y baile folclóricos honran a la patrona de Puno, la Virgen de la Candelaria.

Festival del Verano Negro *(feb/mar)*. Una celebración de la cultura afroperuana en Chincha y El Carmen.

MAYO

Corpus Christi *(may/jun)*. En esta celebración religiosa, se llevan 16 estatuas de santos hasta la catedral de Cuzco.

△ **Qoyllur Rit'i** *(fin may/prin jun)*. Durante esta fiesta religiosa, la gente peregrina durante toda la noche hasta un santuario en el monte Ausangate de Cuzco.

JUNIO

△ **Inti Raymi** *(24 jun)*. La Fiesta del Sol Inca celebra al dios Sol, Inti, con una procesión hasta Sacsayhuaman en Cuzco.

Festival del Andinismo Cordillera Blanca *(fin jun)*. Un fin de semana de competiciones deportivas, películas e incluso conciertos de rock en este festival alpinista de Huaraz.

SEPTIEMBRE

△ **Mistura** *(segunda sem de sep)*. Famosos chefs y restaurantes de todo Perú se reúnen en Lima para este festival culinario.

Fiesta de la Primavera *(sep/oct)*. La primavera se presenta en todo el país engalanando las casas con flores y con el desfile de la nueva reina de la belleza de Trujillo.

OCTUBRE

△ **Fiesta del Señor de los Milagros** *(18-28 oct)*. Decenas de miles de penitentes siguen una imagen del Señor de Los Milagros en un viaje de 24 horas por todo Lima.

Día de la Canción Criolla *(31 oct)*. La música criolla se celebra con conciertos en Lima.

MARZO

Festival de la Vendimia *(prin mar).* La reina de la cosecha de Ica y sus doncellas pisan las uvas en directo. Digno de ver.

△ **Domingo de Ramos** *(mar/abr).* Niños vestidos de ángeles llevan a un burro en este festival en Cruces de Porcón (cerca de Cajamarca), en un sincronismo de tradiciones católicas y andinas.

ABRIL

△ **Semana Santa** *(mar/abr).* Se celebran procesiones religiosas por todo el país.

Concurso Nacional del Caballo Peruano de Paso *(med abr).* Más de 700 razas de caballos y animales se presentan en este concurso en Lima.

JULIO

Fiesta de la Virgen del Carmen *(15-18 jul).* Se homenajea a la Virgen del Carmen, patrona de la población mestiza, en Paucartambo.

Fiestas Patrias *(28-29 jul).* El Día de la Independencia se celebra por todo el país.

△ **Día Nacional del Pisco** *(úlimo do).* Bares y restaurantes celebran fiestas temáticas alrededor del pisco en Lima, Arequipa y en los viñedos cerca de Ica para conmemorar la bebida nacional.

AGOSTO

Selvámonos *(fin jun-ago).* Grupos y DJ nacionales e internacionales actúan en el mayor festival de arte y música alternativa de Perú, en Oxapampa.

△ **Aniversario de Arequipa** *(15 ago).* Para ver a las comparsas de danzas tradicionales vestidas de vivos colores hay que ir a la plaza de Armas durante el aniversario de Arequipa.

Yaku Raymi *(fin ago).* Durante este impresionante festival del agua en Ayacucho, se hacen ofrendas a la diosa Pachamama, con sorprendentes bailes como la danza de las tijeras.

NOVIEMBRE

△ **Día de Todos los Santos y Día de Los Difuntos** *(1-2 nov).* La gente va de pícnic a los cementerios de todo el Perú para conmemorar el Día de Todos Los Santos y el Día de Los Difuntos.

Semana Jubilar de Puno *(primera sem de nov).* Bailes, procesiones y fuegos artificiales celebran el aniversario de la fundación de Puno.

DICIEMBRE

△ **Nochebuena y Navidad** *(24/25 dic).* La plaza de Armas de Cuzco alberga el mercado Santurantikuy, donde se pueden comprar belenes artesanales.

1

UN POCO DE HISTORIA

Los orígenes de la civilización en Perú se remontan hasta casi 20.000 años antes de los incas, haciendo que este país sea una de las cunas de las culturas antiguas. El Perú actual es el resultado de la mezcla entre Occidente y el mundo andino, proceso que empezó con la llegada de los españoles en 1532.

Primeros indicios humanos

Los primeros pobladores de Perú llegaron a través del estrecho de Bering durante la última glaciación (40000 al 20000 a. C.), dejando pruebas de civilización humana en la cueva de Pikimachay, cerca de Ayacucho, alrededor del 20000 a. C. Más adelante, la siembra de cultivos inició un sistema de agricultura y se fundaron asentamientos permanentes.

La ciudad de Caral no fue descubierta hasta 1905 y demostró la existencia de un complejo centro urbano en la zona central de los Andes. La datación por radiocarbono indica que fue construido en el 2627 a. C., pero, después de 500 años de ocupación, Caral se abandonó.

1 Un mapa de Perú del siglo XVII. ↑

2 Parte de las ruinas del impresionante yacimiento de Caral.

3 Máscara de oro de una colección de joyería chimú.

4 La derrota de Huáscar a manos de su hermano Atahualpa durante la guerra civil.

Cronología

20000 a. C.
Tribus nómadas cruzan el estrecho de Bering desde Asia a América, y descienden gradualmente hacia el sur

11000 a. C.
Las primeras tribus nómadas ocupan la sierra cazando animales gigantes

8000 a. C.
Agricultores cerca del lago Titicaca empiezan a cultivar la patata por primera vez

2627 a. C.
Se construye Caral, la ciudad más antigua del Nuevo Mundo, en el valle de Supe

900-300 a. C.
Las sociedades costeras se diluyen mientras que florece el culto chavín

2

3

4

Primeras culturas importantes

Durante el Horizonte Temprano (1000 a. C. al 200 d. C.), el culto chavín unió sociedades de la costa y de la sierra, pero, según se iba desvaneciendo su influencia, surgieron diversas culturas regionales, desde los nazca (100 a. C.-700 d. C.) hasta los waris (600-1100 d. C.). Alrededor del año 900 d. C., la región andina se sometió a una reorganización política. Durante la época de los grandes reinos (900-1532), surgieron dos potencias en la costa norte: los sicán y los chimú. Sin embargo, hasta 1197 no surgió un grupo conocido como los incas en el valle de Cuzco.

Los incas

Poco se sabe acerca de los primeros gobernantes incas, aunque dice la leyenda que el primero, Manco Cápac, fundó la ciudad de Cuzco. El más importante fue el noveno, Pachacútec (1438-1471), bajo cuya dirección el Tahuantinsuyo (la tierra de las cuatro regiones) se amplió y llegó a abarcar casi un tercio de Sudamérica, lo que lo convierte en uno de los mayores imperios de la historia. En el siglo XVI, estalló una guerra civil, cuando Huayna Cápac, el decimoprimer inca, murió. El reino se dividió entre su hijo, Huáscar, y Atahualpa, su hijo ilegítimo, aunque fue este último quien finalmente se hizo con el mando.

CÁPAC ÑAN (CAMINO REAL)

Los caminos fueron cruciales para del programa de unificación de Pachacútec. Solo bajo su reinado, los incas construyeron unos 40.000 km de carreteras de piedra, entre ellos algunos pasos de montaña de 5.000 m de altitud. El Cápac Ñan conectaba las cuatro regiones del imperio, con una longitud de 5.500 km desde Quito, en Ecuador, hasta Santiago de Chile.

220-600 d. C.
Prospera la cultura moche

650
Comienza el periodo wari-tiahuanaco

1200
El primer inca, Manco Cápac, funda Cuzco

1400
Máxima expansión del reino chimú

1438-1471
Comienza el reinado de 33 años del noveno inca, Pachacútec

1

La conquista española

En 1524, Francisco Pizarro partió para explorar y conquistar Birú, un reino legendario lleno de oro y plata, al sur de los actuales Colombia y Ecuador. Al volver a España con bienes para demostrar la existencia de El Dorado, aún sin descubrir, Pizarro fue nombrado gobernador y capitán general en 1529 por Carlos I, quien autorizó la conquista de Perú.

La conquista española fue uno de los primeros y más cruentos enfrentamientos entre el Viejo Mundo y el Nuevo Mundo. Pizarro desembarcó en Tumbes en 1532 durante la guerra civil por la sucesión entre Atahualpa y Huáscar. Poco después ejecutó a Atahualpa y conquistó este imperio sin líder.

La vida con los españoles

Los primeros líderes de la conquista española perecieron en una amarga disputa, con la ejecución de Almagro ordenada por Pizarro en 1538, que condujo al asesinato de este último en 1541. Pero la colonización continuó. Los españoles introdujeron el idioma, la religión católica y un esquema social y económico que en gran medida se mantiene hoy día.

↑ Francisco Pizarro

Cronología

1525

Huayna Cápac muere y le sucede su hijo Huáscar; guerra contra Atahualpa

1532

Pizarro desembarca en Tumbes con 168 hombres y captura a Atahualpa

1533

Atahualpa es juzgado y ejecutado; Cuzco es saqueada

1535

Pizarro funda Lima el 18 de enero

El sistema feudal de la encomienda que introdujeron los españoles produjo inmensas desigualdades y, para reducirlas, el rey emitió nuevas leyes. A partir de 1542, estalló una guerra civil entre los conquistadores, que vieron cómo sus vidas corrían peligro, y el virreinato, el distrito administrativo español. En 1574, el virrey Francisco de Toledo recuperó el impuesto inca de la mita, obligando a la gente a trabajar hasta morir sin cobrar, en minas como la de plata en Potosí, en la actual Bolivia.

1 Ejecución de Atahualpa en 1538. ↑

2 Los leales a Almagro matan a Francisco Pizarro en 1541.

3 El general San Martín proclamando la independencia de Perú.

Lucha por la independencia

Con la abdicación del rey Carlos IV de España a principios del siglo XIX, los deseos de independencia se extendieron por toda Sudamérica. En 1821, José de San Martín, que había liberado Argentina y Chile, derrotó a las fuerzas monárquicas de Perú y proclamó su independencia el 28 de julio de 1821. Después de intentar introducir una nueva constitución, San Martín cedió el control al general venezolano Simón Bolívar. El primer presidente electo de Perú no entró en funciones hasta 1827. En los 40 años que siguieron a la independencia, la presidencia cambió de manos 35 veces, de las cuales solo cuatro presidentes fueron elegidos de manera constitucional.

15

Es el número de constituciones distintas que se escribieron durante los 40 años posteriores a la independencia

1600

Las minas de Potosí alcanzan su población máxima con 160.000 trabajadores

1767

Expulsan a los jesuitas del imperio español

1780-1782

Un descendiente de Atahualpa, Túpac Amaru II, protagoniza la última rebelión inca y es ejecutado

1821

San Martín proclama la independencia de Perú

1

La época moderna posterior a la independencia

La guerra del Pacífico (1879-1883) surgió por una disputa sobre el control de los estratos ricos en nitratos del desierto de Atacama al norte de Chile. A raíz de una creciente demanda mundial de nitratos, un ingrediente clave en el manejo de explosivos y fertilizantes, Bolivia trató de gravar a las compañías chilenas que operaban en su territorio. Cuando Chile se negó, Bolivia declaró la guerra, pidiendo la ayuda al vecino Perú. Muchos de los conflictos se libraron en el mar, con buques de guerra como el acorazado Huáscar. En 1883, Chile ganó; Bolivia perdió su acceso al mar, mientras que Perú cedió una parte importantísima de su territorio.

Principios del siglo XX

Tras la guerra, Perú osciló entre democracias y dictaduras militares. En 1919, Augusto Leguía asumió la presidencia en un golpe de Estado, presentando una nueva constitución que le daba al Estado mayores competencias. En 1968, volvió la dictadura militar con el general Juan Velasco Alvarado. Fernado Belaúnde restauró la democracia en 1980. Con sus mayores esfuerzos enfocados a privatizar la industria, su mandato se vio obstaculizado por la elevada inflación y la amenaza de los movimientos guerrilleros.

↑ Augusto Leguía, presidente de Perú entre 1919 y 1930

Cronología

1879-1883
Guerra del Pacífico

1919-1930
Once años de dictadura civil de Leguía, protagonizados por una fuerte inversión extranjera y limitaciones a los derechos civiles

1941
Perú entra en guerra con Ecuador durante siete semanas por los conflictivos territorios fronterizos

1968-1980
Doce años de dictadura militar

1980
Belaúnde es reelegido; Sendero Luminoso inicia el conflicto de guerrillas

Sendero Luminoso, Fujimori y el conflicto civil

El auge del grupo terrorista extremista Sendero Luminoso, encabezado por Abimael Guzmán, y del marxista Movimiento Revolucionario Túpac Amaru (MRTA), acabó en una guerra de guerrillas. A partir de 1980, grandes extensiones de la sierra y la Amazonia se aislaron del resto del país, y 70.000 peruanos fueron asesinados entre los dos grupos.

En 1990, el nuevo partido Cambio 90 ganó las elecciones. Su líder, Alberto Fujimori, al principio popular, fue condenado a 25 años de cárcel en 2007 por corrupción y abusos de los derechos humanos.

Perú en la actualidad

En 2001, Alejandro Toledo fue elegido presidente, pero su mandato estuvo manchado por los escándalos y en 2006 le sustituyó Alan García. Hubo aún más escándalos y, en 2011, Ollanta Humala salió elegido, para ser después sustituido por Pedro Pablo Kuczynski, quien estuvo implicado en un escándalo de sobornos. Martín Vizcarra sucedió a este. A pesar del hecho de que todos los presidentes peruanos del siglo XXI se han visto implicados en escándalos, los peruanos siguen manteniendo la esperanza de que, con protestas y manifestaciones públicas, se puede comenzar una nueva era política.

1 La batalla de Angamos durante la guerra del Pacífico. ↑

2 La gira presidencial de Juan Velasco Alvarado en 1971.

3 Obreros limpiando los restos de la explosión de una bomba en Miraflores en 1992, por la que Guzmán fue capturado y juzgado.

4 Alejandro Toledo, el primer presidente indígena de Perú, en una ceremonia de bendición tradicional en Machu Picchu en 2001.

1999

Fujimori es elegido presidente para un tercer mandato sin precedentes

2000

Fujimori huye del país y dimite por fax después de un escándalo de sobornos

2017

Pedro Pablo Kuczynski sale elegido presidente

2017-2018

Kuczynski se salva por poco de una votación de destitución después de verse implicado en Lava Jato. Dimite antes de una segunda votación en marzo de 2018

2018

La investigación sobre el escándalo Odebrecht continúa, e involucra a los últimos cuatro presidentes peruanos

LA POBLACIÓN INDÍGENA DE PERÚ

Con 47 lenguas diferentes, la población indígena de Perú constituye aproximadamente un tercio de los 31 millones de habitantes del país. La mayoría viven en los Andes, dominada por los grupos quechua, o en la cuenca del Amazonas, donde los asháninkas forman la comunidad mayoritaria. Todas tienen en común su lucha por mantener las costumbres tradicionales y sus formas de vida mientras intentan adaptarse a la vida moderna con sus condiciones. En las últimas décadas, muchos han emigrado a las grandes ciudades, al principio huyendo de la violencia de los años ochenta, y en los últimos años para encontrar trabajo. Una visita a la sierra o la selva ofrece oportunidades excepcionales para aprender de estas antiguas sociedades.

POBLACIÓN ANDINA

Los grupos quechua y aimara dominan la cordillera andina de Perú y sus creencias lo impregnan todo, desde las prácticas laborales a los festivales, desde la comida a los tejidos. La Pachamama (Madre Tierra) reina como la deidad suprema y la fuerza orientadora, y las ofrendas rituales que se le realizan cada 1 de agosto dan comienzo a un mes de celebraciones por todo el Altiplano. Los más de tres millones de quechuas y el medio millón de aimaras han adorado a menudo a la Pachamama y a la Virgen María desde tiempos coloniales.

Mujer quechua dando de comer a una llama en la zona de Cuzco

POBLACIÓN AMAZÓNICA

Unos 40 grupos indígenas viven en la selva amazónica. Los más numerosos son los asháninkas, unos 50.000. Estos, junto con muchos otros, se ven cada vez más obligados a abandonar sus tierras por la explotación de petróleo, la tala ilegal y la minería. La creencia animista y chamánica de que toda la naturaleza está impregnada de espíritus con los que se puede contactar a través de líderes espirituales en estados alterados de conciencia está extendida entre los grupos indígenas amazónicos.

CONSEJO DK
Estancias con familias

Al contrario que las visitas menos respetuosas a los pueblos indígenas que se suelen ofrecer, el alojamiento con familias *(p. 163)* es una oportunidad de intercambio cultural único. *www.peru.travel/iperu.aspx* tiene toda la información.

La isla Uros, en el lago Titicaca, ofrece alojamiento con familias

LA IMPORTANCIA DE LAS PLANTAS

Las plantas han sido cruciales en las sociedades tradicionales durante siglos, ya sea para hacer ropa, casas, utensilios, o usadas como medicinas durante los rituales chamánicos.

Coca - Desde la época precolombina, la sagrada hoja de coca –el ingrediente principal de la cocaína– ha desempeñado funciones medicinales, sociales y rituales, y se usa contra diversas dolencias como el hambre, el cansancio y el mal de altura.

Ayahuasca - Esta liana con propiedades purgantes y alucinógenas la utilizan los chamanes con fines medicinales y espirituales.

Achiote - No solo tiene propiedades antibacterianas, sino que además las semillas machacadas de las flores de este arbusto tropical producen un tinte rojo que se usa para los tejidos.

1 Una bolsita de colores hecha a mano para llevar hojas de coca.

2 Hojas de ayahuasca, en un centro de curación de Perú.

3 Las asombrosas flores del árbol achiote.

↑ Miembros de la tribu amazónica de los yaguas entrando en una choza de paja

EXPLORA LIMA

Disfrutando del Circuito Mágico del Agua

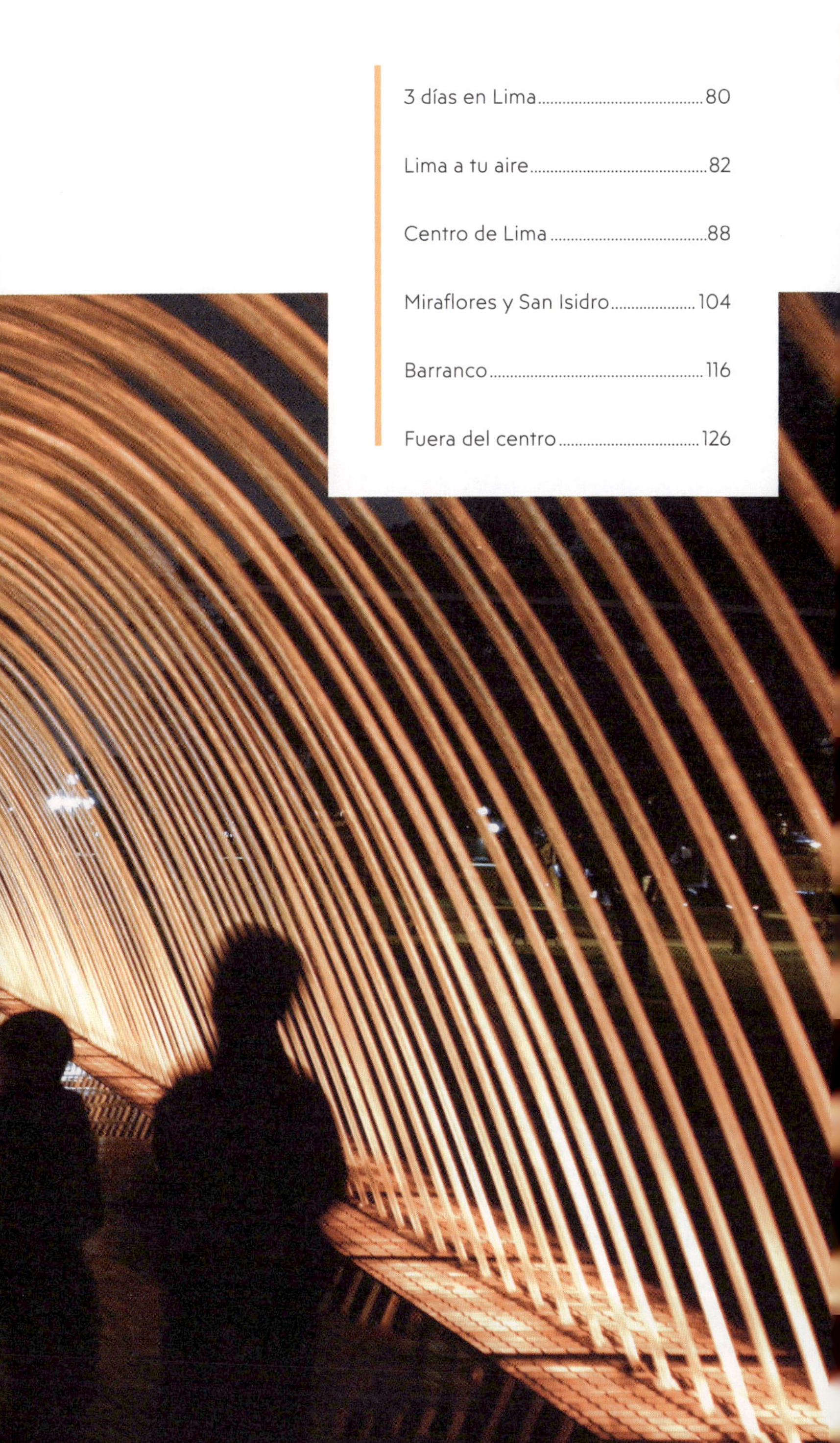

EXPLORA LIMA

Esta guía divide Lima en cuatro zonas para visitar: las tres que figuran en este mapa y la de *Fuera del centro*.

Río Rímac
AVENIDA MORALES DUAREZ
RIMAC
AV. PANAMERICANA NORTE
AVENIDA PANAMERICANA NORTE
Río Rímac
Parque de la Muralla
AVENIDA ARGENTINA
AVENIDA A. UGARTE
AV. TACNA
San Francisco
AV. ABANCAY
AV. ÓSCAR R. BENAVIDES
La Catedral
CENTRO
EL AGUSTINO
AV. GARCILASO DE LA VEGA
CENTRO DE LIMA
p. 88
AV. REPÚBLICA DE VENEZUALA
AV. ARICA
AVENIDA GRAU
AVENIDA JOSÉ DE LA RIVA AGUERO
AVENIDA 28 DE JULIO
Museo de Arte
AVENIDA BRASIL
Estadio Nacional
AVENIDA AVIACIÓN
PASEO DE LA REPÚBLICA
LA VICTORIA
PUEBLO LIBRE
AVENIDA SALAVERCY
AVENIDA AREQUIPA
LINCE
AVENIDA BRASIL
AVENIDA JAVIER PRADO OESTE
AVENIDA JAVIER PRADO OESTE
SAN ISIDRO
CORPAC
MIRÓ QUESADA
AV. PETIT THOUARS
AV. AREQUIPA
AVENIDA AVIACIÓN
MIRAFLORES Y SAN ISIDRO
p. 104
CIRCUITO DE PLAYAS
PASEO DE LA REPÚBLICA
AVENIDA REPÚBLICA DE PANAMÁ
SURQUILLO
AVENIDA ANGAMOS ESTE
AVENIDA DE TOMÁS MARSANO
Huaca Pucllana
AVENIDA EJÉRCITO
AV. ANGAMOS OESTE
MIRAFLORES
AV. JOSÉ PARDO
AV. O. BENAVIDES
AV. A. BENAVIDES
AVENIDA A. BENAVIDES
CIRCUITO DE PLAYAS
Océano Pacífico
BARRANCO
AVENIDA ESCUELA MILITAR
BARRANCO
p. 116
Museo de la Electricidad
CIRCUITO DE PLAYAS
0 km
1
N

1

2

3

4

←

1 La plaza Mayor de Lima.

2 Sobrevolando el centro comercial Larcomar en parapente.

3 Aguaymantos a la venta en el mercado de Surquillo de Lima.

4 Disfrutando del Circuito Mágico del Agua.

3 DÍAS
en Lima

Día 1

Mañana El día comienza absorbiendo el ambiente colonial del centro de Lima en la plaza Mayor *(p. 102)* y viendo el cambio de guardia del palacio del Gobierno al mediodía *(p. 97)*. Siguiendo una manzana al norte se llega a la Casa de Aliaga *(p. 97)*, la mansión colonial más antigua de la ciudad y, supuestamente, de Sudamérica. Al sur está Chinatown *(p. 100)*, donde se puede comer en una chifa tradicional.

Tarde Se toma un taxi hasta el Museo Nacional de Arqueología, Antropología e Historia del Perú *(p. 128)*, con su deslumbrante selección de momias de la cultura paracas. Terminada la visita, a pocas manzanas está la colección de cerámica precolombina que recorre 3.000 años de historia en el famoso Museo Arqueológico Rafael Larco Herrera *(p. 131)*.

Noche Para comprar recuerdos, se va en taxi al sur de Miraflores para curiosear en los puestos de artesanía y antigüedades que abarrotan el parque Kennedy *(p. 110)*, una plaza llena de gatos. Yendo al sur a pie se puede cenar en uno de los modernos restaurantes del centro comercial Larcomar, con vistas magníficas al océano.

Día 2

Mañana El malecón de Miraflores *(p. 114)* es una de las zonas más bellas de la ciudad, un paseo por el acantilado lleno de zonas verdes y muchos bancos. Se puede alquilar una bicicleta para hacer un poco de ejercicio mañanero. A pie a lo largo de la costa se llega a Barranco *(p. 116)*, para caminar por la avenida Sáenz Peña, donde están las exquisitas mansiones del siglo XX del barrio.

Tarde Yendo más al norte se puede comer mientras se camina por el bullicioso mercado de Surquillo. Deambular entre puestos llenos de frutas exóticas, montañas de verduras y carne colgada de un gancho es una experiencia que hay que vivir. En el autobús Metropolitano, al norte, se llega al Museo de Arte *(p. 99)*, un museo con 34 galerías.

Noche Para cenar, hay que reservar mesa previamente en uno de los restaurantes Punto Azul *(www.puntoazulrestaurante.com)*, siempre abarrotados, una cadena de cevicherías con algunos de los platos más sabrosos y asequibles al bolsillo de toda la ciudad.

Día 3

Mañana Desde el centro de Lima, hay un autobús rumbo al sur a lo largo de la carretera Panamericana que llega a Pachacámac *(p. 133)*. Una visita guiada explica el enorme complejo de este templo, que se remonta al 200 d. C.

Tarde En Miraflores, se puede comer un sándwich en La Lucha Sanguchería *(p. 111)* antes de adentrarse en la Huaca Pucllana *(p.108)*, una pirámide preinca de adobe que tiene excelentes vistas a la ciudad. Después se pasea por las *boutiques* que conducen hasta el norte, a San Isidro, donde hay tiendas aún más elegantes.

Noche En el parque de la Reserva está el Circuito Mágico del Agua *(p. 95)*, un espectáculo acuático interactivo en el que 15 fuentes iluminadas bailan al son de la música. Para cenar en el célebre Astrid & Gastón *(p. 111)*, uno de los mejores restaurantes de la ciudad, propiedad del famosísimo chef Gastón Acurio y su esposa Astrid, es imprescindible reservar.

FUERA DE LIMA

En el Museo de Arte Moderno *(p. 229)*, en el norte de Perú, las pinturas surrealistas de Gerardo Chávez no son agradables de ver, pero, aun así, merece la pena verlas. En la Amazonia, Pablo Amaringo forjó un estilo propio conocido como Nuevo Amazónico, que utiliza colores fluorescentes para crear vívidas pinturas basadas en las visiones de ayahuasca.

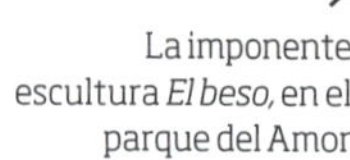

La imponente escultura *El beso*, en el parque del Amor

LIMA PARA LOS AMANTES DEL ARTE

El arte contemporáneo en Lima sigue ganando impulso gracias a las pequeñas galerías privadas de Miraflores y Barranco, donde exponen nuevos e interesantes talentos, mientras que el arte callejero surge de manera natural. Escultura, arte público o pintura tradicional: Lima posee obras para todos los gustos.

Pintura: *Puka Wamami*

Las formas y colores atrevidas con raíces en los motivos indígenas andinos son el sello de los cuadros de Fernando de Szyslzo. Szyslzo está considerado uno de mejores artistas abstractos de América Latina, y su obra bien merece una visita. *Puka Wamani* (1968) –parte de una serie del mismo nombre–, es una de esas obras, que cuelga en el Museo de Arte de Lima *(p. 99)*, junto a otros trabajos suyos.

Museo de Arte de Lima, en el que se exhiben los cuadros de Szysizo

Escultura: *El beso*

Uno de los monumentos más fotografiados de Lima, *El beso* es una gigantesca escultura de piedra en Miraflores del artista limeño Víctor Delfín, que representa a él y su esposa entregados a un abrazo apasionado. Inaugurado el día de San Valentín de 1993, sigue siendo el lugar más emblemático del parque del Amor *(p. 111)*. Se exhiben más obras suyas en su estudio-galería cercano *(www.victordelfin.com)*, donde él mismo explica las visitas.

GALERÍAS DE LIMA

Museo de Arte Contemporáneo
Abierto en 2013, este museo en constante expansión está dedicado al arte contemporáneo *(p. 122)*.

Revolver Galería
San Isidro revolvergaleria.com
Espacio vanguardista para artistas locales e internacionales.

Lucila Walqui Galería
Lince lucilawalqui.org
Dirigida a promocionar a jóvenes talentos.

Arte callejero: *Hogar de un suspiro*

A lo largo de paredes, puentes y escaparates, en las escaleras, o escondidos en los patios, los murales son una parte importante en el bohemio distrito de Barranco. El llamativo *Hogar de un suspiro* de Jade Rivera *(www.jadeuno.com)*, situado cerca del puente de los Suspiros *(p. 121)*, es uno de los principales puntos de interés del barrio. Si hacer una foto no es suficiente, su galería de arte en el malecón Castilla vende copias de la obra, y para los más fervientes entusiastas, Tailored Tours *(www.tailoredtoursperu.com)* realiza visitas para ver parte de los grafitis de Barranco.

↑ El impresionante mural *Hogar de un suspiro*, pintado en 2015

CONSEJO DK
Circuito Mágico del Agua
Si se busca algo distinto, hay que ir al Circuito Mágico del Agua *(p. 95)*, en el parque de la Reserva, un gran espectáculo de fuentes con luz y sonido.

LIMA DE NOCHE

En la animada vida nocturna de la capital hay para todos los gustos, sin necesidad de alejarse mucho de los sofisticados barrios de Miraflores y Barranco, en los acantilados. Un paseo por el malecón bajo la luz de la luna, una cena especial o el ambiente de los bares y peñas: Lima lo tiene todo.

Conocer las peñas

Las peñas de Lima, que en un principio eran centros comunitarios en los que se honraba la herencia conjunta de buena comida y tradiciones musicales, como La Candelaria *(www.lacandelariaperu.com)*, ahora están más orientadas a los turistas, y en ellas se realizan actuaciones con excelentes coreografías de bailes folclóricos afroperuanos o andinos. Para una experiencia mucho más íntima, auténtica, se puede disfrutar de la cultura criolla pura en Don Porfirio cualquier viernes por la noche *(Manuel Segura 115, Barranco)*.

Bailarines actuando en la popular peña Don Porfirio, en Barranco

Una noche en el teatro

Lima tiene dos lugares extraordinarios para ello. El teatro Municipal *(Jirón Ica 377)*, con su excepcional acústica, es el lugar perfecto para los amantes de la danza moderna y la música clásica. El impresionante Gran Teatro Nacional de Perú *(www.granteatronacional.pe)* ofrece un programa más variado, y en él se representa de todo, desde rock a ópera, pasando por ballet y obras de Broadway.

Bailarines ensayando la ópera *Carmina Burana* en el Gran Teatro Nacional

Mango's

Para tomarse una copa, nada como este bar de Miraflores en el acantilado, con fantásticas vistas al mar.

D5 Larcomar, Malecón de la Reserva 610 mangosperu.com

Ayahuasca

Bar de estilo bohemio en una mansión colonial restaurada, que ofrece cócteles creativos y aperitivos excelentes.

D5 Av. San Martin 130 ayahuascarestobar.com

De bares por Barranco

En lo que a bares se refiere, Barranco es el lugar perfecto, con todo tipo de sitios. Bares de moda, como el Café Victoria *(Pedro de Osma 135)*, dentro de espléndidas mansiones coloniales, o más familiares, como el Juanito de Barranco *(Av. Almte Miguel Grau 270)*, con su decoración sencilla, que atraen a una clientela más local. Se puede acceder a todos fácilmente desde el parque Municipal *(p. 122)*.

El bohemio barrio Bajada de Baños, en Barranco

Bailar hasta que el cuerpo aguante

Aunque Lima está lleno de discotecas, para salir por la noche hay que tener mucho aguante porque los locales se animan a partir de medianoche y no cierran hasta el amanecer. Hay mucha variedad: desde pequeñas pistas de baile a discotecas enormes iluminadas con láser, desde música contemporánea a retro, rock a reguetón, o salsa y hip-hop. Hay muchísimos locales en Miraflores, los más lujosos en Larcomar.

El centro comercial Larcomar y sus alrededores iluminados de noche

LA ARQUITECTURA COLONIAL DE LIMA

Patrimonio de la Humanidad por la Unesco, el centro histórico de la Ciudad de los Reyes está plagado de lugares de interés arquitectónico. El estilo español e indígena se funden con frecuencia en la arquitectura colonial, dando como resultado una especie de estilo criollo que se ve por todo Lima. Las dos grandiosas plazas principales y las calles vecinas están llenas de bellas iglesias coloniales, palacios y mansiones. Aunque fueron asolados por los terremotos, muchos han sido reconstruidos o restaurados para recuperar su antiguo esplendor y reforzados con adobe y quincha (madera o caña, cubierta de barro y yeso).

CASA DE ALIAGA

De 1535, la opulencia y el arte barroco de la mansión colonial más antigua y mejor conservada de Lima *(p. 97)* se ve por todas partes, como se ve en su magnífico artesonado de madera tallada, frontones y molduras. Los azulejos de inspiración islámica que tiene la mansión son una pieza decorativa característica de los edificios coloniales, tanto religiosos como seculares.

↑ El precioso patio interior de la Casa de Aliaga, con su higuera y su fuente

PALACIO DE TORRE TAGLE

Este palacio del siglo XVIII *(Jr Ucayali 363)* fue un encargo del entonces tesorero de la flota española, don José Bernardo de Tagle y Bracho. Tiene dos de los balcones más ornamentados de la ciudad, característica fundamental de la arquitectura colonial. En el interior tiene elementos arquitectónicos mudéjares, como los arcos lobulados y azulejos exquisitos. El edificio ha sido sede del Ministerio de Asuntos Exteriores desde 1918.

CASA DE PILATOS

Construida en 1590 por un comerciante español, la Casa de Pilatos *(Jr Ancash 390)* se inspira en la casa del mismo nombre de Sevilla. Hoy alberga las oficinas de la Corte Suprema. La mansión posee un característico patio colonial, rodeado por una elegante escalera de piedra. Los balcones de madera originales fueron sustituidos después de un terremoto.

CASA DE OSAMBELA

También conocida como Casa de Oquendo *(Jr Conde de Superunda, 298)*, la casona más alta de la Lima colonial en el momento de su construcción, solo tiene tres pisos y está coronada con un mirador. El propietario original, el comerciante de navío Martín de Osambela, observaba sus galeones entrando en el puerto desde este mirador. Aunque la fachada se construyó a principios del siglo XIX, la actual muestra elementos neoclásicos, con adornos de estilo rococó.

Espléndida fachada de la Casa de Osambela, con balcones de madera ↑

1

2

LAS IGLESIAS COLONIALES DE LIMA

Iglesia de San Pedro Bastante austera por fuera, la iglesia de San Pedro *(p. 98)* tiene una decoración absolutamente impresionante en su interior, con pan de oro por doquier. Consagrada por tercera y última vez en 1636, la ornamentación churrigueresca *(p. 156)* se fue añadiendo con el tiempo. El oro lo cubre todo, desde los retablos al púlpito, hasta las naves laterales y los espléndidos artesonado y cúpula.

Iglesia de San Francisco Construida en 1664, la imponente fachada de la Iglesia de San Francisco *(p. 92)* es de visita obligada. Flanqueada por dos torres, la fachada presenta un elegante ejemplo del estilo barroco español, compuesto por un retablo-pórtico de piedra decorado con nichos, estatuas y pilastras.

3

[1] Ornamentos de oro en el interior de la iglesia de San Pedro.

[2] La cúpula de San Pedro, común en los edificios religiosos.

[3] La increíble fachada de San Francisco.

¿Lo sabías?

Pablo Andrade, el antiguo alcalde de Lima, lanzó la campaña *Adopta un balcón* para salvarlos.

El elegante patio del convento de Santo Domingo

CENTRO DE LIMA

Lima, fundada por Pizarro en 1535, fue la capital del Imperio español en Sudamérica durante casi dos siglos. Conocida como la Ciudad de los Reyes, llegó a ser la metrópoli más importante de la región, constituyéndose como su centro político y económico. Su escudo de armas muestra tres coronas que representan a los Reyes Magos y un lema que reza: "Este es el verdadero signo de los reyes". Las 117 manzanas que componen la ciudad original, de trazado romano, se disponen en torno a la plaza Mayor, cuyos imponentes edificios tanto eclesiásticos como gubernamentales dan fe de su importancia. Las calles centenarias albergan construcciones en su mayoría de época colonial, pues gran parte de las estructuras anteriores fueron destruida por el terremoto de 1746. Muchas de las casas coloniales se han transformado en museos o en oficinas estatales. El catolicismo ferviente se traduce en que, casi en cada calle, se puede contemplar una iglesia o un convento renacentista, barroco o de inspiración rococó.

CENTRO DE LIMA

Esencial

1 San Francisco

Lugares de interés

2 Estadio Nacional
3 Circuito Mágico del Agua
4 Catedral
5 Museo de Sitio Bodega y Quadra
6 Casa de Aliaga
7 Palacio de Gobierno
8 Museo Andrés del Castillo
9 San Pedro
10 Parque de la Muralla
11 Santo Domingo
12 Museo de Arte
13 Convento de los Descalzos
14 Chinatown
15 Plaza San Martín
16 Las Nazarenas
17 Museo de Arte Italiano
18 Museo Nacional de la Cultura Peruana

Dónde comer y beber

① L'Eau Vive
② Restaurante Bar Cordano

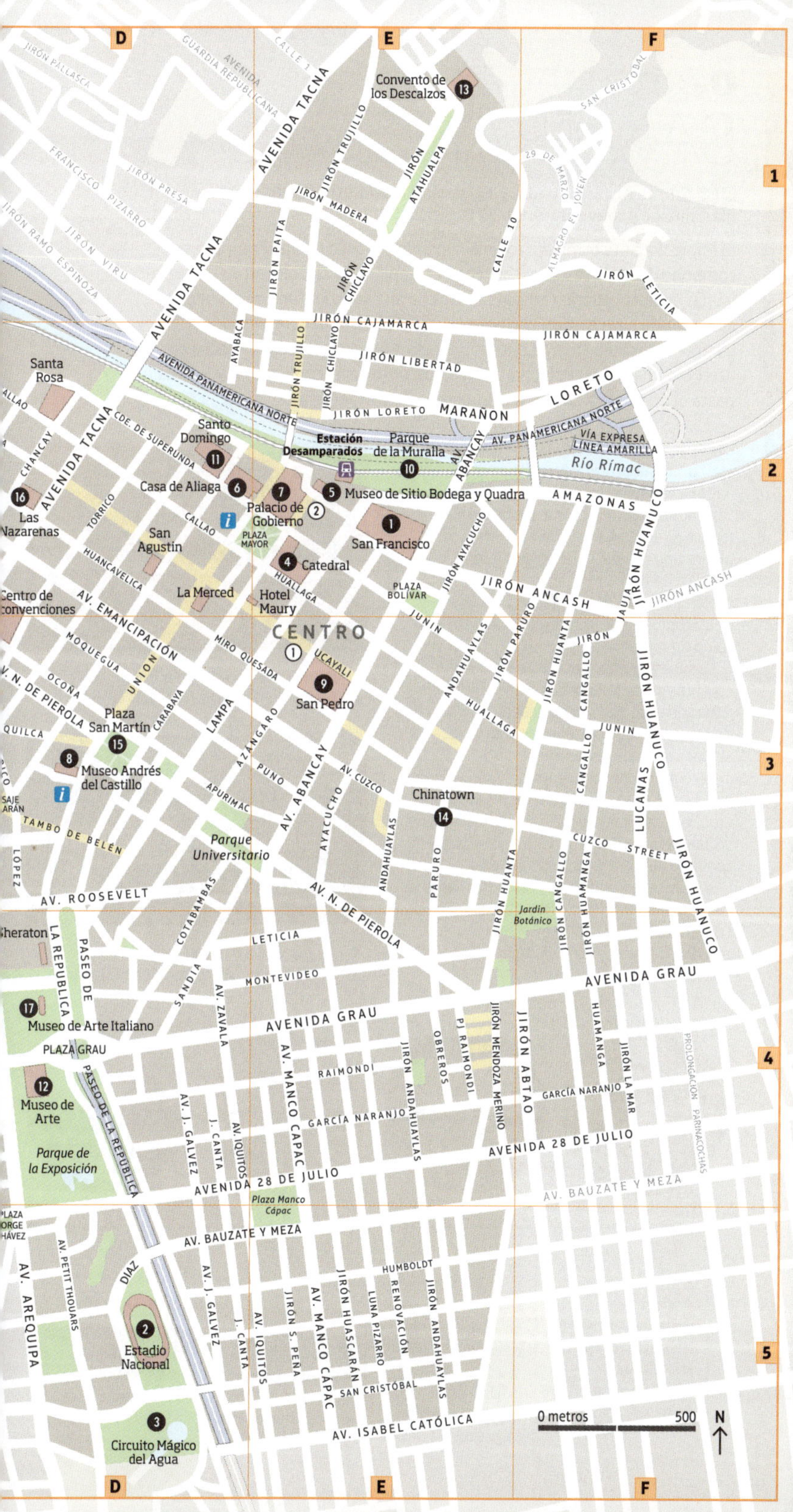

D
E
F
1
2
3
4
5
Convento de los Descalzos
13
Santa Rosa
Santo Domingo
11
Casa de Aliaga
6
7
Palacio de Gobierno
2
Estación Desamparados
Parque de la Muralla
10
5
Museo de Sitio Bodega y Quadra
1
San Francisco
4
Catedral
16
Las Nazarenas
San Agustín
PLAZA MAYOR
La Merced
Hotel Maury
Centro de convenciones
PLAZA BOLÍVAR
CENTRO
1
9
San Pedro
Plaza San Martín
15
8
Museo Andrés del Castillo
Chinatown
14
Parque Universitario
Jardín Botánico
Sheraton
17
Museo de Arte Italiano
PLAZA GRAU
12
Museo de Arte
Parque de la Exposición
Plaza Manco Cápac
2
Estadio Nacional
3
Circuito Mágico del Agua
Río Rímac
VÍA EXPRESA LÍNEA AMARILLA
AVENIDA TACNA
AVENIDA PANAMERICANA NORTE
AV. PANAMERICANA NORTE
JIRÓN CAJAMARCA
JIRÓN LIBERTAD
JIRÓN LORETO
MARAÑON
LORETO
AMAZONAS
JIRÓN ANCASH
JIRÓN HUANUCO
AV. ABANCAY
AV. EMANCIPACIÓN
AV. N. DE PIEROLA
AV. ROOSEVELT
AVENIDA GRAU
AVENIDA 28 DE JULIO
AV. BAUZATE Y MEZA
AV. ISABEL CATÓLICA
AV. AREQUIPA
AV. MANCO CAPAC
PASEO DE LA REPÚBLICA
JIRÓN ABTAO
CUZCO STREET
0 metros
500
N

1

SAN FRANCISCO

E2 Jirón Ancash, cuadra 3 Iglesia: 7.00-11.00 y 16.00-20.00 todos los días; museo y convento: 9.00-20.15 todos los días museocatacumbas.com

El impresionante complejo colonial amarillo y blanco de San Francisco se compone de una iglesia, un convento, las capillas de La Soledad y El Milagro y unas sobrecogedoras catacumbas. Solo la fachada ya es uno de los mejores ejemplos de arquitectura barroca del siglo XVII de Perú. En el interior, el complejo también alberga impresionantes ejemplos de escultura barroca, así como una valiosa colección de tesoros, desde arte con influencia andina hasta el primer diccionario que publicó la Real Academia Española.

La iglesia original levantada en barro y madera en 1557 quedó destruida tras un terremoto acaecido en 1656. El arquitecto portugués Constantino de Vasconcellos finalizó la construcción del nuevo templo en 1672. A excepción del pórtico de piedra tipo retablo y del pórtico lateral, la iglesia está hecha de quincha. También está construida sobre una entramado de túneles o catacumbas que en época colonial se usaron como cementerio.

Como era el lugar favorito de culto del virrey español y su corte, la iglesia recibió muchísimas donaciones, sobre todo procedentes de las minas de oro y plata de Perú. Desgraciadamente, algunos de estos tesoros desaparecieron durante las guerras de independencia del siglo XIX, aunque se conservan muchas obras de arte, arquitectura y literatura. Es casi imprescindible visitar el Museo Religioso. Este museo posee un conjunto de lienzos dedicado a la pasión de Cristo procedentes del taller del pintor flamenco del siglo XVII Pedro Pablo Rubens en Amberes. Los retratos de los apóstoles, realizados en el estudio de Francisco de Zurbarán, cuelgan de la sala Zurbarán.

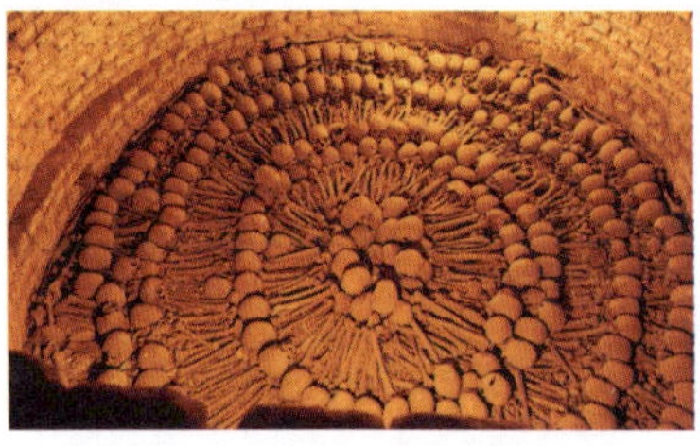

↑ Impresionantes círculos de cráneos y fémures en la cripta

↑ La espléndida biblioteca del convento atesora manuscritos y libros centenarios

Destacado

Altar mayor

▲ El reconocido arquitecto español y presbítero Matías Maestro diseñó esta impresionante estructura tallada en estilo neoclásico.

Biblioteca del convento

▲ En esta biblioteca del siglo XVII se guardan más de 20.000 libros de los siglos XV-XVIII, incluido un gran número de primeras ediciones y pergaminos.

Fachada barroca de la iglesia

▲ Dos torres flanquean el pórtico de piedra tipo retablo que presenta una elegante combinación de esculturas, hornacinas y pilastras de 1664.

Claustro y jardín del convento

▲ El claustro alicatado posee un techo de caoba y muros cubiertos de frescos.

70.000

Es el número aproximado de enterramientos en la cripta llena de huesos de San Francisco.

↑ La impresionante ornamentación barroca de la fachada de San Francisco

Visitando San Francisco

En 1535 el emperador Carlos I ordenó a Francisco Pizarro designar dos espacios en Lima para que los franciscanos pudieran levantar una iglesia y un convento. Se eligieron unos terrenos ubicados a orillas del río Rímac que ocupaban una octava parte de la extensión de la ciudad. Con tales dimensiones se convirtieron en el mayor complejo católico del Nuevo Mundo. Los mejores artistas de la época, desde plateros hasta escultores, acudieron para decorarlo, y también se creó una fábrica de azulejos. Donde mejor se aprecian los detalles de los impresionantes motivos decorativos es en los altares, la fachada, las cúpulas y las torres de la iglesia.

↑ Paredes alicatadas y carpintería ornamentada en los corredores de mosaicos de colores de los claustros

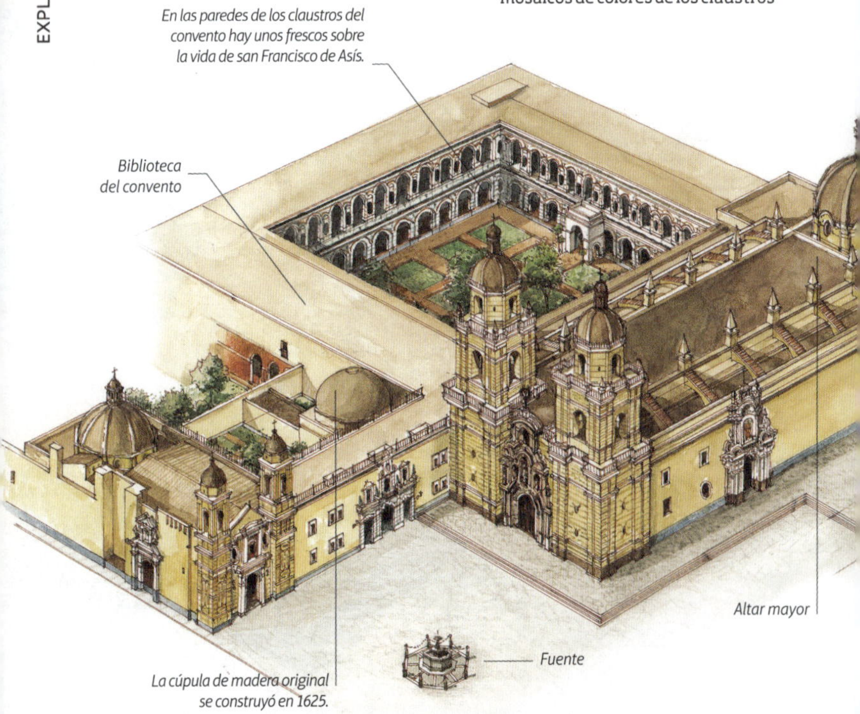

En las paredes de los claustros del convento hay unos frescos sobre la vida de san Francisco de Asís.

Biblioteca del convento

Altar mayor

Fuente

La cúpula de madera original se construyó en 1625.

CENA CON CONEJILLO DE INDIAS

Los cuyes son fundamentales en la vida peruana y se comen millones de ellos cada año. Se cree que los incas sacrificaban cada año 1.000 conejillos de Indias y 100 llamas en la plaza de Cuzco para propiciar una buena cosecha. La pequeña maravilla de Diego de la Puente, *La última cena*, que cuelga en el comedor de San Francisco, muestra a Jesucristo y sus 12 apóstoles sentados ante un cuy chactado (asado). A menudo se confunde erróneamente esta pintura con la que realizó Marcos Zapata del mismo nombre *(p. 179)*.

Esencial ☆

El espectacular techo mudéjar del altar mayor

Entre los elementos del interior de la iglesia hay tres naves de siete vanos, un transepto y un presbiterio.

La quincha se usó para construir la mayor parte de la iglesia.

La disposición del gran complejo de San Francisco, con la iglesia, el convento y las capillas

¿Lo sabías?

La mayor colección de Lima de azulejos sevillanos data de 1620, y se encuentra en los claustros.

LUGARES DE INTERÉS

Estadio Nacional

D5 Calle José Díaz 01 431 6190 Para partidos y eventos

El estadio Nacional tiene una capacidad de 40.000 asientos y es el estadio local del equipo nacional de fútbol peruano. Construido en 1952, en él se celebran partidos internacionales, incluyendo tres torneos de los seis de la Copa América que se hacen en Perú. También se celebran conciertos de música de grandes nombres internacionales.

El 24 de mayo de 1964, sucedió en el estadio la mayor tragedia del fútbol de la historia. Durante un partido de clasificación para las Olimpiadas contra Argentina, se usó gas lacrimógeno para disipar a los asistentes que habían invadido el terreno de juego, causando una estampida que acabó con la vida de 300 personas.

CONSEJO DK
Laberinto del Ensueño

Hay que proteger los objetos de más valor al adentrarse por esta fuente del Circuito del Agua, ya que varios chorros de agua verticales pueden acaban dejando empapado al visitante.

Circuito Mágico del Agua

D5 Entre Av. Arequipa y Av. Paseo de la República 15.00-22.00 ma-do (espectáculos acuáticos a las 19.15, 20.15 y 21.30) circuitomagicodelagua.com.pe

El enorme parque de la Reserva, diseñado por el arquitecto francés Claude Sahut, es una de las zonas públicas más bonitas de Lima. En 2007, después de una remodelación, se instalaron en él 13 fuentes cibernéticas para crear el Circuito Mágico del Agua, un encantador recorrido de elementos acuáticos. De noche, se produce el espectáculo más impresionante de Lima. Las fuentes se mueven al compás de la luz y el sonido. Algunas arrojan agua hasta una altura de 80 m, mientras que otras, como el Túnel de las Sorpresas, forman arcadas de agua que se pueden atravesar caminando.

El Túnel de las Sorpresas en el Circuito Mágico del Agua

Bóvedas doradas sobre las naves de la catedral

4 

Catedral

E2 Plaza Mayor 01 427 9647 9.00-17.00 lu-vi, 10.00-13.00 sá, 13.00-17.00 do

Con sus dos impresionantes torres simétricas, la catedral domina el lado oriental de la plaza Mayor. Francisco Pizarro (1478-1541), conquistador y fundador de Lima, colocó en 1535 la primera piedra de la construcción original, compuesta por muros de adobe y un techo de paja.

En 1564 se iniciaron las obras del actual edificio en estilo barroco renacentista, pero la falta de fondos y los terremotos de 1687 y 1746 obligaron a detenerlas. Los trabajos concluyeron en 1758, pero la catedral tuvo que levantarse denuevo tras el asolador terremoto de 1940.

El templo se compone de 5 naves y 10 capillas laterales. La imagen de Jesús de la capilla de Juan Bautista es considerada la más bella de Sudamérica. La tumba de Pizarro se encuentra en la capilla adornada con mosaicos a la derecha de la entrada. De especial interés resulta la sillería del coro, tallada por el español del siglo XVII Pedro Noguera, así como el arte sacro del museo.

Museo de Sitio Bodega y Quadra

E2 Jirón Ancash 213 01 428 1644 10.00-18.00 ma-do

Tras un modesto exterior se encuentra todo un viaje al pasado: una auténtica casa colonial del siglo XVII, excavada con esmero.Las franjas de muros y suelo muestran la estructura de esta casa colonial del siglo XVII. Fue hogar del comerciante y cónsul español en Lima Tomás de la Bodega y Quadra y su hijo peruano Juan Francisco, el famoso explorador y oficial de la marina de la Armada Española, que exploró California y descubrió las islas canadienses de Quadra y Vancouver. El museo tiene 10 salas de exposición con

La grandiosa fachada de la residencia presidencial, el palacio de Gobierno

audiovisuales, piezas de porcelana, muestras de cerámica y cubertería halladas en las excavaciones.

Casa de Aliaga

D2 Jirón de la Unión, 224 9.00-17.00 todos los días, solo cita previa llamando al 01 427 7736 casadealiaga.com

Esta mansión de quincha fue erigida para Jerónimo de Aliaga, uno de los lugartenientes de Pizarro. Se trata de la casa más antigua y mejor conservada del continente y pertenece a la misma familia después de 17 generaciones.

El balcón de madera ornamentado es el único elemento exterior que denota la elegancia de sus 66 estancias. Las escaleras de mármol conducen al patio del segundo piso y a la entrada principal. La zona abierta al público está decorada con arte colonial y piezas de los siglos XVI a XVIII, como espejos Luis XIV, muebles, retratos familiares y pinturas de la escuela cuzqueña *(p. 178)*. En uno de los dos patios andaluces se alza una fuente de bronce.

CONSEJO DK
Paseo gastronómico por el centro

Para disfrutar de este interesante paseo gastronómico, aromatizado por el colorido mercado Central, hay que probar las deliciosas papas rellenas y el ceviche. Reservas en *www.foodwalkingtourperu.com*

Palacio de Gobierno

E2 Plaza Mayor 01 311 3908 oficina RP, Jirón de la Unión solo cita previa llamando al 01 311 3900, ext 523, 9.00 y 10.00 sá y do

Conocido como Casa de Pizarro, fue levantado por el conquistador en los terrenos que pertenecieron a Taulichusco, jefe prehispánico del valle de Rímac, y es la sede del poder político de Perú. El edificio ha sido sometido a importantes remodelaciones en las décadas de 1920 y 1930 tras un incendio.

El palacio evidencia la prosperidad económica que se vivía durante el periodo colonial. Las salas están decoradas con piezas de caoba y cedro, vidrio francés, mármol de Carrara y cristal checo. Una escalera de mármol domina el gran salón, flanqueado por bustos de personalidades clave en la historia de Perú. El salón Dorado imita el salón de los Espejos de Versalles.

El interior solo está abierto para visitas guiadas, las mañanas de los fines de semana, pero el cambio de guardia frente al palacio, todos los días a las 12.00, merece la pena.

Museo Andrés del Castillo

D3 Jirón de la Unión 1030 9.00-18.00 lu- sá, 10.00-18.00 do madc.com.pe/esp

Está casa del siglo XIX, bellamente restaurada, alberga un museo privado creado en memoria de Andrés del Castillo, un joven estudiante de ingeniería de minas que murió trágicamente en el año 2006. El museo refleja los estudios e intereses de Andrés, con una vasta y única colección de minerales cristalizados de los Andes peruanos, excepcionales piezas de cerámica de Chancay que abarcan del año 900 a 1500, y una fascinante colección de vestidos y accesorios prehispánicos, togas, corsés, calzado, cinturones, sombreros, pelucas y joyas.

9

San Pedro

E3 Jirón Ucayali 451 01 428 3017 6.30-12.30 y 17.00-20.00 todos los días

La pequeña iglesia de San Pedro, la única en Lima con tres pórticos de acceso (característica normalmente reservada a las catedrales), está considerada uno de los mejores ejemplos de la arquitectura colonial temprana de la ciudad. Se construyó en 1636, con una distribución en tres naves inspirada en la iglesia jesuita de Jesús en Roma; se consagró en 1638.

El sobrio exterior contrasta con la opulencia del interior, decorado con altares dorados y churriguerescos, tallas doradas de los fundadores de varias órdenes religiosas y balcones moriscos. Las capillas laterales, cubiertas por maravillosos azulejos, están repletas de pinturas realizadas por las escuelas de Lima, Quito y Cuzco.

El presbítero Matías Maestro (1760-1835) diseñó el impresionante altar mayor con columnas, balcones y esculturas.

En la sacristía hay una representación de la coronación de la Virgen María pintada por Bernardo Bitti (1548-1610), que trabajó con Miguel Ángel en Italia y supervisó la construcción de San Pedro.

10 

Parque de la Muralla

E2 Jirón Amazonas y Av. Abancay 01 433 1546 7.00-21.00 todos los días

En su día una zona marginal, este parque es ahora un destino muy popular tanto los lugareños como para visitantes. Situado tras la iglesia de San Francisco, cerca del río Rimac, este parque presenta los restos de una muralla del siglo XVII que en su día protegía la ciudad de los piratas y los enemigos de la Corona española. El parque tiene un gimnasio exterior y una biblioteca, y también alberga una pequeña exposición de mapas, grabados y objetos, así como una estatua de Francisco Pizarro.

11  

Santo Domingo

D3 Jirón Camaná 170 01 427 6793 8.30-12.00, 13.00-17.30 todos los días (torre: 11.00-16.00 todos los días)

La construcción de la iglesia de Santo Domingo comenzó en 1540, unos años después de que Francisco Pizarro cediera el terreno al fraile dominico Vicente de Valverde, que le acompañó durante la conquista de Perú. Valverde recibió de Pizarro la misión de presentarse ante el Inca Atahualpa *(p. 190)* y convertirlo al cristianismo para evitar una guerra entre incas y españoles. Sin embargo, Valverde falló.

La construcción terminó a finales del siglo XVI. Dentro del templo destaca la sillería tallada del coro, la cúpula y el retablo de las reliquias, con las reliquias de tres dominicos peruanos que alcanzaron la santidad: santa Rosa de Lima, san Martín de Porres (1579-1639) y san Juan Macías (1585-1645).

A la derecha de la torre de la iglesia están la capilla y el claustro del convento.

¿Lo sabías?

Vicente de Valverde fue ejecutado por los indígenas de la isla de Puná, en Ecuador, en 1541.

12  

Museo de Arte

D4 Paseo Colón 125 10.00-19.00 ma-vi y do (22.00 primer vi del mes), 10.00-17.00 sá mali.pe

En el parque de la Exposición y rodeado de estatuas y jardines se encuentra el palacio de la Exposición, un edificio de estilo neorrenacentista construido en 1872 para albergar la gran exposición industrial celebrada en la ciudad. Este palacio, que sirvió de núcleo a los principales proyectos urbanísticos del siglo XIX en la capital, alberga en la actualidad el Museo de Arte de Lima. Su colección de arte peruano comprende desde cerámica y tejidos antiguos hasta joyas, muebles y pinturas de los últimos 3.000 años.

La galería de arte colonial de la segunda planta destacan los cuadros de Juan de Santa Cruz Pumacallao, Diego Quispe Tito y Juan Zapata Inca. Estos cuadros de la escuela cuzqueña *(p. 179)* combinan mitología andina con simbología católica y proporcionan un interesante contraste a las clásicas parábolas religiosas representadas por Bernardo Bitti (1548-1610). También se exhibe cerámica nazca pintada, copas incas y prendas coloniales, además de retratos de familias adineradas del siglo XIX realizados por José Gil Castro (1785-1841) y Carlos Baca Flor (1867-1941), este último famoso por sus cuadros de personajes eminentes como el papa Pío XII, el banquero estadounidense J. P. Morgan y el famoso diseñador de moda Charles Frederick Worth. También están las obras contemporáneas de artistas vanguardistas de la década de 1960, como Jesús Ruiz Durand.

El parque de la Exposición, conocido también como parque de la Cultura, proporciona un agradable refugio para escapar del tráfico de Lima. El recinto alberga un anfiteatro, un teatro de guiñol y otras zonas para representaciones. A todo esto se añade un jardín japonés, un lago artificial con barcas de remos y monumentos como la fuente china, el pabellón bizantino y el hermoso pabellón morisco que conmemoran el centenario de la independencia de Perú.

Se debe tener precaución en el parque, ya que se han dado casos de robos. Se desaconseja acudir por la noche.

Decoración barroca de la sacristía de la iglesia de San Pedro

SANTA ROSA DE LIMA

La primera santa de América, Isabel Flores de Oliva, nació en Lima y recibió el sobrenombre de Rosa debido a su belleza. Isabel empleaba el dolor para concentrarse en Dios. Tras ingresar en la Tercera Orden de Santo Domingo aumentó sus penitencias. Trabajó sin descanso ayudando a los pobres de Lima y defendió los derechos de los indígenas. El día de su festividad, miles de peregrinos acuden al Santuario de Santa Rosa de Lima, construido cerca de la casa en la que nació. Se arrojan plegarias al mismo pozo al que ella arrojó la llave de la cadena de hierro que llevaba alrededor de la cintura.

13 

Convento de los Descalzos

E1 Calle Manco Cápac 202-A, Alameda de los Descalzos 01 481 0441 9.30-12.30, 14.00-17.00 todos los días

Este convento, cuyo nombre recuerda a los monjes franciscanos descalzos que vivían en él, fue fundado en el año 1592 por el párroco Andrés Corso. Los franciscanos llevaban una vida silenciosa y espartana en este retiro espiritual y se sustentaban gracias a la caridad de los fieles. Los misioneros que ocuparon el convento en 1852 dejaron escrito que en él se respiraba "pobreza y orden, en contraste con la ostentación de otras sedes religiosas".

En la actualidad atesora una colección de cuadros religiosos y coloniales de los siglos XVII y XVIII, como un *San José con el Niño* de Murillo (1617-1682). En el convento se celebran a menudo conciertos y exposiciones.

La capilla alberga un altar cubierto con pan de oro, una cocina, un refectorio, una enfermería y las celdas de los monjes. Los muros del patio están decorados con azulejos sevillanos. En la capilla dedicada a Nuestra Señora de la Rosa Mística cuelgan pinturas de la escuela cuzqueña *(p. 179)*.

Conviene tomar un taxi y pedirle que aguarde hasta la salida para evitar robos.

↑ Artículos a la venta en una tienda tradicional de Chinatown en Lima

L'Eau Vive
Una orden francesa de religiosas sirve comida deliciosa en una casa del siglo XVIII restaurada. El precio fijo del menú del día es una ganga y los beneficios se destinan a fines sociales.

E3 Jirón Ucayali 370 01 427 5612 15.00-19.30 y do

Restaurante Bar Cordano
Este es uno de los bares más antiguos del país. Aunque la comida se reduce a los tradicionales sándwiches de jamón llenos de salsa criolla, este restaurante forma parte de la historia limeña.

E2 Jirón Ancash 202 restaurantecordano.com

14

Chinatown

E3 Calle Calpón, entre Jirón Andahuaylas y Jirón Paruro

Chinatown, que ocupa unas cuantas manzanas del centro de Lima, es uno de los barrios más misteriosos de la ciudad. Los inmigrantes chinos llegaron en varias oleadas a finales del siglo XIX, atraídos por la oferta de trabajo que suponía la construcción del nuevo ferrocarril de Perú. Hoy en día, la comunidad china conforma más o menos el 5% del total de la población peruana.

La entrada al barrio en sí está señalada por un arco chino ornamentado de 8 m de alto en la confluencia entre Jirón Ucayali y Jirón Andahuaylas. Aunque no son muchos los turistas que se aventuran a entrar, este es el sitio en el que están las mejores chifas de Lima, y un Año Nuevo chino ineludible.

Plaza San Martín

D3

Construida en 1921 para celebrar los 100 años de independencia del país, la plaza San Martín tiene una clara influencia francesa, tal y como se ve en el exclusivo Club Nacional (solo para hombres) y en el Gran Hotel Bolívar, de 1924. En el centro de la plaza hay una estatua del libertador argentino de Perú, el general José de San Martín, cruzando los Andes a caballo. Por debajo del protector de la nación, se alza una estatua que simboliza a la Madre Patria. Tendría que haber estado adornada con una corona de fuego. En su lugar, tiene una pequeña llama peruana sobre su cabeza. Obviamente, el artista que esculpió la imagen en España nunca tuvo conocimiento del doble significado de la palabra.

¿Lo sabías?

José de San Martín tardó 21 días en cruzar los Andes. El viaje acabó con la vida de una tercera parte de la expedición.

Las Nazarenas

D2 Jirón Huancavelica y Av. Tacna 415 01 423 5718 6.00-12.00 y 16.00-20.30 todos los días

La iglesia de las Nazarenas se construyó en el siglo XVIII en Pachacamilla, un barrio situado extramuros de la ciudad donde vivían esclavos negros liberados procedentes de Angola e indios pachacámac. El edificio se levantó en torno al *Señor de los Milagros*, una imagen pintada por un esclavo que colgaba sobre un muro de adobe. Este muro fue el único que sobrevivió en la zona al gran terremoto de 1655, de 1687 y 1746. La gente lo consideró un milagro y comenzó a visitar la imagen alrededor de la cual se erigió la iglesia. Hoy tras el altar, en el muro de adobe aún en pie, se puede ver una réplica al óleo del *Cristo morado*, como también se le conoce.

Una copia de la imagen se pasea por las calles de Lima sobre unas andas de plata de una

TERREMOTOS EN LIMA

El territorio peruano está dividido por una falla geológica que convierte el país en una zona propensa a los terremotos. Varios seísmos han asolado Lima a lo largo de los siglos. El peor se produjo el 28 de octubre de 1746 y sacudió todo el país. En la capital murieron 15.000 personas, muchas otras desaparecieron víctimas del tsunami que inundó Callao, todos los barcos del muelle se hundieron e incluso una embarcación apareció en el interior a 2 km de la costa. Lima quedó en ruinas y sus 74 iglesias, 12 monasterios y 3.000 viviendas (solo 20 se salvaron) sufrieron daños importantes. Según testimonios, los 40.000 supervivientes de Lima "no vivían sino que soportaban la muerte". La mayoría de los edificios coloniales que hoy se contemplan son posteriores a 1746. El último terremoto importante que ha sufrido la ciudad fue en 1940 y destruyó el 23 % de sus edificaciones.

tonelada de peso durante la procesión del Señor de los Milagros en octubre *(p. 66)*. La procesión, que se celebra durante tres días, sigue un recorrido distinto cada jornada. Reúne a miles de devotos vestidos de morado.

Museo de Arte Italiano

D4 Paseo de la República 250 10.00-17.00 ma-do museos.cultura.pe

En el año 1921 la comunidad italiana que vivía en la ciudad de Lima regaló a Perú este edificio diseñado por el arquitecto milanés Gaetano Moretti (1860-1938) para celebrar el centenario de la independencia peruana. Presenta una grandiosa fachada blanca de estilo renacentista con escudos de armas de importantes ciudades italianas, relieves en mármol y dos mosaicos con personajes ilustres de la historia italiana.

En su interior el visitante puede contemplar elementos decorativos inspirados en grandes maestros italianos como Donatello, Michelangelo y Botticelli, así como más de 300 trabajos de un centenar de artistas italianos del siglo XX. Esta colección consta de una amplia selección de cuadros, grabados, esculturas, dibujos y cerámica.

Museo Nacional de la Cultura Peruana

C2 Av. Alfonso Ugarte 650 9.00-17.00 ma-sá museos.cultura.pe

El Museo Nacional de la Cultura Peruana se fundó en 1946 para preservar la herencia etnográfica de Perú. El diseño del edificio está inspirado en la cultura tiahuanaco, que floreció en torno al lago Titicaca en el año 300 a. C.

Sus exposiciones etnográficas y folclóricas, procedentes de todas las partes el país, están distribuidas en secciones: la del Amazonas incluye piezas de los 42 grupos étnicos que viven en la selva peruana; la de los Andes se compone de obras de Ayacucho, Cuzco, Cajamarca y Puno; el resto de secciones están dedicadas a objetos funcionales y tradicionales, incluyendo una muestra de instrumentos musicales. Los amantes del arte popular no deben perderse el retablo en miniatura realizado por Joaquín López Antay (1897-1981) en el que aparece representada la marinera, el baile nacional de Perú. También son espectaculares los mates burilados, como el *donkey pen* de Alicia Bustamante, y los diseños geométricos que decoran la cerámica shipibo.

Jardín a la italiana frente a la fachada del Museo de Arte Italiano

UN PASEO
PLAZA MAYOR

Distancia 3 km **Tiempo** 30 minutos
Parada de autobús Desamparados

Esta plaza, antes conocida como plaza de Armas, fue el lugar donde Francisco Pizarro fundó Lima. En ella, las instituciones más importantes construyeron edificios como la catedral, el palacio Arzobispal, la municipalidad y el palacio de Gobierno, que hoy conforman el núcleo del casco histórico de la ciudad. La plaza ha acogido multitud de eventos, como la celebración de la primera corrida de toros, la ejecución de los condenados por la Inquisición y la declaración de la independencia del país en 1821 *(p. 71)*. La gran fuente de bronce erigida en su centro en 1651 es el elemento más antiguo de la plaza.

El **palacio de Gobierno** *era la residencia del presidente y fue remodelado e inaugurado en 1938.*

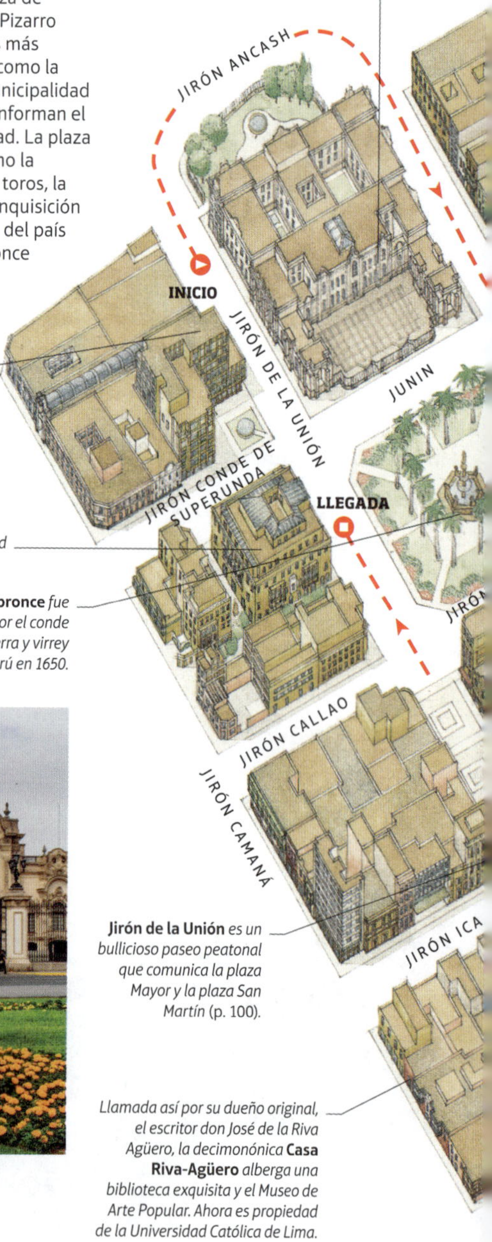

La **Casa de Aliaga** *es la mansión más antigua del continente, todavía hoy propiedad de la familia Aliaga, y fue levantada sobre un santuario inca en 1535* (p. 97).

Municipalidad

La **fuente de bronce** *fue encargada por el conde de Salvatierra y virrey de Perú en 1650.*

Jirón de la Unión *es un bullicioso paseo peatonal que comunica la plaza Mayor y la plaza San Martín* (p. 100).

Llamada así por su dueño original, el escritor don José de la Riva Agüero, la decimonónica **Casa Riva-Agüero** *alberga una biblioteca exquisita y el Museo de Arte Popular. Ahora es propiedad de la Universidad Católica de Lima.*

↑ Descansando frente al gran palacio de Gobierno

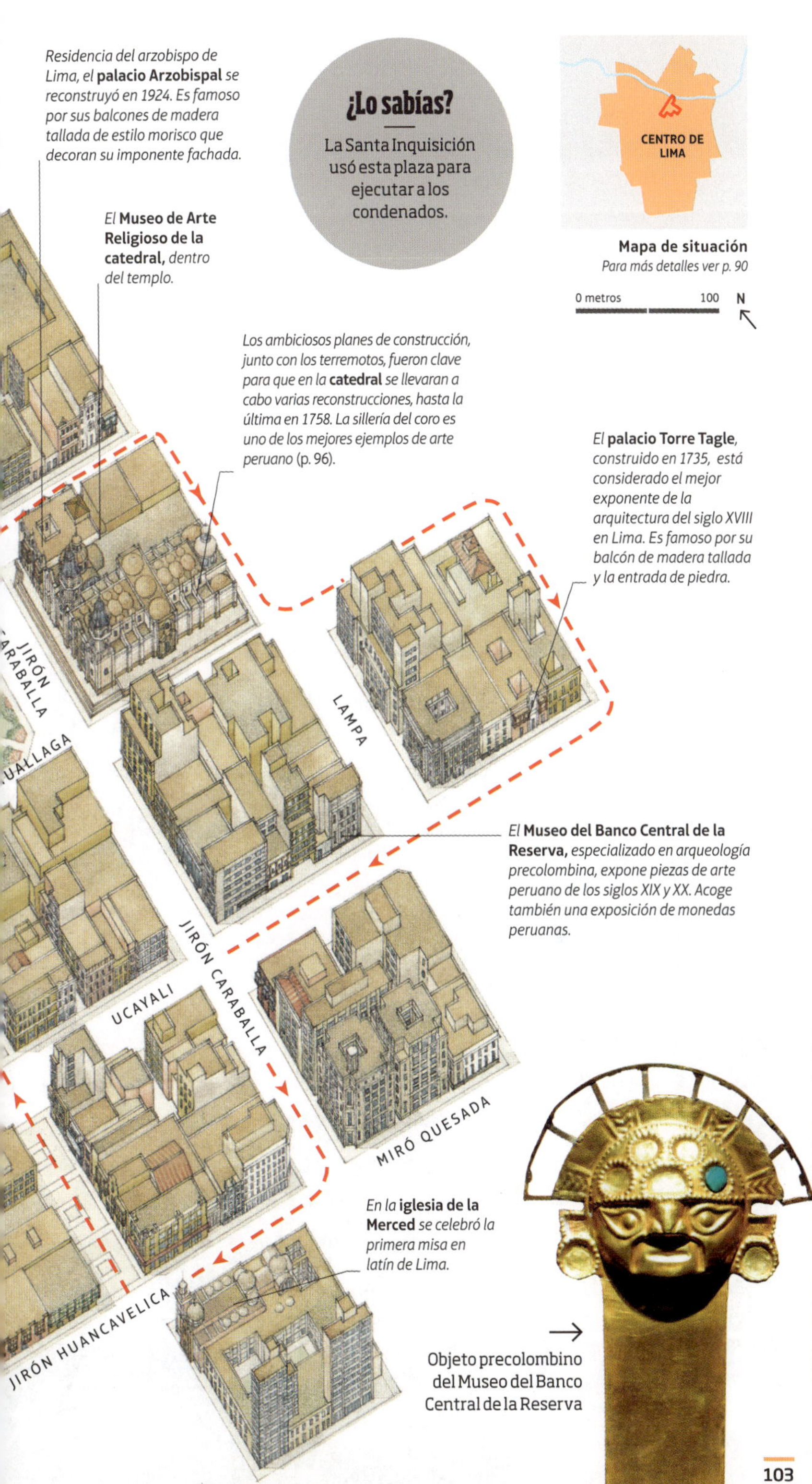

¿Lo sabías?

La Santa Inquisición usó esta plaza para ejecutar a los condenados.

Mapa de situación
Para más detalles ver p. 90

Residencia del arzobispo de Lima, el **palacio Arzobispal** *se reconstruyó en 1924. Es famoso por sus balcones de madera tallada de estilo morisco que decoran su imponente fachada.*

El **Museo de Arte Religioso de la catedral,** *dentro del templo.*

Los ambiciosos planes de construcción, junto con los terremotos, fueron clave para que en la **catedral** *se llevaran a cabo varias reconstrucciones, hasta la última en 1758. La sillería del coro es uno de los mejores ejemplos de arte peruano* (p. 96).

El **palacio Torre Tagle**, *construido en 1735, está considerado el mejor exponente de la arquitectura del siglo XVIII en Lima. Es famoso por su balcón de madera tallada y la entrada de piedra.*

El **Museo del Banco Central de la Reserva,** *especializado en arqueología precolombina, expone piezas de arte peruano de los siglos XIX y XX. Acoge también una exposición de monedas peruanas.*

En la **iglesia de la Merced** *se celebró la primera misa en latín de Lima.*

→ Objeto precolombino del Museo del Banco Central de la Reserva

Atardecer sobre el embarcadero del restaurante La Rosa Náutica

MIRAFLORES Y SAN ISIDRO

El barrio de Miraflores, creado en 1857, se convirtió rápidamamente en la zona comercial más próspera de Lima. Con una historia que se remonta a miles de años atrás, aún quedan vestigios de su pasado remoto, como la Huaca Huallamarca y la Huaca Pucllana, unas pirámides de adobe que datan respectivamente de los años 200 y 500 d. C. Después de que Pizarro fundara Lima en 1535, el barrio se hizo conocido por sus zonas de ocio, sus parques con flores y las playas que bordean la Costa Verde de Miraflores.

Cercano a Miraflores, San Isidro es el barrio de los jardines de la ciudad; de hecho, acoge un olivar plantado en 1560. Esta zona pronto se convirtió en la más frecuentada por las clases altas de Lima, algo que hoy todavía sucede.

G
H
J
7
8
9
10
SAN ISIDRO
MIRAFLORES
Lima Golf Club
Huaca Huallamarca
Lugar de la Memoria (LUM)
Bosque El Olivar
Huaca Pucllana
Museo Amano
Acantilados de Miraflores
Parque Roosevelt
Parque La Redonda
Parque Naciones Unidas
Parque Blume
Parque Correo Elías
Parque El Faro
Parque Raimondi
Playa Los Delfines
Playa 3 Picos
Waikiki
Playa Makah
Océano Pacífico
AVENIDA JAVIER PRADO OESTE
AVENIDA JAVIER PRADO OESTE
AV. BASADRE
AV. 2 DE MAYO
BELAUNDE
MIRÓ QUESADA
AURELIO MIRO QUESADA
JOSE DIONISIO ANCHORENA
AUGUSTO BOLOGNESI
CORONEL PEDRO PORTILLO
PEZET
SALAVERRY
BALTAZAR LA TORRE
ALBERTO DEL CAMPO
MANUEL S. UGARTE Y MOSCOSO
AV. PEREZ ARANÍBAR
CIRCUITO DE PLAYAS
AV. CAMINO REAL
CONQUISTADORES
AV. PARDO Y ALIAGA
AV. SANTA CRUZ
AV. REPÚBLICA
PASEO PADRE BOLÍVAR
AV. ESPINAR
AV. COMANDANTE ESPINAR
AV. AVIACIÓN
AV. EJÉRCITO
AV. JOSÉ PARDO
ENRIQUE PALACIOS
2 DE MAYO
BERLÍN
8 DE OCTUBRE
GRAL. CORDOVA
0 metros
600
N

MIRAFLORES Y SAN ISIDRO
Esencial
1 Huaca Pucllana
Lugares de interés
2 Parque Kennedy
3 Larcomar
4 Acantilados de Miraflores
5 Casa Ricardo Palma
6 Museo Amano
7 Huaca Huallamarca
8 Lugar de la Memoria (LUM)
9 Bosque El Olivar
Dónde comer
① Astrid & Gastón
② La Rosa Náutica
③ Malabar
④ La Mar
⑤ La Lucha Sanguchería
Dónde dormir
⑥ Westin Lima
⑦ Hostal El Patio
⑧ Lighthouse B&B
K
L
M
6
7
8
9
10
Parque Las Américas
AV. PETIT THOUARS
ROSALES
VALDIVIA
BEGONIAS
ANTEQUERA
CHINCHÓN
ARONA
CENTRAL
HABANA
RIO DE LA PLATA
SEMINARIO
GAVILANES
OLAECHEA
GARZAS
GONZALES
PASEO DE LA REPÚBLICA
FUENTES
AV. AREQUIPA
AV. ARAMBURU
ÁGUILAS
ARENALES
SEVILLA
LLONA
TERUEL
TENAUD
DOMINGO ORUÉ
ANDALUCÍA
CALDERON
HALCONES
SALAVERRY
JUNIN
MONTERO
ELIAS
RECAVARREN
DANTE
DOMINGO ELIAS
Instituto Cultural Peruano Norteamericano
ARAPACA
AV. ANGAMOS OESTE
SAN CARLOS
CHICLAYO
INDEPENDENCIA
INCLÁN
PETIT THOUARS
GONZALES PRADA
2 DE MAYO
Casa Ricardo Palma
AV. PALMA
HUASCAR
AV. CÁCERES
AV. R. PALMA
AV. REPÚBLICA DE PANAMÁ
AURORA
AV. ROCA Y BOLOÑA
AV. TOMÁS MARSANO
BONILLA
ESPERANZA
Parque Central
BELLA VISTA
AV. O. BENAVIDES
DÍEZ CANSECO
Parque Kennedy
SCHELL
PORTA
Parque Ramón Castilla
CASIMIRO ULLOA
AV. A. BENAVIDES
AV. LA PAZ
AV. VILLARAN
BOLÍVAR
SAN MARTÍN
SOLAR
SAN JORGE
AV. 28 DE JULIO
AVENIDA ALFREDO BENAVIDES
GONZALES
MANCO CAPAC
AV. LARCO
FANNING
FERRÉ
ALCANFORES
CASTILLO
RIBEYRO
UGARRIZA
AV. 28 DE JULIO
Estatua del Oso Paddington
DALIAS
SANTA ISABEL
SAN FERNANDO
AV. NÚÑEZ DE BALBOA
AV. REDUCTO
Larcomar
CIRCUITO DE PLAYAS
Playa Redondo
AV. ARMENDÁRIZ
Parque Domodossola
BARRANCO
BARRANCO p. 116
Playa La Estrella
MIRANDA
MIRAFLORES Y SAN ISIDRO

1

HUACA PUCLLANA

J8 Calle General Borgoño, cuadra 8 9.00-16.30 mi-do
huacapucllanamiraflores.pe

Justo en el corazón del barrio de Miraflores se encuentran las ruinas de Huaca Pucllana, una pirámide de ladrillos de adobe que se cree que sirvió tanto de centro administrativo como ceremonial a la civilización cultural lima. Algunas de las momias más antiguas de Lima se han desenterrado aquí, convirtiéndolo en el yacimiento arqueológico más famoso de la ciudad.

Huaca Pucllana fue un importante templo con forma de pirámide truncada contruido aproximadamente en el 400 d. C. Aunque estaba reservada a los sacerdotes, todos los ciudadanos podían acceder a las edificaciones y plazas inferiores que se encuentran en la base.

Varias civilizaciones lo han usado a lo largo de los siglos. Después de su abandono en el año 800 d. C. por culpa de la aparición de nuevas ideas y religiones, comenzó la ocupación huari. Estos destruyeron la mayoría de la arquitectura original y lo convirtieron en un cementerio. Después del hundimiento de la cultura huari en el 1100, llegaron los ichma. Restauraron elementos del templo y lo usaron como cementerio y enclave espiritual.

El museo contiene objetos descubiertos desde que comenzaron las excavaciones en 1967. Se exponen piezas de cerámica huari, la mayoría con motivos marinos, e ichma, que muestran mujeres y que supuestamente se usaban como ofrendas en lugar de sacrificios humanos reales.

¿Lo sabías?

Los ladrillitos de adobe hechos a mano se dispusieron como libros en estanterías para construir plataformas en la pirámide principal.

Destacado

Tejido huari

▲ Las telas huari se caracterizaban por sus formas geométricas y figuras de animales. Los tejidos huari están entre los más finamente elaborados del mundo.

Cerámica

▲ Las piezas de cerámica del museo están decoradas principalmente con motivos marinos. El tiburón de dos cabezas es el guardián de la vida y de la muerte.

Momia huari

▲ Los muertos se enterraban sentados, envueltos en elaborados fardos y atados con cuerdas. La momia más antigua hallada aquí tiene 1.300 años.

Pirámide

▲ Los ritos y ceremonias religiosos, incluidos los sacrificios humanos, los realizaban los sacerdotes, que también hacían de gobernadores, en la pirámide y en las plazas.

↑ La impresionante disposición de los ladrillos de adobe en Huaca Pucllana

RITUALES DE LA CULTURA LIMA

Los maniquís que se encuentran por todo el yacimiento *(en la imagen)* recrean ceremonias rituales que formaban parte de los homenajes a los dioses. Los ritos religiosos los realizaban los sacerdotes, y se cree que la rotura de jarras, así como el sacrificio de mujeres y niños, contribuían a mantener unida a la comunidad. Muchos recipientes y plazas ceremoniales estaban decoradas con motivos marinos, como olas que simbolizan el movimiento, leones marinos e incluso tiburones de dos cabezas.

LUGARES DE INTERÉS

Parque Kennedy

K9 Intersección entre Av. Benavides y calle Schell, Miraflores

El frondoso parque Kennedy y el parque 7 de Junio ofrecen un refugio maravilloso para escapar de las multitudes y el tráfico. Su zona de juegos resulta perfecta para las familias. Los artistas locales se reúnen en la calle peatonal frente a la iglesia de la Virgen Milagrosa para mostrar sus lienzos coloristas con paisajes y escenas de calle típicos peruanos. Los vendedores ambulantes y limpiabotas también deambulan por el parque ofreciendo sus servicios.

Los fines de semana resultan muy animados, con todo tipo de espectáculos. En la rotonda de los Artesanos, en el centro del parque, se instala un pequeño y vistoso mercado de artesanía; en sus puestos se vende todo tipo de artículos artesanales peruanos. Además, el pequeño anfiteatro del parque se transforma en una pista de baile donde las parejas ejecutan todo tipo de ritmos, desde salsa, melodías interpretadas por flautas andinas, a pop latino.

LA MEJOR FOTO

Atardecer desde los acantilados de Miraflores

Tomar el sol en el parque Raimondi, en el borde oeste de los acantilados de Miraflores, donde el sol se desliza bajo el horizonte del océano, con las figuras de los parapentes sobre el cielo.

Larcomar

K10 Av. Malecón de la Reserva 610, Miraflores
11.00-24.00 todos los días
larcomar.com

El centro comercial de Larcomar, construido en 2002, ocupa tres terrazas talladas en los acantilados de Miraflores. Alberga *boutiques* especializadas en artesanía peruana, un multicine con 12 salas, cafés, bares, clubes, restaurantes, una bolera y una zona de videojuegos. Los limeños tienen opiniones encontradas respecto a su construcción: algunos lamentan que haya sustituido a un parque, trayendo tráfico y ruido a una zona antes tranquila, mientras que otros lo consideran una gran aportación al barrio. Aun así, la mayoría de los lugareños viene aquí los fines de semana.

Acantilados de Miraflores

J9 Malecón Cisneros y malecón de la Reserva

Estos acantilados con vistas al océano Pacífico son uno de los espacios al aire libre más populares de Lima. Los fines de semana se llenan de familias que pasean, excursionistas, patinadores, aficionados al parapente, vendedores de helados, músicos y bailarines. En el extremo norte, el paisaje del parque

El ondulado banco de mosaicos en el parque del Amor sobre los acantilados de Miraflores

Grau está dominado por unos vistosos macizos de flores que imitan las Líneas de Nazca, unos misteriosos dibujos situados en el desierto peruano *(p. 140)*. Los domingos estivales se reúnen sobre una zona pavimentada varias parejas de bailarines de tango que muestran sus habilidades frente al mar.

Al sur, en el parque del Faro, se alza el faro de la Marina, pintado con líneas blancas y negras. El cercano parque de patinaje se llena los fines de semana de aficionados a las acrobacias en bicicleta y patín.

El bonito parque del Amor, inaugurado el 14 de febrero de 1993, está dedicado a la vieja costumbre peruana de cortejar en jardines públicos. En el centro hay una estatua gigante de una pareja besándose.

Al otro lado del puente Villena Rey se alza la imponente *Intihuatana* del escultor Fernando Szyszlo, que evoca la piedra sagrada de los incas *(p. 187)*. *Intihuatana* es un término quechua que significa 'lugar donde se amarra el sol'.

Casa Ricardo Palma

K8 General Suarez 189, Miraflores 9.00-12.45 y 14.30-17.00 lu-vi Días festivos ricardopalma.miraflores.gob.pe

Los ingeniosos relatos históricos del escritor peruano Ricardo Palma le han granjeado un lugar destacado en la literatura latinoamericana. Su amor por la escritura y los libros quedó demostrado con los esfuerzos que dedicó a la reconstrucción de la Biblioteca Nacional de Lima. Fue director de esta biblioteca desde 1884 hasta su jubilación en 1912. Dicen que recuperó un gran número de volúmenes peruanos valiosos saqueados por los soldados chilenos, algunos a vendedores callejeros.

La casa en la que Palma pasó sus últimos años de vida data de comienzos del siglo XX y en la actualidad está dedicada a rememorar su trayectoria y su obra. Palma se convirtió en una auténtica institución en Lima, por lo que su casa era de visita obligada para cualquier amante de la literatura latinoamericana. Tenía entre sus libros muchos de Voltaire. Su escritorio, su silla favorita y sus manuscritos, cartas, fotografías y hasta una radiografía de su mano de 1899 se han conservado para la posteridad.

Los visitantes pueden recorrer la sala de música, el estudio y el dormitorio y así conocer un poco más de la vida de Palma. Sus gafas y los libros separados para su lectura siguen donde él los dejó.

↑ La casa del autor y erudito peruano Ricardo Palma

Astrid & Gastón

El chef estrella Gastón Acurio y su mujer, Astrid, fusionan la cocina contemporánea con ingredientes andinos tradicionales.

J6 Av. Paz Soldán 290 15.00-19.00 lu-sá astridygaston.com

La Rosa Náutica

Productos del mar en este maravilloso enclave semiescondido en un muelle. Se puede ir a tomar una copa y quedarse para cenar.

J10 Espigón 4 larosanautica.com

Malabar

Los platos de este restaurante único mezclan extraños ingredientes de la selva amazónica con comida tradicional andina.

J6 Av. Camino Real 101 15.30-19.00 lu-sá malabar.com.pe

La Mar

Restaurante de pescado y marisco donde no se reserva mesa. Conviene ir con tiempo.

H8 Av. La Mar 770 lamarcebicheria.com

La Lucha Sanguchería

Sándwiches e imaginativos rollos crujientes. Se sirven en mesa o también para llevar.

K9 Diagonal 308 01 241 5953

↑ Las antiguas pendientes de la Huaca Huallamarca en San Isidro

6 

Museo Amano

J8 Retiro 160, Miraflores 10.00-17.00 ma-do; lu solo cita previa museoamano.org

La casa de Yoshirato Amano (1898-1982) y su colección se presentaron al público en 1964 con el nombre de Museo Amano.

Hombre de negocios japonés convertido en arqueólogo, Amano se recorrió el país en busca de todo tipo de objetos de valor cultural que hoy en día conforman una de las colecciones privadas más completas de tejidos y artesanía prehispánicos de la ciudad de Lima.

La sección dedicada a la cerámica incluye objetos de las culturas kotosh, moche, chimú, cupisnique y nazca y recorre la evolución de la alfarería en Perú.

La exposición está estructurada cronológicamente, lo que permite apreciar las diferencias y avances realizados de una cultura a otra a lo largo de los siglos. Esta muestra descubre que los pueblos del norte, como los moche, se centraron en las imágenes escultóricas, mientras que los del sur, como los nazca, preferían los colores vivos.

Pero lo que realmente atrae más visitantes es la sección dedicada a los tejidos prehispánicos. Entre las miles de piezas expuestas destacan tejidos del pueblo chancay, algunos de ellos parecen finos encajes, y un antiguo quipu inca, un peculiar sistema para registrar acontecimientos y cantidades con hilos multicolores y nudos.

↑ Botella cerámica con motivos geométricos en el Museo Amano

7 

Huaca Huallamarca

J6 Nicolás de Rivera 201, San Isidro 01 222 4124 9.00-17.00 ma-do Días estivos

La Huaca Huallamarca o Pan de Azúcar es una pirámide de adobe construida entre los años 200 y 500 d. C. que ha sido totalmente restaurada. La palabra quechua *marca* significa región o ciudad, por lo que Huallamarca se podría traducir como lugar o residencia del pueblo hualla.

Los expertos piensan que se trataba de un centro ceremonial, que, por lo que se deduce del escaso desgaste de los suelos, era utilizado exclusivamente por la élite religiosa.

Las tumbas halladas en la *guaca* (santuario) muestran los cambios producidos en las prácticas funerarias desde el año 300 d. C. hasta el siglo XV, cuando el centro fue finalmente abandonado. Durante el periodo intermedio temprano (200-600 d. C.) los cuerpos se tumbaban sobre esterillas de juncos; con el tiempo pasaron a colocarse en posición fetal, envueltos en delicados tejidos,

CONSEJO DK

Algo de cultura

En las cinco sucursales que tiene por toda la ciudad, el Instituto Cultural Peruano Norteamericano *(www.icpna.edu.pe)* organiza eventos y exposiciones de fotografía, pintura, escultura y cerámica. Casi todas las noches a partir de las 19.00 se organizan conciertos de música clásica o acústica.

y en el horizonte medio (600-900 d. C.), los enterramientos ganaron en sofisticación al colocar en los cadáveres, envueltos en tela, una máscara de madera o tela pintada sobre la tela a la altura de la cara.

Los arqueólogos han recuperado de las tumbas herramientas agrícolas, juegos infantiles, vasijas, tejidos de algodón y cestas. Según los estudiosos, la presencia de estos últimos objetos evidencia la importancia de las mujeres en estas comunidades antiguas.

Algunas de las momias y objetos encontrados se exponen en el museo del yacimiento. La plataforma ceremonial ubicada sobre la *guaca* proporciona una excelente panorámica de San Isidro.

Lugar de la Memoria (LUM)

G7 Bajada San Martin 151, Miraflores 10.00-18.00 ma-do lum.cultura.pe

Este museo se ocupa de los 20 años de conflicto desencadenado por el grupo Sendero Luminoso en las décadas de 1980 y 1990, que causó la muerte de 70.000 peruanos. Alberga la exposición Yuyanapaq, una excelente colección de fotografías que recoge este violento periodo de la historia. En los paneles multimedia se expone parte de los hallazgos de la Comisión de la Verdad y la Reconciliación.

Bosque El Olivar

J7 Av. La República, San Isidro

Este hermoso olivar, declarado monumento nacional en 1959, ocupa una amplia extensión en el centro de San Isidro. Antonio de Rivera, antiguo alcalde de Lima, introdujo el olivo en Perú en 1560. De los numerosos ejemplares que trajo de Sevilla solo tres sobrevivieron al viaje y los plantó en San Isidro.

En torno a 1730 su descendiente, Nicolás de Rivera, decidió construir la Hacienda Condes de San Isidro junto con un molino y una almazara en el olivar, que había superado los 2.000 árboles.

En la actualidad, en este lugar crecen más de 1.600 olivos, muchos de ellos centenarios, y más de 200 especies más. Aquí también viven unas 25 especies de aves.

Disfrutar de un tiempo de sosiego bajo los grandes olivos es uno de los pasatiempos favoritos entre los excursionistas. El camino central, que se extiende a lo largo de varias manzanas, es perfecto para dar un tranquilo paseo vespertino.

Westin Lima

Hotel de alta gama con decoración contemporánea, *spa* de lujo, piscina interior y un exquisito restaurante.

K6 Calle Las Begonias 450 westin.marriott.com

Hostal El Patio

Un hostal céntrico y acogedor con *minisuites* independientes, todas alrededor de una bonita terraza.

K10 Diez Canseco 341 hostalelpatio.net

Lighthouse B&B

Un albergue encantador en una zona residencial segura del barrio de Miraflores, desde el que se puede andar a todos los lugares de interés.

K9 Cesareo Chacaltana 162 thelighthouseperu.com

Algunos ejemplares de más de 400 años, en el Bosque El Olivar

UN PASEO MALECÓN DE MIRAFLORES

Distancia 3 km
Tiempo 45 minutos **Dificultad** Fácil, casi todo plano **Parada de autobús** Hostal Torreblanco

Aferrado al borde costero de la ciudad, el malecón de Miraflores, un paseo muy bien cuidado, rodeado de parques, muestra el lado más verde de Lima. Siguiendo la línea costera, esta caminata por el acantilado conecta parques llenos de palmeras y esculturas con magníficas vistas del océano Pacífico a sus pies. Famoso entre los corredores, las familias y los enamorados, este paseo es todavía más espectacular al atardecer.

Mapa de situación
Para más detalles ver p. 106

Parque Grau Miraflores
INICIO
Parque Tres Picos
Parque El Libro
CIRCUITO DE PLAYAS
MALECÓN CISNEROS
BERLÍN
TUPAC AMARU
AVENUE
Faro de La Marina

El **parque Grau Miraflores,** *un frondoso parque que lleva el nombre del héroe naval más querido de Perú, suele celebrar magníficas exposiciones de arte.*

La imponente estatua Entre el tiempo *del artista limeño José Tola en el* **parque El Libro** *tiene dos caras: una mira al amanecer y la otra al atardecer.*

El emblemático **faro La Marina,** *de rayas blancas y negras, empezó a funcionar en Punta Coles cerca de Tacna, pero fue trasladado a su posición actual en 1973.*

0 metros 250
N

↑ El faro La Marina, de rayas blancas y negras, al atardecer

¿Lo sabías?

La estatua del Oso Paddington fue diseñada por el cómico británico Stephen Fry y lleva un abrigo de la Union Jack.

→ *El beso,* de Víctor Delfín, en el parque del Amor

Considerado como el pulmón verde de la ciudad, el **parque Antonio Raimondi** *tiene preciosas vistas al mar y es el lugar ideal para observar vuelos de parapentes.*

El beso, *de Víctor Delfín, una escultura de dos amantes besándose, y los mosaicos inspirados en Gaudí, son dos de las obras de arte más emblemáticas de Lima, y se encuentran en el* **parque del Amor** (p. 111).

La espectacular estatua de cemento **Intihuatana,** *del artista peruano Fernando de Szyszlo, representa una piedra inca que se cree que se usaba para rituales o como reloj de sol* (p. 111).

A la premiada escultura **El amarre,** *de mármol travertino, de la artista limeña Sonia Prager, se la tachó de ser ininteligible cuando se instaló en 1986.*

Para tomarse un postre o una sabrosa crepe, nada como la crepería **El Beso Francés,** *un puesto de café con vistas al océano espectaculares.*

En honor al fundador de los Hermanos Maristas, el **parque San Marcelino Champagnat** *da al histórico embarcadero en el que se encuentra el famoso restaurante de Lima, La Rosa Náutica.*

La **estatua del Oso Paddington** *fue un regalo de la embajada británica en julio de 2015.*

El paseo termina caminando por las tiendas del centro comercial más ostentoso de Lima, **Larcomar** (p. 110).

PE
GI 8074

Edificios de colores en el bohemio Barranco

BARRANCO

Muy cerca de Miraflores se encuentra Barranco, que ocupa la zona próxima a los acantilados del extremo sur de la bahía de Lima. Esta zona se puede dividir claramente en tres partes: el barrio obrero; el centro, con elegantes villas de principios del siglo XX; y la costa, flanqueada por bloques de apartamentos. Barranco fue una tranquila aldea con molinos de viento hasta el siglo XIX, cuando la alta sociedad de la ciudad de Lima, atraída por la nueva moda de bañarse en el mar, comenzó a construir en ella sus residencias estivales. También se crearon pequeñas colonias de europeos, mayoritariamente ingleses, franceses e italianos, que incorporaron algunos elementos típicos del Viejo Mundo a la arquitectura local.

Los lugares más famosos del barrio, la vereda Bajada de los Baños y el puente de los Suspiros, se construyeron en la década de 1870. Durante el siglo XX el barrio se convirtió en una zona bohemia, famosa entre escritores y artistas peruanos. El parque Municipal y muchos de los cafés, restaurantes y bares de Barranco, aún conservan cierto aire antiguo.

BARRANCO

Lugares de interés

❶ Museo de la Electricidad
❷ La Ermita
❸ Puente de los Suspiros
❹ MATE - Museo Mario Testino
❺ Museo de Arte Contemporáneo
❻ Parque Municipal
❼ Museo Pedro de Osma

Dónde comer

① Central
② Isolina
③ El Muelle de Barranco

Dónde beber

④ Barranco Beer Co.
⑤ Bodega Piselli
⑥ Del Carajo

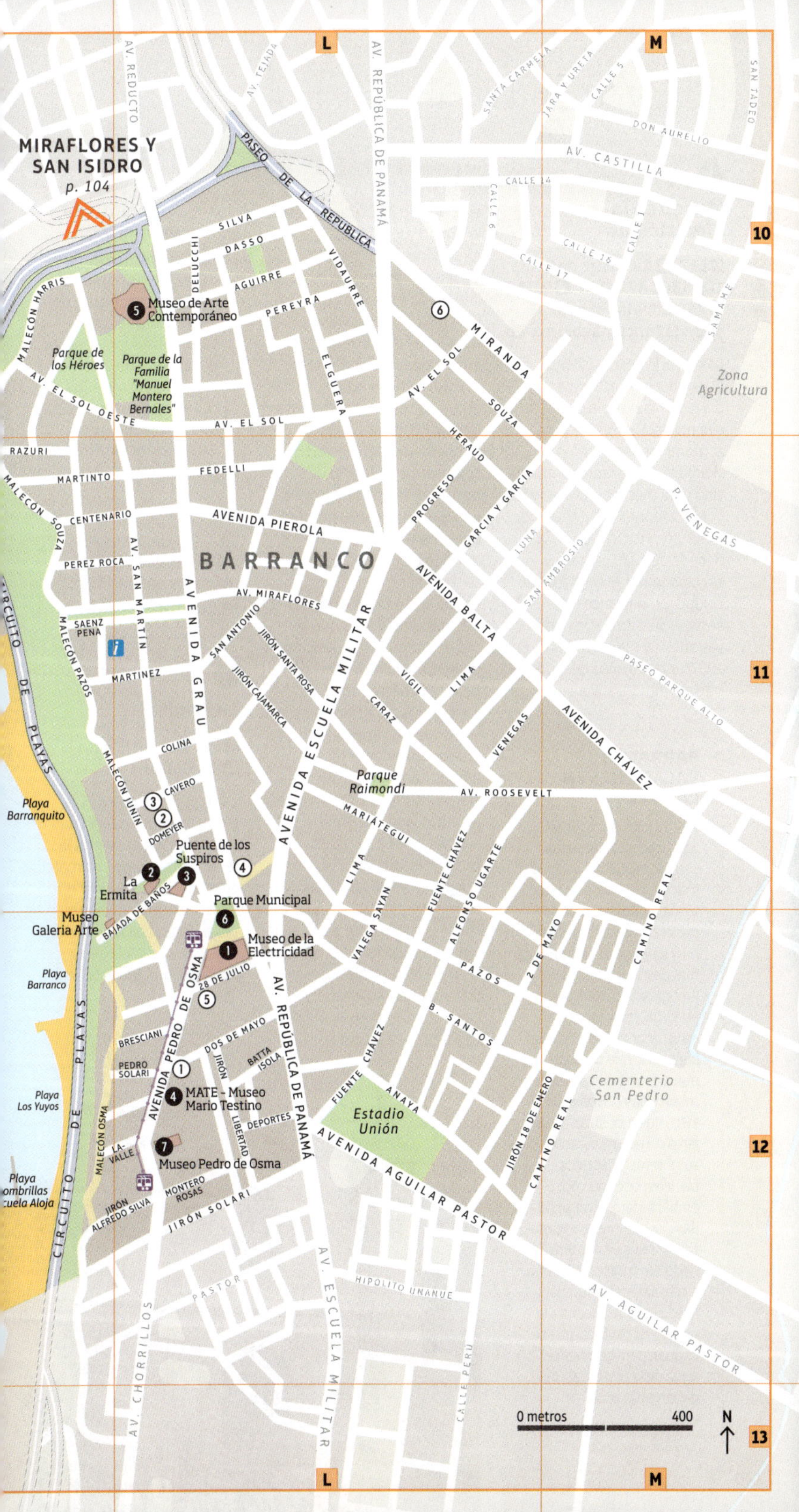
MIRAFLORES Y SAN ISIDRO
p. 104
BARRANCO
Museo de Arte Contemporáneo
Parque de los Héroes
Parque de la Familia "Manuel Montero Bernales"
Parque Raimondi
Puente de los Suspiros
La Ermita
Parque Municipal
Museo Galeria Arte
Museo de la Electricidad
MATE - Museo Mario Testino
Museo Pedro de Osma
Estadio Unión
Zona Agricultura
Cementerio San Pedro
Playa Barranquito
Playa Barranco
Playa Los Yuyos
AVENIDA GRAU
AVENIDA ESCUELA MILITAR
AV. REPÚBLICA DE PANAMÁ
AVENIDA PIEROLA
AVENIDA BALTA
AVENIDA CHÁVEZ
AV. ROOSEVELT
AVENIDA AGUILAR PASTOR
AVENIDA PEDRO DE OSMA
CIRCUITO DE PLAYAS
PASEO DE LA REPÚBLICA
0 metros
400
N
L
M
10
11
12
13

LUGARES DE INTERÉS

Museo de la Electricidad

L12 Av. Pedro de Osma 105 01 477 6577 9.00-17.00 todos los días; el tranvía funciona solo ma-do

La mayoría de los visitantes de este museo no acude para descubrir la historia de la electricidad en Perú ni para contemplar una gramola Wurlitzer o televisores antiguos, sino para montar en su tranvía.

Los vagones del tranvía de Lima se construyeron en la década de 1920 en Italia y circulaban por el centro de la ciudad. En Barranco este servicio se cubría con unos vagones de mayor tamaño. En 1997, unos 30 años después de que el último tranvía dejara de funcionar en Lima, el museo restauró un vagón encontrado en un desguace de la ciudad y lo puso de nuevo en servicio en un tramo de vía de seis manzanas a lo largo de la avenida Pedro de Osma, en Barranco. El tranvía lleva el número 97 en recuerdo del año en que fue rehabilitado.

Este vagón, en el que se han empleado piezas importadas de Francia, ofrece a sus pasajeros la oportunidad de disfrutar de un medio de transporte en otros tiempos habitual en Lima. Su nombre oficial es Vagón del Recuerdo y dispone de puertas, luces y controles sobre el motor y los frenos en ambos extremos, además de asientos que se pueden cambiar de posición dependiendo de la dirección de la marcha. Los tranvías, concebidos para transitar por las estrechas calles de Lima, se diseñaron con puertas en ambos flancos para que los viajeros pudieran subir o bajar a ambos lados de la vía.

En el museo se muestran fotografías de otros vagones que recorrieron las calles de la capital. La exposición ilustra cómo el transporte público de Lima dispuso tempranamente de una red de trolebuses y tranvías muy avanzada y eficiente. También se exhibe una amplia colección de aparatos eléctricos y máquinas que han sido utilizados por los limeños a lo largo del tiempo.

BARRANCO, VACACIONES EN LA COSTA

A principios del siglo XX, Barranco pasó de ser un sencillo escondite junto al mar a convertirse en el sitio de veraneo preferido por la aristocracia peruana y los expatriados para huir del calor de Lima. Su embarcadero, construido en 1906, tenía un restaurante enorme con pista de baile en la que tocaban las mejores orquestas del momento. Hay postales de 1915 que muestran a mujeres con extravagantes sombreros y vestidos blancos paseando por el embarcadero, acompañadas por hombres con canotiés y trajes de lino almidonado. Un funicular llevaba a las adineradas familias desde los acantilados a la playa. Los molinos, que se usaban para bombear el agua de las casas, abundaban en la zona.

CONSEJO DK
Los grafitis de Barranco

Un paseo a lo largo de la calle 28 de julio permite apreciar los murales de Barranco, que han transformado sus calles en una galería al aire libre. Muchos de ellos reflejan temas políticos, con varias obras del aclamado artista limeño Jade Rivera.

La Ermita

L11 Jirón Ermita Al público

Esta capilla es uno de los elementos destacados de Barranco. Según cuenta la leyenda, la bruma invernal que cubría la costa de Lima hizo perder el rumbo a un grupo de pescadores. Los marineros pidieron ayuda al cielo y súbitamente apareció en la

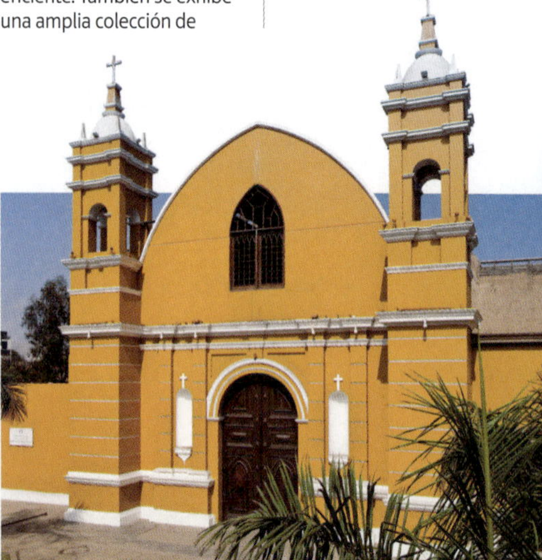

El animado y colorido puente de los Suspiros ↑

distancia un resplandor hacia el que remaron. Una vez en tierra descubrieron que aquella luz había emanado de una cruz. Los pescadores aseguraron que la intervención divina les había salvado la vida y decidieron erigir una ermita en ese mismo lugar.

Frente al templo, se alza una escultura que recuerda a la intérprete peruana Chabuca Granda, que en su repertorio cantaba al puente de los Suspiros de Barranco. En 1988 se abrió un sendero en torno a la iglesia que pasa junto a bonitas casas y cafés hasta llegar al mirador Catalina Recavarren, que ofrece vistas panorámicas al océano.

Puente de los Suspiros

L11 Entre las calles Ayacucho y La Ermita

Este puente del siglo XIX, que sobrevivió al terremoto de 1940, es el escenario de una leyenda. Su nombre recuerda el amor frustrado de una muchacha que vivía en la Bajada de los Baños. Se enamoró de un barrendero de la parte baja de la calle, pero su padre le prohibió ver al muchacho, por lo que se pasó el resto de su vida esperando una mirada de él a través de la ventana. Las personas que cruzaban el puente solían escuchar cómo suspiraba por su amor imposible.

La Bajada de los Baños es un bello paseo construido en 1870 que desciende hasta el mar comunicando las calles Ayacucho y Ermita. La calle está flanqueada por fastuosas casas antiguas. Las fachadas están pintadas de colores, como era habitual en la época, en contraste con los tonos marrones del periodo colonial.

Entre finales del siglo XIX y comienzos del XX, Barranco se convirtió en uno de los destinos estivales preferidos entre las familias peruanas de clase alta. En 1876 se levantó un balneario, pero tuvo que ser reconstruido en 1906 tras ser arrasado durante la guerra del Pacífico *(p. 72)*. Desgraciadamente, en la década de 1960 fue demolido para dar paso al trazado de la carretera de la costa.

La mayoría de las casas antiguas han sido transformadas en cafés, bares y restaurantes elegantes, pero sus balcones y techos con tallas recuerdan su antiguo esplendor.

Fachada pintada de La Ermita, típico del barrio de Barranco

Barranco Beer Co.

Esta premiada cervecería familiar sirve seis tipos de cerveza de grifo de la casa.

L12 Av. Grau 308
barrancobeer.com

Bodega Piselli

Sin haber cambiado apenas desde 1915, este es un lugar genial para tomarse un pisco *sour* entre lugareños.

L11 28 de Julio 297
01 252 6750

Del Carajo

Una peña clásica, con bailes criollos, actuaciones de músicos peruanos importantes y cerveza a buen precio.

K12 Jirón Catalino Miranda 158
delcarajo.com.pe

Central
Menús degustación de alto nivel que se inspiran en todo Perú; hay que reservar.
L11 Av. Pedro de Osma 301 15.00-19.45 lu-sá central restaurante.com.pe

Isolina
En esta taberna los platos se basan en la cocina criolla.
L11 Avenida Prolongación San Martín 101 isolina.pe

El Muelle de Barranco
Comida a buen precio en un entorno acogedor.
L12 Av. Alfonso Ugarte 225 01 252 864

MATE - Museo Mario Testino

L12 Av Pedro de Osma 409 10.00-21.00 ma-sá Días festivos mate.pe/en

El fotógrafo Mario Testino, nacido en Lima, uno de los más influyentes del mundo, fundó este museo en 2012. Situado en una casa del siglo XIX, el MATE refleja la historia de Barranco como el centro cultural de Lima. Su misión es promover a los artistas peruanos, su cultura y su patrimonio. El MATE también expone las obras más emblemáticas de Testino, incluyendo su famosa serie *Alta Moda* y retratos de Diana, princesa de Gales, así como de otros famosos del mundo.

Arte latinoamericano en el Museo de Arte Contemporáneo ↑

5 

Museo de Arte Contemporáneo

L10 Av. Grau 1511 10.00-18.00 ma-do maclima.pe

Este moderno museo acristalado se halla situado en un parque público y alberga una colección permanente de más de 120 pinturas, esculturas e instalaciones contemporáneas de algunos de los artistas peruanos e hispanoamericanos más destacados, entre ellos Fernando de Szyszlo, Ramiro Llona, Oswaldo Guayasamin, Sonia Praga, Lika Mutal y José Tola. El museo también acoge exposiciones temporales y eventos y cuenta con una biblioteca de investigación. Los visitantes tienen acceso a los jardines, donde se muestran esculturas. El programa *Domingos en el MAC* ofrece los fines de semana talleres de arte y visitas guiadas para niños.

Parque Municipal

L12 Av. Grau

El parque Municipal de Barranco, inaugurado en febrero de 1898, es, con sus bancos de madera, grandes palmeras y macizos de flores uno de los lugares de esparcimiento favoritos entre los lugareños, en especial después de asistir a misa en la cercana iglesia Santísima Cruz.

A última hora de la tarde los artistas suelen exponer sus lienzos bajo la atenta mirada de la estatua de mármol de Carrara de *La Donaide* o *Hija de Venus*, que descansa junto a dos pequeños ángeles o *putti* sobre las aguas del estanque central. Muy cerca se puede contemplar el *Candelabro* de Barberini, una vasija etrusca también de mármol.

En este popular parque se alza la impresionante Biblioteca Municipal de color rojo,

> **A última hora de la tarde, los artistas suelen exponer sus lienzos bajo la atenta mirada de la estatua de mármol de Carrara de *La Donaide*.**

construida entre 1895 y 1899 e inaugurada en 1922. La torre, añadida en 1911, se adorna con el emblema de Barranco y un reloj. La biblioteca, que fue declarada monumento histórico de valor excepcional por el Ministerio de Cultura, organiza conferencias de tema diverso, como la identidad peruana, su gastronomía, el arte o el teatro.

Los fines de semana se instala un mercado de comida en la plaza situada frente al parque, donde los cocineros nacionales muestran sus habilidades. Todas sus creaciones se ponen a la venta.

Museo Pedro de Osma

L12 Av. Pedro de Osma 423 10.00-18.00 ma-do museopedrodeosma.org

Esta mansión blanca, una de las más antiguas de Barranco, se construyó a comienzos del siglo XX para la familia Osma. El edificio principal alberga una espléndida colección de arte y mobiliario coloniales, y una colección excepcional de obras y objetos prehispánicos y coloniales del sur de los Andes.

En las pinturas de la escuela cuzqueña, que combina el barroco español y la imaginería andina, se aprecian fascinantes ejemplos de sincretismo, como la Virgen María retratada con el típico pelo negro del indígena andino.

CURIOSIDADES

Dentro de la casa de Víctor Delfín

Una visita de 30 minutos por la casa y estudio de Víctor Delfín en Jirón Domeyer 366 sumerge al visitante en la vida y obra del artista más famoso de Perú, que suele estar allí. Las visitas solo se hacen con cita previa *(www.victordelfin.com)*.

También se pueden contemplar esculturas de tema religioso, muchas de ellas pertenecientes a la escuela limeña. Resultan especialmente interesantes la cabeza de san Juan Bautista y Adán y Eva alcanzando una manzana. El segundo edificio, situado entre palmeras, geranios y esculturas del jardín trasero, era al principio el comedor, aunque en la actualidad alberga fotografías, vajillas y cuberterías de la familia Osma. En un tercer edificio se expone una muestra de piezas de plata.

EL BOHEMIO BARRANCO

Barranco ha sido durante mucho tiempo un barrio frecuentado por artistas e intelectuales. Desde 1913 hasta la década de 1950 sirvió de escenario para fiestas como el carnaval. Chabuca Granda *(derecha)*, una de las cantantes más queridas de Perú, vivió en el barrio y lo elogió de este modo: "El fundador de Barranco fue nada menos que Dios". Barranco es hoy el centro de la vida nocturna de Lima, y en sus pequeños bares y bulliciosas peñas reina la música. Gian Marco, popular compositor local, perfeccionó su técnica en los bares de la zona, y, tras pasar un periodo en el extranjero, regresó para vivir en su barrio favorito. Aunque la casa junto al mar de Mario Vargas Llosa ha sido sustituida por un bloque de apartamentos, otras sí se conservan, como la del escultor Víctor Delfín.

UN PASEO BARRANCO

Distancia 2 km **Tiempo** 25 minutos **Parada de autobús** Estadio Unión

Basta con recorrer la majestuosa avenida Sáenz Peña y pasar junto a las mansiones que se alzan en ella y en las calles cercanas para imaginar el aspecto de Barranco cuando servía de patio de recreo a la aristocracia. Sin embargo, algunas de sus construcciones se encuentran en ruinas. Para evitar esta situación se ha creado el programa Adopta una fachada, que busca atraer la inversión privada para recuperar la belleza del barrio. En las fachadas de colores de la calle Junín, la avenida Grau y la Bajada de los Baños conviven pasado y presente.

El famoso puente de los Suspiros de Barranco, iluminado por la noche

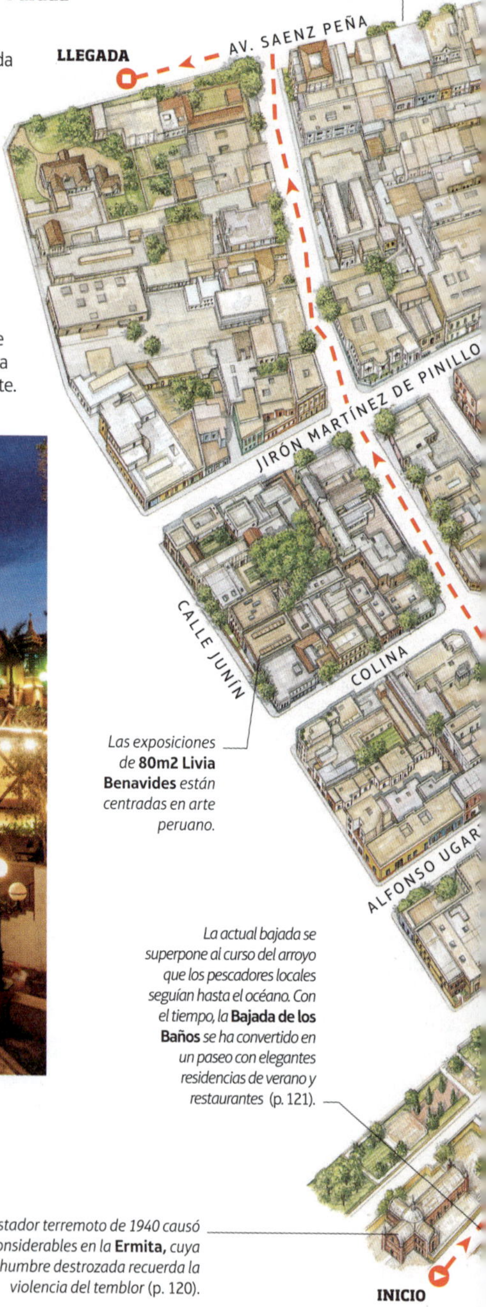

La ***avenida Sáenz Peña*** *está jalonada por elegantes mansiones antiguas, cuyas fachadas de color sepia, rosa, ocre o lapislázuli recuerdan el esplendor de antaño.*

LLEGADA

AV. SAENZ PEÑA

JIRÓN MARTÍNEZ DE PINILLO

CALLE JUNÍN

COLINA

ALFONSO UGARTE

Las exposiciones de ***80m2 Livia Benavides*** *están centradas en arte peruano.*

La actual bajada se superpone al curso del arroyo que los pescadores locales seguían hasta el océano. Con el tiempo, la ***Bajada de los Baños*** *se ha convertido en un paseo con elegantes residencias de verano y restaurantes* (p. 121).

El devastador terremoto de 1940 causó daños considerables en la ***Ermita,*** *cuya techumbre destrozada recuerda la violencia del temblor* (p. 120).

INICIO

↑ La colorida fachada colonial de la Ermita, rodeada de plantas frondosas

Mapa de situación
Para más detalles ver p. 118

0 metros 50 N

La tienda vintage y de restauración de muebles **Cuatro en un baúl** *vende tesoros únicos, desde objetos de arte a libros infantiles. Es el sitio perfecto para ir a la caza de piezas antiguas con las que volver a casa y para los amantes de la reutilización creativa.*

¿Lo sabías?

El puente de los Suspiros inspiró la canción del mismo nombre de Chabua Granda.

PUNA Tienda Galería, *una tiendecita de artesanía y el reino del regalo, vende arte local y multitud de tesoros.*

Tras la destrucción de la Ermita en 1940, los feligreses con posiciones más pudientes solicitaron una autorización al arzobispo de Lima para que se levantara una nueva iglesia en la plaza municipal. La primera piedra de la **iglesia de la Santísima Cruz** *se colocó en 1944 y el templo fue consagrado en 1963.*

El **puente de los Suspiros** (p. 121), *el emblemático símbolo del Barranco romántico, se remodeló en 1921. La leyenda afirma que quien cruce este puente por primera vez conteniendo la respiración verá sus deseos cumplidos.*

La **Biblioteca Municipal ,** *inaugurada en 1922, sirvió de sede al Ayuntamiento de Barranco durante muchos años. Las ventanas están flanqueadas por columnas idénticas a las que decoran la entrada y la fachada.*

FUERA DEL CENTRO

Esencial

1. Museo Nacional de Arqueología, Antropología e Historia del Perú

Lugares de interés

2. Fortaleza del Real Felipe
3. Museo Naval del Perú
4. Museo de Sitio Submarino Abtao
5. Museo Arqueológico Rafael Larco Herrera
6. Museo Oro del Perú
7. Museo del Automóvil Colección Nicolini
8. Pachacámac

Fuera de las principales zonas del centro de Lima, Miraflores y Barranco, los lugares de interés se encuentran algo dispersos. El barrio de Pueblo Libre, situado al sur de Lima, alberga un buen surtido de museos que descubren el apasionante pasado del país. Lejos de los confines de la ciudad, se encuentra el yacimiento arqueológico de Pachacámac, que pertenecieron sucesivamente a las culturas huari e inca. Las elegantes mansiones del cercano barrio de La Punta recuerdan la popularidad que adquirió la zona entre la aristocracia limeña durante el siglo XIX y hasta la década de1940.

1

MUSEO NACIONAL DE ARQUEOLOGÍA, ANTROPOLOGÍA E HISTORIA DEL PERÚ

Plaza Bolivar, esquina de San Martín y Vivanco, Pueblo Libre 8.45-16.00 lu-sá (15.00 do y días festivos) mnaahp.cultura.pe

Con la mansión colonial Quinta del Virrey Pezuela, usada por los libertadores de Perú, dentro de su recinto, esta inmensa colección de objetos históricos peruanos traza la historia del país desde los períodos prehispánicos paracas, nazca, huari e inca hasta la época colonial y republicana. Alberga unas 70.000 piezas de cerámica y la mayor colección de restos humanos antiguos de Perú, además de una serie de retratos de los virreyes de los siglos XVIII y XIX.

La colección

Las salas del museo se disponen cronológicamente por culturas peruanas. En la sala chavín, donde están algunos de los objetos más antiguos (1200 a. C.-200 d. C.), se encuentran obeliscos de piedra grabados usados con propósitos ceremoniales y agrícolas. La excepcional cerámica de la cultura nazca (100 a. C.-800 d. C.) muestra diseños minuciosos, temas naturalistas estilizados y una gran variedad de colores. La cultura moche (100-700 d. C.) también destacó en la cerámica, en la que se muestran personas, animales y deidades cazando y pescando. También se exponen algunas de las misteriosas quipu (cuerdas con nudos) incas (1438-1532).

La Quinta del Virrey Pezuela

Construido a finales del siglo XVIII, este fue el edificio colonial en el que se quedaron los libertadores José de San Martín (1821-1822) y

← Varias expresivas estatuas incas

Esencial ☆

↑ Objetos expuestos en una de las muchas salas del interior del museo

Simón Bolívar (1823-1826) durante la guerra peruana de independencia *(p. 71)*. Ahora forma parte del museo y alberga una colección de objetos personales que pertenecieron a estos dos hombres. Se entra por la galería final a la derecha de la entrada.

Alberga unas 70.000 piezas de cerámica y la mayor colección de restos humanos antiguos de Perú.

← Grandes vasijas de cuello-efigie, fabricadas y usadas por la cultura huari

Destacado

Estela Raimondi

▶ Este inmenso obelisco de piedra fue recuperado del centro ceremonial de Chavín de Huántar. Presenta imágenes de animales y el dios supremo. Se trata de una de las piezas más importantes del museo.

Obelisco de Tello

También procedente del culto chavín, su nombre se debe al arqueólogo que lo descubrió en Chavín de Huántar. Se usó para indicar el comienzo y el final del año agrícola.

Galería lítica

Esta galería alberga 18.250 objetos de piedra procedentes de todo Perú. Algunos datan del año 12000 a. C. La muestra incluye lascas, hachas, percutores, piedras de moler, esculturas, cuentas y vasijas.

Momias

La cultura paracas (800 a. C-200 d. C.) enterraba a sus muertos sentados y envueltos con varias capas de tela. Se afirma que estos fardos funerarios son los mejor onservados del mundo gracias al secado por congelación que provoca el árido clima de la zona.

Manos cruzadas

◀ La piedra de las manos cruzadas de Kotosh tiene más de 5.000 años de antigüedad y muestra dos manos cruzadas entre ellas. Se cree que simboliza la dualidad, un concepto importante de la ideología andina.

Cerámica chavín

▶ Esta cerámica es conocida por sus formas globulares únicas, sus elementos escultóricos muy marcados y sus colores negro, rojo o marrón. Este recipiente de mano negro con asas de terracota, del 200 d. C, es un magnífico ejemplo.

LUGARES DE INTERÉS

Fortaleza del Real Felipe

Plazuela de la Independencia, Callao 01 429 0532 9.00-16.00 todos los días (visitas nocturnas vi y sá; reserva previa) Días festivos

La fortaleza de piedra del Real Felipe, una de las mayores levantadas por los españoles en el siglo XVIII y de interés turístico e histórico, fue diseñada por el francés Luis Gaudin. El fuerte fue bautizado así en honor a Felipe V, el primer rey Borbón de España, que murió en 1746.

Esta austera construcción de forma pentagonal fue erigida como defensa ante los ataques piratas. En el siglo XIX, Callao, el lugar donde se alza la fortaleza, estaba considerado el puerto mejor protegido de la costa oeste de Sudamérica. Real Felipe estuvo preparada para la guerra desde la época colonial, repelió numerosos ataques y, aunque estuvo sitiada en cinco ocasiones, nunca fue conquistada. También desempeñó un papel esencial en la guerra de independencia de Perú *(p. 71)* como primera línea de defensa.

Esta fortaleza con más de 70.000 m² alberga cañones de hierro y bronce, tanques militares, la casa del gobernador, las torres del rey y de la reina y el Museo del Ejército, con una impresionante colección de armas, documentos, uniformes militares y otros objetos.

↑ Vestigios del pasado militar en la fortaleza del Real Felipe de Callao

Museo Naval del Perú

Av. Jorge Chavez 123, Callao 01 429 4793 9.00-15.00 ma-do

Próximo a la fortaleza Real Felipe se encuentra el Museo Naval, una cita ineludible para los amantes de la historia marítima. El museo se fundó gracias al trabajo del capitán de navío Julio J. Elías Murguía, un héroe naval peruano. Atesora una importante colección de documentos históricos y navales, óleos, uniformes y diversos recuerdos de la guerra del Pacífico entre 1879-1883 *(p. 72)*. También se puede contemplar numerosos objetos personales de aquellos que participaron en el conflicto, como fotografías, armas e instrumentos de navegación.

Las piezas más valiosas son las que pertenecieron a uno de los grandes héroes militares de Perú, el almirante Miguel Grau, que murió en la batalla de Angamos. Se exponen sus escritos personales, cartas de navegación y medallas, además de una urna que contiene un fragmento de su tibia, el único resto del Caballero de los Mares hallado tras la batalla. Hay una sala dedicada por completo a maquetas de barcos, con modelos de diferentes épocas y países.

Café del Museo Larco

Este encantador restaurante dentro del recinto del Museo Arqueológico Rafael Larco Herrera tiene sitio para sentarse en la preciosa terraza llena de flores. Se pueden picar tamales o disfrutar de una comida a base de corvina y de calamares fritos.

Av. Bolívar 1515, Pueblo Libre
museolarco.org

Museo de Sitio Submarino Abtao

Jorge Chavez 120-A, Callao 9.30-16.30 ma-do submarinoabtao.com

A pocos minutos andando desde el Museo Naval del Perú y atracado junto al muelle se encuentra el Museo de Sitio Submarino Abtao. Este singular museo se aloja en un submarino clase Sierra construido en el astillero de la Electric Boat Company de Estados Unidos.

CURIOSIDADES
El Frontón

Visible desde la fortaleza del Real Felipe, la isla prisión de El Frontón es una inmensa formación rocosa con grandes cantidades de sal marina, que se ven fácilmente desde un barco. Las visitas salen del muelle de Guerra en la plaza Grau.

Objetos expuestos en el Museo Arqueológico Rafael Larco Herrera

Fue botado en New London, Connecticut, en 1953, con el nombre inicial de Tiburón.

Este submarino fue uno de los cuatro encargados por la Marina peruana y rebautizado posteriormente con el nombre de Abtao para conmemorar la batalla del mismo nombre, frente a las costas de Chile, en 1866. Tenía una tripulación de 33 marineros y 7 oficiales y prestó servicio durante 48 años, hasta 2001.

A bordo se realiza una visita interactiva que muestra las diferentes secciones de la nave: la sala de torpedos con literas, el puente de mando, los depósitos de munición y la emisora de radio. También se puede accionar el periscopio y manipular el cañón de cinco pulgadas de cubierta.

Un espectáculo de luz y sonido permite a los turistas sentir cómo era el combate submarino y señala el final de la visita.

5  

Museo Arqueológico Rafael Larco Herrera

Av. Bolivar 1515, Pueblo Libre 9.00-22.00 todos los días museolarco.org

Esta mansión del siglo XVIII se levantó sobre una pirámide del siglo VII. Constituye el sitio ideal para mostrar 5.000 años de historia. El Museo Larco Herrera, que se fundó en 1926, posee la mayor colección privada (45.000 piezas) de arte peruano precolombino, reunida por el magnate azucarero Rafael Larco Hoyle.

La sala de la Cultura resulta un buen punto de partida, ya que proporciona una visión general de las culturas que se desarrollaron desde el año 7000 a. C. hasta el siglo XVI.

En el mundo andino, la belleza y la resistencia de los metales aportó un carácter casi divino a estos materiales, que se empleaban en la fabricación de ofrendas para los dioses. Los incas representaban a los dioses y tenían derecho a utilizar estas joyas y a ser enterrados con ellas para poder llevarlas en su camino hacia el otro mundo.

La colección de oro y plata, impresionante, incluye tocados, cuentas del tamaño de pelotas de golf, pectorales con piedras preciosas incrustadas, así como pendientes, ornamentos para la nariz, coronas con cuarzo y turquesas, máscaras funerarias y una túnica confeccionada en oro.

También se puede contemplar tejidos antiguos, como el fragmento de una tela paracas con 389 hilos por cada 2 cm^2 (un récord mundial), un tapiz huari elaborado con plumas de loro en un telar, y un quipu inca, usado para registrar datos y acontecimientos. También se exhiben herramientas, moldes, pinturas y piezas de caolín, arcilla y barro sin cocer.

Separada del edificio principal se encuentra una galería de arte erótico con vasijas de época moche de 1.500 años de antigüedad en las que se representan los distintos hábitos sexuales.

RAFAEL LARCO HOYLE

Nacido en 1901 en una plantación azucarera de Trujillo, con el tiempo se convirtió en uno de los empresarios peruanos más influyentes; la hacienda familiar batió todos los récords de producción cuando introdujo la mecanización, después de haber estudiado en Estados Unidos. Tenía pasión por la colección de los objetos del Perú antiguo -cerámica, metales y tejidos-, explorando y excavando yacimientos del norte de Perú en busca de las mejores piezas. En una ocasión se hizo con la piscina más grande de la hacienda para quitarle la sal a una colección de 8.000 piezas recién adquirida.

PLAYAS DE LIMA Y ALREDEDORES

Con más de 1.860 km de litoral, los peruanos llevan adorando el océano Pacífico desde hace muchísimo tiempo, tal y como atestiguan los frisos descubiertos en yacimientos arqueológicos de 2.000 años de antigüedad por toda la costa. En diciembre, cuando la bruma gris que cubre Lima al fin se desvanece, los limeños se dirigen al sur los fines de semana. Y en enero, la mayoría de sus habitantes se van de vacaciones a la costa. Esta está llena de playas de arena dorada, cabos y calas, y en ellas se puede nadar y hacer surf. Las playas cercanas a la bulliciosa ciudad balneario de Punta Hermosa tienen las mejores olas, lo que las convierte en el destino favorito de los surfistas de Lima. El arrecife de Punta Rocas también es uno de los destinos favoritos: aquí se celebran campeonatos mundiales de surf. San Bartolo es una playa popular, con aguas limpias y algunos restaurantes de pescado excelentes, pero para los limeños que buscan sol, lo mejor de todos los sitios de costa es el tradicional pueblo pesquero de Pucusana. Desde aquí se puede alquilar un barco para intentar ver alguna colonia de leones marinos.

6    

Museo Oro del Perú

Alonso de Molina 1100, Monterrico-Surco 10.30-18.00 todos los días 1 ene, 1 may, 28 jul y 25 dic museoroperu.com.pe

El gran museo de Miguel Mújica Gallo es una de las grandes instituciones culturales de Lima. Sus exposiciones se componen, entre otras piezas, de cuchillos ceremoniales, vasijas con incrustaciones de turquesas, máscaras funerarias, coronas, cascos, figurillas, pendientes, collares, una impresionante bolsa ceremonial de oro y una túnica con apliques dorados.

Entre los objetos ceremoniales destaca un poncho nazca tejido con plumas de loro, sombreros de pelo humano, un tocado con plumas, tapices, piezas de cerámica y momias, algunas incluso con bebés. Las explicaciones pueden resultar algo parcas, por lo que se recomienda alquilar una audioguía.

La planta superior del edificio está reservada a la colección de armas del mundo, una completa muestra de armas de fuego antiguas y parafernalia militar. Se pude contemplar una espada de 1812 que perteneció al zar ruso Alejandro y la pistola del presidente chileno Salvador Allende.

En 2001 el museo se vio envuelto en un escándalo cuando el Instituto Nacional de Cultura y el Departamento de Protección Turística afirmaron que eran falsas casi todas las piezas del museo (alrededor de 7.000). Los propietarios aseguran que sólo exponen piezas de oro auténticas.

Máscara funeraria de oro con pendientes en el Museo Oro del Perú

7 

Museo del Automóvil Colección Nicolini

Av .La Molina 9.30-19.00 todos los días museodeautosnicolini.com

Dentro de un almacén de las afueras al oeste de la ciudad, este museo conduce a los visitantes a un viaje en coche virtual a través del siglo XX, con su colección de 120 coches antiguos pulidos al detalle. Restaurados con todo el cariño por su dueño, Jorge Nicolini, los coches constituyen hoy en día la mayor colección de vehículos antiguos de Perú.

El primer vehículo que adquirió Nicolini en 1962 fue un Lincoln de 1925, que había sido usado como taxi. El más antiguo de la colección es un Boyer francés de 1901. Otros coches a señalar son un Corvette Stingray de 1966, el número 214 de un total de 525 fabricados, y un Clement de 1903.

8    

Pachacámac

Carretera Panamericana Sur, km 31,5, Lurín 9.00-17.00 ma-sá, 9.00-16.00 do (hay que reservar dos semanas antes) pachacamac.cultura.pe

Este complejo de pirámides de adobe, situado en el valle de Lurín, data del año 200 d. C. Fue un destacado lugar de peregrinación de la costa central peruana ya que albergaba un oráculo muy venerado. Prosperó con el paso de los siglos y recibía peregrinos que acudían para rendir culto al dios Pachacámac (el que da vida al universo y a todas las cosas). Pachacámac fue ampliado por los huari. Sus diseños aparecen en las piezas de cerámica y tejidos encontrados en el yacimiento. Sin embargo, la mayor parte de las construcciones (incluidas las pirámides) son posteriores a su caída.

Al caer capturado por Pizarro, Atahualpa se quejó de que el oráculo hubiera predicho erróneamente su victoria. Atahualpa afirmó que había oro en el sitio, con lo que los soldados fueron allí, pero se quedaron decepcionados al encontrar en su lugar el *espantoso* ídolo.

Los incas levantaron cinco complejos separados, como el templo del Sol y el palacio de las Mamaconas (las mujeres escogidas), que presenta diversas tallas hechas en piedra en la puerta de acceso, algo poco frecuente en la costa.

El museo exhibe una colección de piezas prehispánicas, que comprende tejidos paracas, cerámica y una imagen de Pachacámac con dos rostros. El Museo Nacional del Perú, cuya apertura está prevista para 2021, servirá de entrada principal a Pachacámac. Dispondrá de espacio para exponer 500.000 piezas y no solo se centrará en las ruinas, sino en la historia arqueológica de todo el país.

No lejos de Pachacámac, los pantanos de Villa, una zona de 18 km^2 al sur de Lima, son uno de los principales refugios costeros para más de 210 especies de aves, incluyendo la garza real blanca. Con sus totoras alineadas a lo largo de los pantanos, esta es la última reserva natural que queda en Lima. Tiene senderos señalizados y atalayas para el avistamiento de aves.

¿Lo sabías?

Se dice que las mujeres de Pachacámac escondieron tan bien el oro inca, que todavía no lo ha encontrado nadie.

← Visitantes junto al museo del yacimiento de Pachacámac

EXPLORA PERÚ

Bailes tradicionales en la ciudad de Cuzco

Dunas de arena infinitas al amanecer

LA COSTA SUR

Los restos hallados en este reseco paisaje han revelado la existencia de una fascinante presencia de culturas con al menos 5.000 años de antigüedad. La civilización paracas elaboraba tejidos en el año 300 a. C. con una maestría que todavía hoy es admirada. Hace unos 2.000 años el pueblo nazca creó en el desierto unos inmensos geoglifos que siguen desconcertando a los expertos. Los acueductos que levantaron se mantienen en uso y sus piezas de cerámica se incluyen entre las más hermosas de la época precolombina. A pesar de la aridez del terreno, la agricultura es posible gracias a sistemas de irrigación centenarios que aprovechan las aguas subterráneas. Los españoles introdujeron el cultivo de la vid en la década de 1550 y fue tal el éxito obtenido que la zona en torno a Ica se ha convertido en la principal zona vitivinícola de Perú y en la cuna de la bebida nacional, el pisco. Esta región también desempeñó un papel comercial destacado durante el siglo XIX gracias a sus depósitos de guano (excrementos de aves marinas) un fertilizante muy cotizado en la época.

Cochas
Huancayo
Puerto Rico
Huarochirí
Izuchaca
San Francisco
LA CORDILLERA BLANCA
p. 206
Huancavelica
Mayocc
San Vicente de Cañete
Chavín
Ayacucho
Ticrapo
Casacancha
Ongoy
Jahuay
Chincha Alta
Tambo de Mora
TAMBO COLORADO
Cangallo
Vilcashuamán
PISCO
ISLAS BALLESTAS 3
6
7
Huaytará
Humay
Ramadillasic
Laramarca
Pueto San Martín
4 EL CHACO (PARACAS)
Lagunillas
2
Aeropuerto Las Dunas
Sacsamarca
Querobamba
RESERVA NACIONAL DE PARACAS
5 ICA
Córdova
Huacachina
Putaccasa
Laguna Grande
Santiago
Tingue
Molletambo
Huac Huas
Isla Independencia
Carhua
Llauta
Pampachiri
ICA
LA SIERRA CENTRAL
p. 196
Ocucaje
Ocaña
Otoca
Río Ingenio
Santa Cruz
Palpa
Changuillo
Faro del Infiernillo
Maria Reiche Neuman Airport
Puquio
San Pedro
Caleta Lomitas
NAZCA LINES 1
8 NAZCA
CAHUACHI 9
Chavíña
Puerto Caballas
Tunga
10 CEMENTERIO DE CHAUCHILLA
Chumpi
Sancos
Lampa
Punta San Fernando
Marcona
Río Yauca
San Nicolás
Púllo
Magdalena
Punta San Juan de Marcona
San Juan
Acarí
Bella Holanda
Bella Unión
Jaqui
Huanhuanu
Cahuach
Lomas
Parcoy
Quicacha
Yanamachay
Tócata
Carav
Puerto Inca
Torrecilla
Playa Puerto Inca
Chala
Playa Chala
Río Atico
PANAMERICAN HIGHWAY
Punta de Lobos
Ático
Pamp
Océano Pacífico

0 kilometros 60
N

LA COSTA SUR
Esencial
1 Líneas de Nazca
2 Reserva Nacional de Paracas
Lugares de interés
3 Islas Ballestas
4 El Chaco (Paracas)
5 Ica
6 Pisco
7 Tambo Colorado
8 Nazca
9 Cahuachi
10 Cementerio de Chauchilla
11 Tacna
12 Petroglifos de Miculla
13 Tarata
14 Baños Termales de Putina
AREQUIPA, CAÑONES Y EL LAGO TITICACA
p. 150
CUZCO
APURIMAC
TACNA
Lago Titicaca
Echarati
Chaullay
Cuzco
Anta
Abancay
Urcos
Challa
Yauri
Ayaviri
Pucará
Arapa
Puyca
Suycutambo
Ocorruro
Cotahuasi
Sibayo
Juliaca
Santa Lucía
Deustua
Puno
Imata
Huambo
Cerro Rico
Chuquibamba
Cunocuno
Aplao
Ancora
Ilave
Loripongo
Punta Colorada
Cortaderas
Tambillo
Arequipa
Ocoña
El Alto
Santa Rita de Siguas
Matalaque
San Gregorio
Camaná
Quilca
Río Vítor
La Joya
Mazo Cruz
Pisacoma
Humajalso
Punta al Aire
Huagri
Matarani
Cachendo
Mejía
La Curva
Chucarapi
Punta de Bombón
Torata
Tacalaya
Viluta
Toquepala
Moquegua
Candarave
Platanal
Río Osmore
Ilabaya
Mirave
BAÑOS TERMALES DE PUTIN
TARATA
Fundición
Estique Pampas
El Ayro
Ilo
Desierto de la Clemesi
Camiara
Quilla
Palca
Villa Industrial
Punta Coles
Punta Huaca Luna
Punta Picata
Ite
El Golpe
PETROGLIFOS DE MICULLA
TACNA
Punta Colorada
Boca del Río
Hospicio
Putre
La Yarada
Concórdia
Socoromo
Santa Rosa
Arica

1

LÍNEAS DE NAZCA

E6 20 km al norte de Nazca, carretera Panamericana Sur, km 420 En Nazca Municipalidad de Nazca (ayuntamiento); 056 522 418

Esta colección de geoglifos distribuida sobre la altiplanicie desértica, entre las poblaciones de Nazca y Palpa, comprende más de 70 figuras humanas y de estilizados animales y 10.000 líneas, que fueron divisadas por primera vez desde el aire en 1927. Estas antiquísimas y enigmáticas líneas siguen siendo uno de los mayores misterios de la arqueología mundial.

En la costa peruana nunca llueve, lo que ha permitido que se hayan conservado durante siglos las Líneas de Nazca. Estos grabados sobre las llanuras datan de entre el año 500 a. C. y 500 d. C. y fueron declarados Patrimonio de la Humanidad por la Unesco en 1994. La matemática y astrónoma alemana Maria Reiche comenzó a estudiar las Líneas de Nazca en la década de 1940, fecha a partir de la cual consagró su vida a descifrar sus misterios. Pensaba que para trazar las líneas se emplearon cuerdas atadas a un eje. Su propósito original sigue suscitando un intenso debate, con teorías que incluyen un calendario astronómico gigante, un centro ceremonial o una pista de aterrizaje extraterrestre.

CURIOSIDADES

Líneas de Palpa

La cultura paracas grabó estas líneas en el desierto 1.000 años antes de las Líneas de Nazca, pero son igual de enigmáticas. Ahora se las puede sobrevolar u observar desde unas plataformas de 13 m de altura.

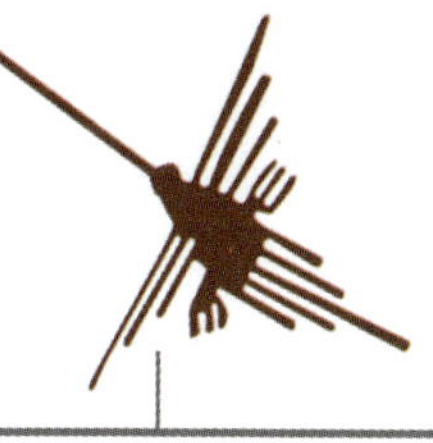

Destacado

La Ballena

▲ Este fue el primer geoglifo que se descubrió y probablemente representa una ballena asesina u orca. La cultura nazca era costeña, así que, aquí priorizan a la criatura más grande del océano.

La Araña

▲ La araña se considera un símbolo de la lluvia y la fertilidad y una representación de los sacerdotes, que empleaban estos animales para predecir el futuro.

El Mono

Considerado un ser divino, el mono también aparece en la cerámica nazca. El geoglifo solo tiene nueve dedos, con lo que Reiche sugirió que podría haberse realizado para marcar los equinoccios.

El Colibrí

▲ Este geoglifo de 96 por 66 m es uno de los más conocidos. Los nazca creían que los colibríes servían de mensajeros entre el mundo de los hombres y el de los cóndores, a los que consideraban dioses.

↑ Los patrones geométricos de las enigmáticas Líneas de Nazca vistos desde el aire

CONTEMPLAR LAS LÍNEAS

Hay una plataforma en el km 420 *(en la imagen)*, pero la mejor forma de ver las líneas es desde uno de los aviones de 3 a 9 plazas que despegan de Nazca. Los precios de los vuelos varían, pero oscilan entre los 87-170 $ por un viaje de 30 a 45 minutos. Si el tiempo lo permite, los vuelos salen por la mañana y a primera hora de la tarde. El mejor momento suele ser de 8.00 a 10.30. La aerolínea AeroParacas tiene buena reputación. También se pueden observar desde las plataformas, más baratas, con un guía de Nazca o con la breve información que aporta alguno de los guías del yacimiento.

2

RESERVA NACIONAL DE PARACAS

D6 · 285 km al sur de Lima · Desde Pisco · 8.00-17.30 todos los días

El desierto se encuentra con el mar en el mayor espacio de costa protegida de Perú, en el que altísimos acantilados rodean playas rebosantes de vida silvestre. La mejor manera de recorrer la reserva es haciendo un circuito que recorre los lugares clave, incluyendo el impresionante geoglifo El Candelabro y la necrópolis de Paracas.

La primera reserva nacional que se designó en el país es el hogar de más de 1.800 especies de plantas y animales. Abunda sobre todo la avifauna, y así, los visitantes pueden encontrarse con flamencos, pingüinos de Humboldt, pelícanos y gaviotines. De vez en cuando se pueden ver cóndores, junto con buitres de cabeza roja.

Las islas de San Gallán y La Vieja, situadas justo frente a la costa, son los únicos lugares de Perú en el que se reproduce el potoyunco, el petrel zambullidor peruano, que está en peligro de extinción.

De visita por la reserva

Normalmente se suele combinar el paseo en barco hasta las islas Ballestas *(p. 144)* por la mañana con una tarde en la reserva, aunque alquilar una bicicleta o un *quad* garantiza mayor libertad para explorar esta última. El circuito en bici de 30 km en la reserva empieza en un mirador a la formación rocosa de La Catedral y continúa hacia el sur hasta Playa Roja, una curiosa playa con la arena de este color formada por partículas de roca granodiorita. En el cercano y diminuto pueblo de Lagunillas sirven un pescado fresco excelente. En el norte, el Museo de Sitio Julio C. Tello expone tejidos, cerámicas y cráneos de la cultura paracas (700 a. C.). No lejos de aquí se encuentra El Candelabro, un geoglifo de 180 m grabado en la ladera de una montaña. En las aguas circundantes, que también forman parte de la reserva, nadan leones marinos, delfines, y la nutria marina, en peligro de extinción.

¿Lo sabías?

El libertador San Martín, tras visitar la bahía, se inspiró en los colores de los flamencos para ponerlos en la bandera peruana.

TOP 3 LUGARES PARA VER LA FAUNA

Punta Arquillo
15 km al sudoeste de la entrada del parque
Este mirador del acantilado es perfecto para ver a los lobos marinos. También es uno de los pocos sitios desde los que se ven nutrias marinas.

Bahía de Paracas
Detrás del Museo de Sitio Julio C. Tello
La costa detrás del museo es ideal para el avistamiento de aves. Suelen verse gaviotas y garzas.

Lagunillas
9 km al sudoeste de la entrada del parque
En las olas de la bahía se ven leones y lobos marinos sudamericanos.

Senderistas explorando el inmenso tramo dorado de la Reserva Nacional de Paracas

1 Un paseo en barco a las cercanas islas Ballestas *(p. 144)* es la mejor manera de ver la enorme cantidad de avifauna de la zona.

2 Se cree que El Candelabro de tres brazos habría sido una ayuda a la navegación o un símbolo ritual nazca. Se aprecia mejor desde el mar.

3 Pelícanos pardos y cormoranes guanay, que normalmente viven en las formaciones rocosas de la reserva.

1

2

3

LUGARES DE INTERÉS

3  

Islas Ballestas

D6 261 km al sur de Lima Desde El Chaco

Las islas Ballestas se sitúan entre los lugares de interés más populares de la costa sur. Se las llama las Galápagos pobres, porque en sus arcos y cuevas habitan más de 160 especies de aves marinas, como pingüinos de Humboldt, piqueros y pelícanos, así como un gran número de alegres leones marinos, que no dejan de aullar, morder y lanzar sus fornidos cuerpos al mar. A veces también aparecen delfines, tortugas marinas y ballenas en sus aguas circundantes. Los restos de una fábrica recuerdan el periodo del siglo XIX en el que el guano (excrementos de ave ricos en minerales) era un valioso fertilizante y constituía una fuente de ingresos esencial para el país.

Se puede dar un paseo en barco alrededor de las islas, pero sin desembarcar. No hay que olvidarse de contemplar el impresionante geoglifo El Candelabro de Paracas *(p. 142)* dentro de la Reserva Nacional de Paracas *(p. 142)*, solo visible al ir y volver de las islas. Hay quienes aseguran que es un símbolo pirata.

CONSEJO DK

Cuidado con el pajarito

Los barcos a las islas Ballestas son descubiertos, así que lo mejor es llevar un sombrero con visera o ala ancha. Puede que haya parado la explotación de guano, pero nadie se lo ha dicho a las aves del lugar. Cuidado con los *bombardeos aviares.*

4   

El Chaco (Paracas)

D6 254 km al sur de Lima Desde Lima

Antiguo lugar de escapada junto al mar para los más ricos de Lima, El Chaco, también conocido como Paracas, sigue siendo uno de los lugares de veraneo preferidos entre los peruanos. En los muelles hay hoteles exclusivos con piscinas muy tentadoras que se alinean en las orillas atestadas de pelícanos del puerto. Pasear por el paseo marítimo al atardecer es una excelente manera de empaparse del ambiente sosegado del pueblo.

Es un lugar más agradable para hospedarse que la vecina Pisco, aunque debido a la contaminación de las fábricas de harina de pescado en las inmediaciones no se recomienda nadar. Sí se puede hacer kayak o windsurf, o un viaje en barco a las islas Ballestas, que suelen partir entre las 9.00 y las 10.00.

5   

Ica

D6 310 km al sur de Lima Vuelos chárter desde Lima Desde Lima muniica.gob.pe

¿Lo sabías?

Fue en El Chaco donde tocó tierra el ejército del general San Martín para liberar Perú de los españoles.

↑ Barcos en el bonito puerto de El Chaco, donde salen los viajes a las islas Ballestas

→ Los muros de adobe de Tambo Colorado, antaño pintados con vivos colores

Esta población, fundada por los españoles en 1563 con el nombre de Villa de Valverde, fue reubicada y rebautizada en 1640. En la actualidad se ha convertido en el principal centro vitivinícola de Perú, con viñedos que datan del siglo XVI. La vendimia se celebra durante las dos primeras semanas de marzo, y las pasas bañadas en pisco suelen ponerse en las tejas, un dulce tradicional de Ica delicioso.

La ciudad, conocida como "la ciudad del sol eterno" por su clima seco, sufrió importantes daños con el terremoto de 2007, el peor acaecido en Perú desde 1974. Más de 2.800 piezas prehispánicas repartidas en museos de la región de Ica sufrieron daños irreparables. El Museo Regional Adolfo Bermúdez Jenkins escapó relativamente indemne. En él se exhibe una colección de piezas paracas, nazca, ica, huari e inca, incluidas momias y cráneos con evidencias de antiguas técnicas quirúrgicas.

El oasis de Huacachina, con una laguna verde maravillosa entre las altas dunas, está solo a 3 km de Ica. Se puede nadar en sus aguas (aunque no sean claras) y practicar surf sobre arena o recorrer las dunas.

Pisco

D6 250 km al sur de Lima Desde Ica Municipalidad en la plaza mayor

Pisco, una población de granjeros y pescadores fundada en 1640, sufrió terribles daños durante el terremoto que asoló la zona en agosto de 2007. Tres cuartas partes de la ciudad quedaron destruidas: los edificios históricos se desmoronaron, decenas de miles de casas de adobe se cayeron y cientos de personas murieron. La estatua de José de San Martín *(p. 71)* permaneció en pie, pero otras estructuras no corrieron la misma suerte, como la iglesia del siglo XVIII de San Clemente, que se hundió durante la misa matando a varios fieles.

Tambo Colorado

D6 Carretera de los Libertadores, frente a la carretera Panamericana Sur, km 229. A Humay desde Pisco por Los Libertadores; parada en km 39 9.00-16.00 todos los días

Este destacado centro administrativo inca se asienta a los pies de las cumbres del valle del río Pisco. En él vivían soldados y altos mandos del imperio inca. Servía de encrucijada en el camino inca que unía Ayacucho con la costa. Se piensa que el sitio fue la residencia de verano del noveno Inca, Pachacútec. Se trata de una de las ruinas de adobe mejor conservadas de Perú. Los nichos del muro exterior de estuco presentan trazos de pigmentos rojos y amarillos y las hornacinas conservan tallas de figuras humanas.

Hotel Nazca Lines

Las habitaciones van a juego con el entorno colonial de este hotel. Un jardín soleado con una gran piscina lo hacen perfecto para los días de esparcimiento. Hay un planetario.

E6 Jirón Bolognesi 147, Nazca 056 522 293

Hotel Viñas Queirolo

Lujo asequible en el viñedo de Queirolo con *suites* elegantes con balcón, una magnífica piscina, canchas de tenis y un restaurante *gourmet*.

D6 Carretera San José de los Molinos km 11, Ica hotelvinas queirolo.com

Paracas Sunset Hotel

Una opción asequible con una piscina rodeada de tumbonas y plantas con flores.

D6 Av. Los Libertadores, Paracas paracassunset.com

Tambo de Tacama
Un marco fascinante: la hacienda rosa del viñedo de Tacama, con cocina peruana *gourmet*. En el patio se pueden ver espectáculos de bailes tradicionales los fines de semana.

D6 Camino Real, La Tinguiña, Ica 056 581 030

La Olla de Juanita
Especialidades criollas del campo, como la papa a la huancaína y la sopa seca, en una terraza junto a las vides de la bodega de pisco Tres Esquinas.

D6 Fundo Tres Esquinas, Ica piscotres generaciones.com

Los Angeles
Un restaurante sin florituras, con buena relación calidad-precio que sirve sabrosa comida criolla y una gran variedad de platos vegetarianos.

E6 Bolognesi 266, Nazca 51 956 251 033

La Kasa Rustika
Un lugar agradable, con una buena variedad de platos peruanos e internacionales, incluyendo su famosa lasaña de carne.

E6 Bolognesi 372, Nazca 998 996 754

Nazca

E6 460 km al sur Lima Para las Líneas de Nazca Desde Lima o Ica

El descubrimiento de las Líneas de Nazca *(p. 140)* dio a conocer esta población y se convirtió en la principal razón para visitar la zona. No obstante el **Museo Didáctico Antonini** también merece una visita. En él se exponen los hallazgos del arqueólogo italiano Giuseppe Orefici en el cercano yacimiento de Cahuachi. En esta colección, que permite descubrir diversos aspectos de la sociedad nazca, se incluyen momias y cráneos deformados, pues los nazca envolvían la cabeza a los recién nacidos con bandas de cuero o lana.

Al otro lado de la ciudad, el planetario del hotel Nazca Lines *(p. 145)* tiene unas interesantes charlas nocturnas sobre las teorías que explican cómo y por qué se grabaron en el desierto las Líneas de Nazca.

Otro yacimiento arqueológico importante es el acueducto de Cantalloc. Los 35 acueductos en espiral forman parte de un sofisticado sistema de irrigación, construido por los nazca, pero que siguen usando hoy en día los granjeros.

A unos 90 km al este en la carretera de Cuzco, en las praderas del altiplano de la Reserva Nacional Pampa Galeras Bárbara D'Achille, viven rebaños de vicuñas.

Museo Didáctico Antonini
Av. de la Cultura 600 056 523 444 9.00-19.00 todos los días

¿Lo sabías?

La duna de arena más alta del mundo, Cerro Blanco, está cerca de Nazca. Aun deslizándose, se tardan cuatro minutos en bajarla.

Cahuachi

E6 17 km al noreste de Nazca 8.00-17.00 todos los días

Este gran centro ceremonial nazca alcanzó su momento de apogeo hace más de 2.000 años. Está dominado por una gran pirámide central de 30 m de alto y una plaza, a las que se suman otras 40 pirámides talladas sobre el terreno y recubiertas con muros de adobe. Se han identificado unas 5.000 tumbas, pero lamentablemente Cahuachi ha sido víctima de saqueos.

El arqueólogo Giuseppe Orefici ha excavado el yacimiento durante décadas y ha concluido que servía de residencia a los sacerdotes que celebraban ceremonias públicas y rituales privados para agradecer el agua a los dioses. Los numerosos tesoros del yacimiento se pueden

→ Pirámide de adobe de Cahuachi, un gran centro ceremonial de la cultura nazca

↑ Cráneos recolocados dentro de las tumbas excavadas del cementerio de Chauchilla

contemplar en el Museo Didáctico Antonini de Nazca y deberían servir para ayudar a los turistas a desentrañar los secretos de los constructores de las Líneas de Nazca.

Cementerio de Chauchilla

E6 29 km al sur de Nazca 8.00-18.00 todos los días

El cementerio de Chauchilla está repleto de tumbas que datan del periodo chincha (1000-1400 d. C.). Las momias aparecieron dispersas por el yacimiento, ya que los saqueadores de tumbas despojaron los cuerpos de los objetos valiosos y tiraron los tejidos y los huesos por el desierto. Desde el punto de vista arqueológico, este delito sustrajo la identidad de los cuerpos y ha dificultado los estudios para descubrir la historia de los cadáveres encontrados.

Hay miles de tumbas, pero solo 12 de ellas han sido restauradas y albergan momias envueltas y cuidadosamente colocadas en cuclillas, aunque presentan los cráneos blanqueados y el pelo largo y apelmazado. Hay una tumba solo de niños. Lo normal sería que las momias se encontraran en un buen estado de conservación, pues las arenas del desierto son ricas en sales y nitratos, pero la exposición a los elementos ha destruido la piel momificada y desnudado los huesos.

TOP 4 PLAYAS DEL SUR

Puerto Inca
Ruinas precolombinas por las que andar antes de nadar en esta playa con forma de media luna.

Chala
En este pueblecito de pescadores se come un pescado muy fresco.

Punta San Juan de Marcona
Se ven leones marinos, pelícanos y pingüinos desde sus acantilados.

Punta San Fernando
Se observa gran cantidad de fauna marina e incluso cóndores.

El paseo Cívico de Tacna, con su fuente ornamental y sus quioscos con techos de flores

1929, hizo que Tacna fuese territorio peruano de nuevo. Esto se celebra cada 28 de julio en la Procesión de la Bandera, con un desfile militar y civil que pasea la bandera peruana por las calles de la ciudad.

Tacna no tiene plaza mayor, lo que es bastante inusual; en su lugar, el centro de la ciudad es el paseo Cívico. Gustave Eiffel, más conocido por su torre de París, diseñó su fuente neoclásica. A unas manzanas al norte, el Museo Ferroviario contiene locomotoras de vapor retiradas de la circulación que cubrían el trayecto Tacna-Arica.

Tacna

F7 1.233 km al sur de Lima Desde Lima o Arequipa

La bonita ciudad de Tacna marca la frontera de Perú con Chile, y tiene una pintoresca historia de resistencia y derrota. Fundada en 1535, se convirtió en el centro de la lucha por la independencia de Perú cuando el revolucionario Francisco Antonio de Zela intentó sin éxito echar a los españoles del poder en 1811. La casa de Zela, su antigua casa, ahora es un museo que cuenta su vida. En 1880, Tacna cayó en manos chilenas tras la derrota de Perú en la guerra del Pacífico. Esta historia se cuenta en el Museo Histórico Regional de Tacna y en el noroeste de la ciudad, en Cerro Intiorko, se alzan ocho esculturas para homenajear a los caídos durante la guerra. El Tratado de Lima, firmado en

Petroglifos de Miculla

G7 23 km al noreste de Tacna Desde Tacna 9.00-17.00 ma-do

Los petroglifos de Miculla, que forma una de las mayores colecciones de este tipo en Sudamérica, conforman 1.500 formas grabadas en cantos bajos. El tema más representado es la figura humana, con descripciones de actividades cotidianas

como la agricultura, la caza, la danza o la lucha. Hay otros dibujos que demuestran la existencia de rituales asociados con los cultos al agua, la tierra y el cosmos. Se cree que se grabaron entre el 500 d. C. y el 1500. Esta es una zona enorme para explorar, con dos puentes de cuerda sobre dos barrancos secos.

Tarata

F7 89 km al norte de Tacna Desde Tacna

La atractiva ciudad de Tarata se asienta a más de 3.000 m sobre el nivel del mar. Está rodeada de campos frondosos, paisaje andino y unos bancales espectaculares. Se fundó en 1741. Su principal lugar de interés es la elegante iglesia de San Benedicto de Abad, con unos delicados grabados en la fachada que muestra escenas religiosas. Su construcción empezó en 1611, pero hasta 130 años más tarde no se terminó del todo.

La ciudad está conectada con la vecina Ticaco por un tramo del Cápac Ñan *(p. 69)*, el camino real inca. Los visitantes pueden caminar por yacimientos arqueológicos preincaicos, probablemente de las culturas aimara y tiahuanaco.

← Los petroglifos de Miculla, un tesoro del arte y los grabados antiguos *(arriba)*

↑ Piscina con agua de las fuentes de los Baños Termales de Putina

Baños Termales de Putina

F7 100 km al norte de Tacna Desde Tacna 8.00-21.00 ma-do

Al norte de Tacna, la autopista sube por las montañas, en dirección a Puno *(p. 164)*, y estos baños termales son un alto en el camino la mar de agradables. Las fuentes termales, a las que se llega por un camino inca empedrado, se originan en las entrañas del cercano volcán Yucamani. Rica en cloruro de sodio, magnesio y sal, se cree que las aguas tienen propiedades medicinales y está a una temperatura de 39-45 ºC. Hay dos piscinas exteriores y un montón de *jacuzzis* más pequeños y privados en el interior. Cuenta con vestuarios y es apto para familias, aunque algunas de las escaleras excavadas en la roca son un poco empinadas. El mejor momento para sumergirse tranquilamente suele ser por la mañana.

CRUZAR A CHILE

La única vía ferroviaria internacional de Perú es la que conecta Tacna con Arica, en Chile. Construida en 1856, se reinauguró en 2016. El alegre tren amarillo de un solo vagón realiza el trayecto de 62 km dos veces al día. Hay controles de inmigración y aduanas en cada lado que suelen ir bastante rápido, por lo que resulta una manera relativamente fácil de cruzar la frontera. Justo al sur de la estación de Tacna, en las antiguas vías de la estación, se encuentra ahora el Museo Ferroviario Nacional de Perú, con locomotoras de vapor, vagones, carruajes y algunos coches antiguos maravillosos adaptados para poder ir por las vías. También se pueden ver los antiguos talleres de fundición y hormas.

Los pájaros sobrevuelan la catedral de Arequipa

AREQUIPA, CAÑONES Y EL LAGO TITICACA

La ciudad colonial de Arequipa contrasta con los agrestes alrededores. El arte rupestre hallado en la región evidencia la existencia de una civilización hace más de 8.000 años, mientras que los verdes bancales de cultivo con 2.000 años de antigüedad recuerdan el ingenio del pueblo collagua.

En el siglo XIV el líder inca Mayta Cápac selló su victoria sobre los collagua desposando a la hija de un jefe local y construyéndole una casa de cobre. La riqueza mineral de la zona –oro, plata, plomo, cobre y cuarzo– atrajo también a los españoles en el siglo XVI. La herencia colonial se puede apreciar en las iglesias barrocas que se alzan en pueblos como Chucuito.

Más al este se extienden las aguas color zafiro del lago Titicaca, considerado en la mitología inca la cuna de su civilización. En los antiguos asentamientos de tejedores, pescadores y granjeros todavía se conservan los oficios tradicionales, que desarrollan a las orillas del lago y en las islas, incluidas las islas flotantes construidas con juncos.

AREQUIPA, CAÑONES Y EL LAGO TITICACA

Esencial

1. Arequipa
2. Lago Titicaca
3. Cañón del Colca

Lugares de interés

4. Cañón de Cotahuasi
5. Torres funerarias de Sillustani
6. Lampa

Amparaés
28B
Calca
Salinas de Maras
Cuzco
Chinchero
3S
Cusipata
Colcha
Omacha
LA SIERRA CENTRAL
p. 199
Huamanripa
Cordillera de Huanzo
Velille
Puquio
AYACUCHO
Chaviña
San Javier de Alpabamba
Río Calpamayo
Coracora
Chumpi
Sancos
Pararca
Lampa
Púllo
Incuyo
Pausa
Mina Arcata
Suycutambo
Puyca
Tomepampa
Alca
Caylloma
Cotahuasi
4 CAÑÓN DE COTAHUASI
Solimana 6.323 m
Orcopampa
Cordillera de Chillán
Río Cotahuasi
AREQUIPA
Mismi 5.597 m
Coropuna 6.613 m
Andagua
Salamanca
Cahuacho
Huanhuanu
Yanamachay
Madrigal
Cabanaconde
Chivay
Chichas
CAÑÓN DEL COLCA 3
Pampacolca
Maca
Achoma
Tipán
Huambo
Caravelí
Chápara
Torrecilla
Cerro Rico
Chucura
Cordillera de Chillán
Pampa Blanca
Iquipi
Río Yuna
Huanca
PANAMERICANA
Lluta
Pampa de Arrieros
Aplao
LA COSTA SUR
p. 136
Huacán
Quilcapampa
30B
Atico
Corire
Pitay
Yura
Pampa de Cortaderas
Punta Colorada
Socosani
Tambillo
AREQUIPA
El Alto
Aeropuerto internacional Rodríguez Ballón
1
Ocoña
1S
1S
Santa Rita de Siguas
30A
San Gregorio
Repartición
Camaná
Quilca
La Joya
Pampa de la Joya
AREQUIPA, CAÑONES Y EL LAGO TITICACA
Punta al Aire
30
Huagri
Matarani
Cachendo
15A
Mollendo
Chucarap
0 kilómetros 50
N
La Curva
Punta de Bombón

RESERVAS AMAZÓNICAS
p. 248
CUZCO Y EL VALLE SAGRADO
p. 170
Zona Reservada Tambopata Candamo
Parque Nacional Baltuaja-Sonene
PUNO
BOLIVIA
CUZCO
MOQUEGUA
LAMPA
TORRES FUNERARIAS DE SILLUSTANI
LAGO TITICACA
Aeropuerto internacional Inca Manco Cápac
Juliaca
Puno
Cordillera Garabaya
Nev. Aricoma
Cordillera Apolobamba
Altiplano
Alincápac 5.745 m
Ubinas 5.670 m
Laguna Arapa
Laguna Ananta
Laguna Loriscota
Isla Soto
Isla Amantani
Isla Taquile
Zona Reservada Aimara-Lupaca
Río Inambari
Río Guacamayo
Río Huari Huari
Río Carabaya
Río Colca
Río Tambo
Río Aguas Calientes
Río Huenque
Pampa Terrone

La catedral de Arequipa y la plaza de Armas, una de las más bonitas de Perú

AREQUIPA

F7 1.009 km al sudeste Lima Desde Cuzco Desde Puno y Lima iPeru; Plaza de Armas; 054 223 265; 9.00-18.00 todos los días

Llamada la Ciudad Blanca por estar construida casi por completo con sillares. Es la segunda ciudad más grande de Perú y tiene una larga historia como centro de las exportaciones de lana de oveja y alpaca, aún en boga.

①

Catedral

Plaza de Armas 10.00-17.00 lu-sá museo catedralarequipa.org.pe

La catedral fue levantada originalmente en 1621, pero quedó dañada por una serie de terremotos y un incendio y tuvo que ser reconstruida por el arquitecto local Lucas Poblete en 1868. Esta construcción con sillares de piedra volcánica blanca está considerada el edificio religioso neoclásico más importante de Perú. Flanqueada por dos arcos, es la única catedral del país que ocupa todo un costado de la plaza en la que se ubica. El altar mayor está confeccionado con mármol de Carrara, al igual que las 12 columnas que representan a los apóstoles.

MEJORES VISTAS

Yanahuara

Desde el barrio de Yanahuara, a solo diez minutos del centro de Arequipa, hay unas vistas maravillosas a la ciudad y el campo, con el majestuoso volcán Misti a lo lejos.

②  

Casona Iriberry

Esquina de Santa Catalina y San Agustín 054 204 482 9.00-13.00 y 16.00-20.00 todos los días

Los muros de roca volcánica de la Casona Iriberry o Casa Arróspide, considerados los más gruesos de Arequipa, se levantaron en 1793. En un principio sirvió de residencia privada, pero en la actualidad acoge el Centro Cultural Chávez de la Rosa y forma parte de la Universidad de San Agustín. Las salas donde se organizan las exposiciones de arte y fotografía se abren a un conjunto de bonitos patios de piedra. La terraza superior brinda magníficas vistas de la catedral.

③  

Casa del Moral

Calle Moral 318 054 210 084 09.00-17.00 lu-sá Desde 12.00 los días festivos

Esta casa del siglo XVIII recibe su nombre del viejo moral que todavía crece en el patio central. La puerta de piedra está decorada con intrincadas tallas en sillar, que representan cabezas de puma con serpientes saliendo de sus fauces y una corona suspendida sobre un escudo de armas sujeto por dos ángeles. En el interior se exponen muestras de muebles coloniales y republicanos, óleos de la escuela cuzqueña *(p. 179)* y mapas del siglo XVI. Desde el tejado de la casa se divisan los grandes volcanes que rodean la ciudad.

Convento de la Recoleta

Jirón Recoleta 117 054 270 966 9.00-12.00 y 15.00-17.00 lu-sá

Este convento fue fundado por los franciscanos en el año 1648 en el barrio de Antiquilla, a 10 minutos a pie de la plaza principal. Sus cuatro claustros con jardines y columnas de sillar constituyen un hermoso ejemplo del antiguo estilo colonial de Arequipa.

Museo Histórico Municipal

Plaza San Francisco 407 054 204 801 9.00-17.00 lu-sá (13.00 sá)

Este museo está dedicado a la historia de Arequipa, que se relata a través de fotografías antiguas, mapas, documentos históricos, retratos de nobles de la ciudad y diversas piezas arqueológicas. También se recuerda a pintores, escritores y poetas. Destacan las caricaturas satíricas y obras del famoso artista Jorge Vinatea Reynoso (1900-1931).

En el museo naval se exponen piezas relacionadas con diversos conflictos, como la revolución de Arequipa de la década de 1860 y el histórico combate del 2 de mayo con Chile.

Iglesia de San Francisco

Calle Zela 054 223 048 Los horarios varían

A pesar de los numerosos terremotos sufridos, esta iglesia del siglo XVI se mantiene en pie, aunque con algunos daños. El templo posee una peculiar entrada de ladrillo y el convento conserva varios cuadros de la escuela cuzqueña *(p. 179)*.

Crepísimo

Crepes dulces y salados, un bar y una terraza al sol.

Calle Santa Catalina 208, Cercado
crepisimo.com

Chicha

El restaurante del aclamado chef Gastón Acurio. Decoración sofisticada y platos de cocina regional, muchos con los famosos camarones arequipeños.

Santa Catalina 210, Cercado
chicha.com.pe

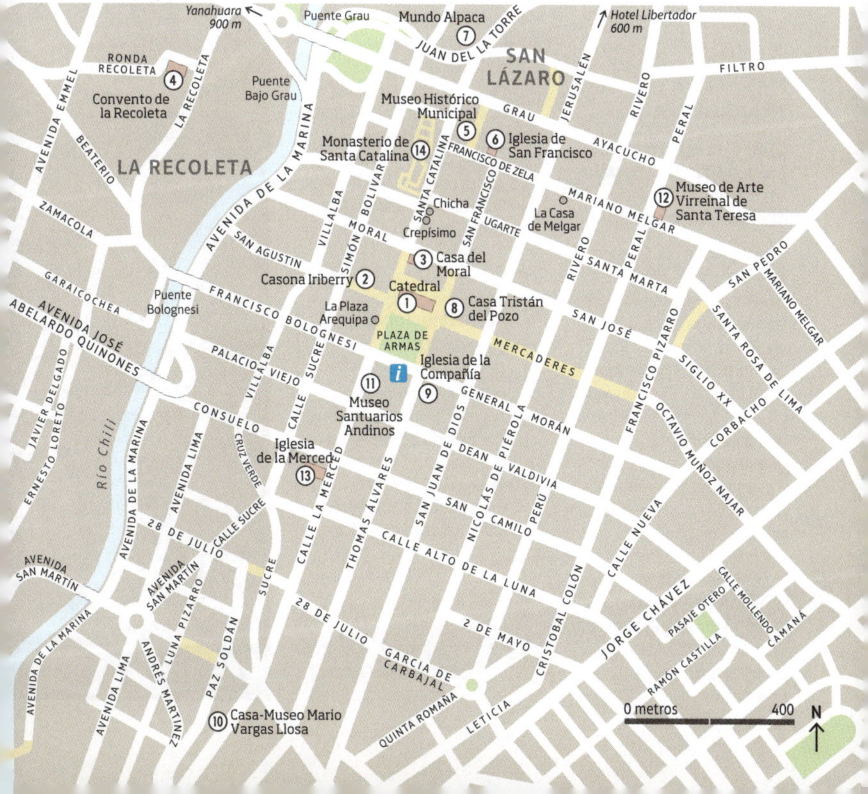

Libertador
El único hotel de 5 estrellas de la ciudad está a 15 minutos andando del centro.
Plaza Bolivar s/n
libertador.com.pe

La Plaza Arequipa
Un hotel *boutique* con balcones que dan a la plaza mayor de la ciudad.
Portal de San Agustin
laplazaarequipahotel.pe

La Casa de Melgar
Una casa del siglo XVIII con varios jardines.
Calle Melgar 108
lacasademelgar.com

Mundo Alpaca

Juan de la Torre 101, San Lazaro 8.30-18.30 lu-vi, 9.00-17.30 sá-do mundoalpaca.com.pe

En este museo se pueden observar demostraciones de tejeduría andina tradicional; hay una zona de camélidos vivos, y la primera máquina tejedora usada por la marca textil Michell y Cía., fundada en 1931. También cuenta con una galería de arte y tejidos que merece la pena visitar, y que incluye los trabajos premiados de los tejedores de gran sofisticación de la costa, la sierra y la selva. Además, se exponen las acuarelas y óleos ganadores de su concurso anual, el más antiguo del país. En la tienda se pueden comprar artículos de lana de alpaca.

Casa Tristán del Pozo

Calle San Francisco 108 054 212 209 9.00-15.00 y 16.00-18.00 lu-vi, 9.00-13.00 sá

Esta grandiosa casa colonial toma su nombre del general Domingo Tristán del Pozo, que encargó su construcción en 1738. La fachada de piedra presenta una decoración barroca sobre las ventanas y la puerta. En su interior se pueden ver techos en arco y amplios patios. En la actualidad, la casa alberga un banco, un pequeño museo y una galería de arte.

9

Iglesia de la Compañía

Esquina de General Morán y Álvarez Thomas 054 212 141 9.00-13.00 y 15.00-18.00 todos los días

La iglesia jesuita de la Compañía, construida entre 1595 y 1698, es una de las más antiguas de la ciudad. La primera estructura fue diseñada por Gaspar Báez en 1573, pero un terremoto la destruyó en 1584. En la fachada de roca volcánica aparece labrada una profusa ornamentación mestiza, con flores, rostros y espirales. El altar mayor está tallado en estilo churrigueresco, pero incorpora influencias americanas como el pan de oro y los querubines con rostros incas. El claustro está ocupado ahora por tiendas.

CONSEJO DK
Mejor local nocturno
El edifico de tres plantas de La Casona Forum *(www.casonaforum.com)* tiene muchas salas en las que relajarse y divertirse, incluyendo un *pub* con mesas de billar, un bar con sofás y música en directo.

Casa-Museo Mario Vargas Llosa

054 283574 10.00-17.00 ma-do

Este museo interactivo de alta tecnología está situado en la casa en la que nació el premio Nobel Mario Vargas Llosa. Una visita guiada recorre las 17 estancias,

→ Recargada decoración de la iglesia de la Compañía; su gran fachada *(arriba)*

organizadas cronológicamente, con hologramas y vídeos en tres dimensiones que recrean el mundo de Vargas Llosa, incluyendo un bar fantástico que desempeña un destacado papel en una de sus novelas.

Museo Santuarios Andinos de la Universidad Católica de Santa María

La Merced 110 054 382 038 9.00-18.00 lu-sá, 9.00-15.00 do

La pieza más famosa de este museo es la momia Juanita, la Dama de Ampato, la primera momia de mujer encontrada congelada en los Andes y considerada una de las mejor conservadas del mundo. Junto a ella se puede contemplar otras momias halladas también en Ampato. Todas son de niños y fueron encontradas, acompañadas de tejidos, figurillas de oro y plata y cerámica, en tumbas situadas en las montañas.

Museo de Arte Virreinal de Santa Teresa

Calle Melgar 303
9.00-17.00 lu-sá
museosantateresa.org

Fundado en 1710 como monasterio para las Carmelitas Descalzas de santa Teresa y san José, el convento se abrió al público en 2005. Durante 300 años, las monjas han custodiado una colección única de pintura, escultura y objetos decorativos coloniales, expuesta en 13 salas. El museo cierra brevemente al mediodía, cuando las monjas rezan el ángelus. Aunque están en un área privada, se pueden oír sus cantos en la zona del museo. En la tienda hay jabones, vinagre de sidra, pasteles y galletas, todo hecho por las monjas.

Iglesia La Merced

Calle Merced 110 054 213 233 7.00-8.00 y 17.00-19.00 lu-vi, 6.00-12.00 y 18.00-19.00 do

La construcción de esta iglesia de sillar comenzó en 1551 y finalizó en 1607. El pórtico lateral se adorna con una imagen de la Virgen María con dos santos de la misericordia. En el interior, se pueden ver varias imágenes de la Virgen de la Merced. El convento cuenta también con una biblioteca.

14

MONASTERIO DE SANTA CATALINA

Calle Santa Catalina 301 9.00-17.00 todos los días (20.00 ma y mi; a la luz de las velas) santacatalina.org.pe

El monasterio de Santa Catalina, que ocupa toda una manzana de la ciudad, fue fundado en 1579 por doña María de Guzmán, una viuda rica que se ordenó monja. Como si fuese a un pueblecito, el lugar tiene 100 estancias, que se alinean junto a seis calles, tres claustros, una iglesia y una galería llena de cuadros coloniales espléndidos.

En sus buenos tiempos, en el monasterio vivían unas 450 personas, un tercio monjas y el resto sirvientes. Las primeras en unirse a la orden de Santa Catalina de Siena fueron mujeres criollas pobres y mujeres de clase alta. En la década de 1870 la hermana dominica Josefa Cadena tomó la dirección del monasterio y sustituyó las costumbres hedonistas por la austeridad religiosa. Así, en 1871 se liberó a las sirvientas y muchas de ellas entraron en la orden.

El convento se abrió al público en agosto de 1970, pensando que el turismo sería la mejor opción para recaudar los fondos necesarios para instalar electricidad y agua corriente. Hoy viven aquí más de 20 monjas, en una zona cerrada al público.

¿Lo sabías?

Las monjas del monasterio solían reunirse en la plaza Zocodovar todos los domingos para intercambiar productos hechos a mano.

Esencial ☆

Cronología

1660

△ Se construye la gran cúpula de sillar de la iglesia de Santa Catalina. La gran nave es un punto de interés principal.

1715-1723

El claustro mayor, el más grande del monasterio, se construyó entre 1715 y 1723. Está decorado con 32 frescos, 26 de ellos dedicados a la vida de María y 9 a la vida pública de Jesús.

1748

Se construye la torre del Campanario, con cuatro campanas que dan a las calles circundantes al monasterio. La campana más antigua está dirigida al sur, hacia la calle Ugarte, y lleva la inscripción "Santa Catalina Ora Pro Nobis 1749".

1770

Se establece la lavandería comunal. El agua corría a través de un canal central hasta los 20 recipientes de barro que servían de lavaderos.

←

Con sus muros de barro, la calle Sevilla es una de las más bonitas del monasterio.

CLAUSTRO DE LOS NARANJOS

Este espacio abierto situado en la zona occidental del complejo toma su nombre de los naranjos que están allí plantados. Está pintado en un color azul brillante y tiene varios arcos y columnas, adornados con una espléndida serie de pinturas murales. Sin embargo, los elementos más importantes son las tres cruces situadas en el claustro. Reflejo de la vida eterna, son empleadas por las monjas del convento para recrear la pasión de Cristo durante las celebraciones del Viernes Santo cada año. Desgraciadamente, el público no puede asistir a esta antigua tradición, puesto que el convento permanece cerrado ese día, recordando la época en que la orden profesaba la clausura.

VISITA AL MONASTERIO DE SANTA CATALINA

Claustro Mayor

El lado izquierdo del claustro mayor está ocupado por cinco confesonarios, que proporcionan a las monjas cierta privacidad durante el sacramento de la confesión. Los muros del claustro están decorados con 32 frescos maravillosos. La mayoría recoge escenas bíblicas que representan la vida de la Virgen María, y el resto a la vida de Jesús.

Calle Córdoba

Como su nombre indica, esta calle está inspirada en la arquitectura andaluza. Las luminosas paredes blancas, que reflejan el sol durante todo el año, se adornan con geranios en macetas de barro.

El muro situado a la derecha, que data del siglo XVIII, está construido con sillares de piedra volcánica procedente de Arequipa, todos ellos con unas medidas de 45 por 40 cm. El edificio del siglo XX, ubicado a la izquierda de la calle, permanece cerrado al público, ya que forma parte del complejo en el que viven las monjas.

↑ Las tres cruces y los naranjos del claustro azul del mismo nombre

Cocina

El elevado techo de la cocina hace pensar que la estancia fue diseñada como capilla. Los muros están ennegrecidos por el hollín del carbón y la estufa de leña. Los utensilios originales están a la vista.

Lavandería

La lavandería comunal se construyó en la época en que Arequipa recibía el agua exclusivamente a través de unos pequeños canales. Un total de 20 recipientes de barro, utilizados anteriormente para almacenar grano o vino, hacían las veces de lavaderos. El agua para lavar se canalizaba a través de una acequia central con desvíos hacia cada una de las vasijas. En la base de los recipientes había un tapón que se retiraba al terminar la colada y que dejaba salir el agua sucia hacia un canal subterráneo comunicado con el río. La lavandería se encuentra al final de una larga avenida llamada calle Toledo.

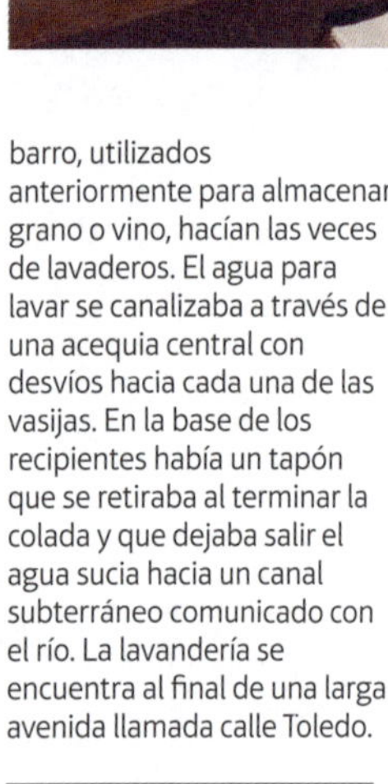

Iglesia de Santa Catalina

Esta iglesia de 1660 ha sido reconstruida en diversas ocasiones para reparar los estragos causados en la estructura por los terremotos que han sacudido la región. En las sucesivas restauraciones se ha conservado el diseño original de la capilla.

Está hecha de sillar blanco. La larga nave conduce hasta el altar mayor, repujado en plata

SOR ANA DE LOS ÁNGELES MONTEAGUDO

Santa Catalina fue el hogar de sor Ana de los Ángeles Monteagudo (1602-1686), beatificada por el papa Juan Pablo II en 1985. Fue educada en el convento hasta los 11 años, regresó para unirse a la orden y finalmente fue elegida madre superiora. Se dice que un pintor enfermo que realizó el único retrato *(derecha)* que se conoce de la hermana Ana quedó completamente sanado de sus dolencias tras acabar el cuadro.

Esencial ☆

←
La plaza Zocodovar, directamente en el centro del complejo

CURIOSIDADES
La celda de la hermana Ana

La hermana Ana, conocida como taumaturga, fue enterrada en el convento. Su humilde celda y los objetos que usó hace más de 300 años están expuestos. Merece la pena verlos.

con numerosos motivos religiosos. Este altar se sitúa bajo una impresionante cúpula. Hay otro altar dedicado a la hermana Ana de los Ángeles.Un majestuoso órgano europeo ocupa el lugar de honor en el elevado coro.

Pinacoteca

Cuando se inició la restauración del convento antes de abrirlo al público, en la década de 1970, los trabajadores descubrieron un conjunto oculto de pinturas religiosas que se remontaba al virreinato peruano *(p. 71)*. Los expertos restauraron estas 400 obras de arte, de las cuales muchas se sitúan entre los mejores ejemplos de arte religioso del continente. Estas piezas se exponen en la galería de Arte Religioso, que ocupa dos amplias salas con forma de cruz y muros de sillar visto. Este espacio se utilizó durante un tiempo como refugio para viudas sin hogar y madres solteras. Muchos cuadros pertenecen a la destacada escuela cuzqueña *(p. 179)*, como la *Divina pastora*, atribuido a Marcos Zapata, una representación de san Miguel ataviado con armadura española y casco de plumas, y otra de santa Catalina, con una descripción de la escena escrita en un panel soportado por un ángel.

↑ La impresionante colección de pintura expuesta en la pinacoteca

LAGO TITICACA

G7 Desde Juliaca Desde Cuzco Desde Arequipa Desde Puno; 7.30 visita recomendada en Puno

El lago Titicaca se encuentra a 3.800 m de altitud, lo que lo convierte en el lago navegable más alto del planeta. Con una extensión de 8.300 km² entre Perú y Bolivia, 194 km de largo y 80 km en su punto más ancho, es el segundo mayor lago de Sudamérica.

En el lago emergen multitud de islas, cuyos habitantes conservan un modo de vida tradicional basado en la pesca, la agricultura y los tejidos. Las islas están llenas de yacimientos arqueológicos, y en 2000 se descubrieron bajo las aguas ruinas de un templo antiguo y unas terrazas de cultivos datadas hace 1.500 años.

CONSEJO DK

Llegar a las islas

Salir de Puno *(p. 164)* es la forma más fácil de acceder al lago, con barcos que organizan visitas durante el día, a las islas y más allá.

① Isla del Sol

14 km desde Copacabana, Bolivia A Copacabana Desde Copacabana

La isla del Sol, considerada la cuna de los incas, se sitúa en las aguas bolivianas del lago. Cerca de las ruinas de una *chinkana,* una construcción tipo laberinto, se sitúa una roca sagrada con forma de puma. Algo más lejos se puede ver dos grandes huellas supuestamente dejadas por el sol cuando descendió a la tierra para dar la vida a los primeros Incas. Una escalera inca asciende desde la orilla en Yumani hasta lo que se conoce como la fuente de la Juventud, alimentada por tres manantiales.

② Iglesia de Santiago Apóstol de Pomata

108 km al sur de Puno Desde Puno 8.00-16.00 todos los días

Esta iglesia dominica controla la localidad y el lago desde su elevado emplazamiento. Construida en granito rosa, debe su fama a la intrincada fachada de arenisca, que fusiona estilo barroco e iconografía indígena. Se trata de una de las iglesias más hermosas del sur de Perú. Posee ventanas de piedra *huamanga,* un gran altar de pan de oro adornado con columnas salomónicas y cuadros de la escuela cuzqueña.

③ Isla de la Luna

7 km desde la isla del Sol

El resto arqueológico más importante de la isla de la Luna es el *aqllawasi* (monasterio). Durante el periodo inca, la isla albergaba a las mujeres elegidas , que participaban en ceremonias dedicadas al sol. El palacio principal, reconstruido en la década de 1960, tiene 30 estancias alrededor de un patio.

Visitantes disfrutando las vistas a la orilla del lago Titicaca

④

Islas Uros

6 km desde Puno

Los uros construyeron sus peculiares islas flotantes hace siglos para escapar de los pueblos hostiles de tierra firme. Se consideran el pueblo más antiguo de la tierra y, según la leyenda, existían antes que el sol. Sin embargo, al mezclarse con los aimara y otras tribus perdieron estos poderes. En la actualidad hablan aimara.

La mayor de las islas flotantes tiene en torno a 160 años y alberga una sala de reuniones y una escuela. Los isleños utilizan las omnipresentes totoras (una planta parecida al junco) como alimento, leña –las hogueras son cuidadosamente encendidas sobre planchas de piedra– y material para construir barcas, casas y artesanía. Se ganan la vida con la pesca y el turismo.

⑤

Isla Suasi

70 km desde Puno

El único edificio de esta pequeña isla privada es un alojamiento ecológico de lujo con tejado de paja y muros de piedra que imita la arquitectura tradicional. También hay zonas protegidas para las aves.

Esencial ☆

ESTANCIAS EN LAS ISLAS

Como en el lago no hay hoteles, los aldeanos de las islas de Taquile, Amantaní y Anapia comparten alegremente sus casas y vidas con los visitantes. Estos han de ayudar en las tareas diarias -recoger la cosecha, pescar, ocuparse del ganado, construir casa o acudir al consejo de la comunidad local-. Es más fácil llegar a las islas Amantaní y Taquile. Normalmente se recibe a los viajeros con un baile tradicional.

Laguna Arapa
30
Vilque Chico
Rosaspata
E3S
Moho
PU118
Mucra
Aeropuerto internacional Inca Manco Capac
Isla Suasi ⑤
Juliaca
Coata
Isla Soto
Capachica
⑦ Isla Amantaní
Escoma
PE3S
BOLIVIA
Islas Uros
④
⑥ Isla Taquile
Puno ⑨
Lago Titicaca
Chucuito ⑩
Anacora
Pallalla
Isla del Sol
①
③ Isla de la Luna
Achacachi
3S
Ilave
Pilcuyo
36B
Copacabana
Juli
⑧
②
Yunguyo
Iglesia de Santiago Apóstol de Pomata
PERÚ
Isla Anapia
38A
3S
kilómetros 40
N

↑ Uno de los agrestes arcos que hay por toda isla Taquile

⑥ Isla Taquile

36 km desde Puno

Unas 350 familias de habla quechua viven en esta isla siguiendo la máxima inca *Ama suwa, ama quella, ama llullav* (No robar, no holgazanear, no mentir). No tienen policía –un reflejo de su creencia en la honestidad– y los problemas los resuelven en las reuniones dominicales los líderes elegidos por la comunidad. Sus habitantes visten prendas de vivos colores tejidas a mano. Las capas rojas distinguen a los hombres casados de los solteros, que las llevan rojas y blancas, y las borlas multicolores a las mujeres solteras de las casadas, que portan pompones rojos en sus faldas. Carecen de coches, burros y llamas, por lo que los habitantes de la isla deben cargar las provisiones para subir los 545 pasos que separan el muelle del pueblo.

Restaurante Mojsa
Vistas a la plaza mayor de Puno y comida regional con un toque sofisticado, incluyendo alpaca a la parrilla.

Calle Lima 365, Puno
mojsarestaurant.com

Café Bar de la Casa del Corregidor
Ambiente relajado en una casa colonial del siglo XVII. Platos sencillos y deliciosos.

Jiron Deustua 576, Puno **cafebar.casadelcorregidor.pe**

⑦ Isla Amantaní

40 km desde Puno

La isla más grande del lago tiene centros religiosos que se remontan a los tiahuanacos (500 a. C.-900 d. C.) Los habitantes de Amantaní son famosos por sus cestas de icho (pasto autóctono) y sus tallas en granito. Los montes de la isla están coronados por yacimientos sagrados incas. Los chamanes locales leen el futuro en las hojas de coca, por lo que conviene tener un intérprete a mano.

⑧ Juli

79 km al sur de Puno **Desde Puno**

Los dominicos fundaron Juli en 1534 y convirtieron el asentamiento en su principal centro religioso, donde educaban a los misioneros destinados en Bolivia y Paraguay.

Sus cuatro iglesias coloniales, levantadas con la finalidad evangélica de convertir al cristianismo a la población indígena, le han hecho merecedora del sobrenombre de la pequeña Roma. San Juan Bautista de Letrán data de 1570 y alberga docenas de cuadros de la escuela cuzqueña que representan la vida de san Juan Bautista y de Santa Teresa.

La iglesia de San Pedro Mártir, finalizada en 1560 y remodelada durante el siglo XX, posee una fachada renacentista, un retablo barroco y cuadros de Bernardo Bitti (1548-1610). Su coro llegó a estar compuesto hasta por 400 indios.

⑨ Puno

44 km al sudeste de Juliaca **En Juliaca** **Desde Cuzco** **Desde Arequipa** **Plaza de Armas**

El conde de Lemos y virrey de Perú fundó esta ciudad en 1668 y la bautizó con el nombre de San Carlos de Puno.

La **catedral de Puno,** en la Plaza de Armas y de estilo barroco, fue diseñada en el siglo XVIII por el arquitecto peruano Simón de Asto. La **iglesia de San Juan Bautista,** en Parque Pino, es el santuario de Mamita Candelaria, la patrona de Puno.

El **Museo Carlos Dreyer** muestra obras de arte prehispánicas y coloniales

Esencial ☆

reunidas por el artista alemán Dreyer, como cerámica moche, plata inca y tejidos paracas.

En el lago Titicaca está atracado el vapor **Yavari,** construido en Inglaterra, y que sirve de museo y ofrece cruceros. Este barco cañonero, anclado en la bahía de Puno, también acoge un hotelito con capacidad para siete personas. Navega a las islas Uros dos veces a la semana.

El **Museo de la Coca y Costumbres** es un pequeño pero interesante museo que expone la historia, tradiciones y usos de la coca. También tiene lecturas de hojas de coca. Hay una sala de exposición adicional que exhibe una muestra de trajes bordados a mano usados en los bailes de las fiestas de la Virgen de la Candelaria *(p. 41)*.

El mirador de Kuntu Wasi (Casa del cóndor) ofrece una vista fantástica sobre Puno y el lago Titicaca. Es mejor ir con un guía de confianza, ya que la carretera hasta allí está en pésimas condiciones y es bastante peligrosa.

CAPITAL DEL FOLCLORE DE PERÚ

En Puno se fusionan las dos antiguas civilizaciones andinas de los aimaras del sur y de los quechuas del norte con las influencias coloniales. El resultado es una enorme variedad de animadísimos festivales folclóricos, a menudo aclamados como los mejores de Perú. La fiesta más importante es el festival de la Virgen de la Candelaria en honor a la Mamita Candelaria, la patrona de Puno.

Catedral de Puno
Plaza de Armas 8.00-12.00 y 15.00-18.00 lu-vi, 8.00-13.00 y 15.00-19.00 sá, 8.00-12.00 y 15.00-19.00 do

Iglesia de San Juan Bautista
Parque Pino, Av. Independencia 7.45-12.00 y 16.45-18.30 diario

Museo Carlos Dreyer
Calle Conde de Lemos 289 9.00-19.00 diario

Yavari
Atracado en la bahía de Puno, lago Titicaca diario yavari.org

Museo de la Coca y Costumbres
Ilave 581 9.00-19.00 lu-sá, 15.00-21.00 do museodelacoca.com

Chucuito

18 km al sudeste de Puno
Desde Puno

Esta ciudad que en época colonial tuvo mucha importancia es hoy en día conocida por su Templo de la Felicidad, un yacimiento arqueológico con 86 estatuas fálicas en filas en un espacio sin paredes al aire libre. Tiene dos iglesias coloniales: Santo Domingo y Nuestra Señora de la Asunción, con murales pintados por el artista italiano Bernardo Bitti. En un trayecto de 15 minutos en coche hacia el sur se llega al mercado agrícola local de Acora, donde se sigue empleando el trueque.

↓ Vista panorámica sobre Puno desde el mirador de Kuntur Wasi

3

CAÑÓN DEL COLCA

F6 42 km al oeste de Chivay Desde Arequipa a Chivay Se puede alquilar uno 2-3 días desde Chivay

Con una profundidad cercana al doble que la del Gran Cañon del Colorado, el cañón del Colca alberga bancales preincaicos de 2.000 años de antigüedad, aldeas andinas tradicionales y senderos que bajan serpenteando sus empinados valles. La región es también la mejor para divisar el ave nacional: el cóndor andino.

Con 3.400 m de altura y 100 km de longitud, el cañón del Colca y su vecino Cotahuasi *(p. 168)* están entre los más profundos del planeta. Para los más aventureros, caminar hasta el fondo del cañón o hacia arriba a los cercanos picos nevados es ineludible. Las caudalosas aguas del río Colca también representan una buena oportunidad para hacer rafting en una ruta de 300 rápidos. A lo largo del borde sur del cañón, hay miradores junto a la carretera que ofrecen vistas panorámicas de sus inmensurables profundidades.

Por el borde sur del cañón

Una hilera de 14 aldeas caracteriza el borde sur del cañón, habitado por los pueblos cabana y collagua originarios. En cada pueblo hay una plaza mayor con una bonita iglesia colonial. Chivay está en el extremo este del cañón, a una corta distancia andando de las fuentes termales de La Calera, ricas en minerales, y que se cree que tratan el reuma y la artritis. Siguiendo hacia el oeste, se llega a Yanque, donde los aldeanos interpretan la danza Waititi cada mañana en la plaza. A unos 34 km más allá, el mirador Cruz del Cóndor tiene unas vistas impresionantes del interior del cañón. Justo después del amanecer, los cóndores planean con las corrientes de aire caliente por encima. El pueblo más al oeste es Cabanaconde, desde donde salen los senderos de dos y tres días hasta el fondo del cañón.

↑ Los bancales collagua, excavados por los pueblos collagua y cabana para el cultivo hace 2.000 años

CÓNDORES

Considerado sagrado por los incas, el cóndor andino *(Vultur gryphus)* es el ave voladora más grande del mundo, con una altura de 1,2 m y una envergadura de 3 m. A pesar de que pesa unos 12 kilos, puede volar durante horas sin usar las alas, deslizándose con las corrientes térmicas y encontrando carroña gracias a su alto sentido del olfato y su notable visión. En su momento, era habitual verlo por los Andes, pero ahora, debido a siglos de caza, está dentro de la lista de especies vulnerables de la Unión Internacional para la Conservación.

Esencial ☆

↑ Amanecer sobre el impresionante cañón del Colca

↑ Relajándose en una de las cinco piscinas de las fuentes termales de La Calera

Caminar por el cañón

Desde Cabanaconde, un empinado sendero desciende al cañón y llega al exuberante valle de Sangalle, hogar de colibríes y repleto de alojamientos rústicos y una refrescante piscina –el remedio perfecto para después de la caminata–. Una alternativa menos conocida es la ruta que parte de Cabanaconde hacia los géiseres burbujeantes de Chuirca. Sigue el sendero del río Colca hasta llegar a la aldea de Llahuar, donde los excursionistas se pueden alojar y pasar la tarde noche relajándose en las fuentes termales, bajo un manto de estrellas. Se pueden organizar excursiones desde Arequipa, aunque los guías directamente desde Cabanaconde son más baratos; ir en mula es otra opción.

Colca Lodge & Spa
Un lugar tranquilo junto al río y las fuentes termales: el lugar definitivo para después de caminar.

Urb. Selva Alegre, Cercado, Yanque
colca-lodge.com

La Casa de Santiago
Coqueta casa de huéspedes, cuyo hermoso jardín lleno de hamacas da al cañón.

Grau, Cabanaconde
lacasadesantiago.com

Una visitante admira un bosque de cactus enormes en el cañón de Cotahuasi

LUGARES DE INTERÉS

La Casa de Melgar
Esta casa del siglo XVIII construida de roca volcánica en el centro de Arequipa ha sido conservada a la perfección y ofrece una simplicidad monacal en sus habitaciones. Los patios interiores de colores y un bonito jardín dotan al hotel de un ambiente aún más atractivo.

F7 Calle Melgar 108, Arequipa lacasademelgar.com

Cañón de Cotahuasi

E6 200 km al noroeste de Arequipa Desde Arequipa

Con sus 3.535 m, Cotahuasi está considerado el cañón más profundo del planeta, el doble de altura que el Gran Cañón. El paisaje del cañón se compone de precipicios que se elevan a orillas del río, cumbres nevadas, bancales de limoneros, maizales, bosquecillos de eucaliptos, espectaculares *Puya raimondii (p. 211)* –la especie más grande de bromelia– y fuentes termales.

En quechua *cota* significa unión y *huasi*, casa, por lo que Cotahuasi se podría traducir como casa o comunidad unida. Durante el periodo inca el cañón constituía una ruta destacada entre la costa del Pacífico y Cuzco. Se conservan tramos de aquellos antiguos caminos, que todavía hoy continúan comunicando numerosos pueblos de la zona. La región está marcada por la huella de los conquistadores españoles. Cada asentamiento cuenta con una capilla y un campanario, y en ocasiones una plaza de toros.

Los pueblos cercanos tienen sus propios lugares de interés. Luicho tiene unos manantiales relajantes, y el pueblo de Puyca está a 2 km de caminata desde las ruinas de piedra de Maucallacta, construida por los huari, pero usada después como un centro administrativo inca. Hay otros lugares, como el mirador Bañadero del Cóndor, en el que, durante la estación de lluvias (dic-abr), los cóndores se bañan en las aguas de abajo. Con una caída de 60 m, las cataratas de Sipia, cerca del pueblo del mismo nombre, son otro tesoro.

Torres funerarias de Sillustani

F6 34 km al noroeste de Puno 7.00-17.00 todos los días

A orillas de la prístina laguna Umayo se encuentra Sillustani, famoso por unas torres funerarias circulares denominadas *chulpas*. Algunas llegan a alcanzar más de 12 m de altura.

Los collas dominaron esta zona antes que los incas. Enterraban a sus gobernantes en chulpas, torres con la base

La iglesia de Santiago Apóstol de Lampa, con su espeluznante muestra de esqueletos *(detalle)*

más estrecha que la parte superior. Las más notables son las del Lagarto e Intiwatana. Hay grupos enteros enterrados en una sola *chulpa*. La entrada siempre está por el lado oriental.

Se afirma que su interior tiene forma de útero y que los cuerpos momificados descansan en posición fetal. Algunas tumbas presentan tallas de lagartos, que simbolizan la vida por su capacidad para regenerar la cola.

Los bloques y la rampa empleados para elevar las torres son ejemplo de la dificultad que debía entrañar su construcción. En el museo se exponen piezas de las culturas colla, tiahuanaco e inca.

Lampa

F6 80 km al norte de Puno, 35 km al norte de Juliaca Desde Juliaca

Los polvorientos tejados y los muros salmón y granate de Lampa, conocida también como la Ciudad Rosada, aportan un hermoso toque de color a los campos dorados.

Su edificio más destacado es la iglesia de Santiago Apóstol, un templo construido con cantos de río y argamasa de cal en la década de 1650. El erudito e ingeniero de minas local Enrique Torres Belón, que se encargó de la restauración de la iglesia en la década de 1950, añadió una capilla forrada de mármol y coronada por una réplica de *La piedad* de Miguel Ángel. El Vaticano proporcionó un molde de escayola de la famosa estatua; a pesar de que se había acordado destruirlo tras el vaciado, está expuesto en el ayuntamiento.

Torres Belón, que fue presidente del Congreso peruano en el año 1957, está enterrado en la capilla junto a su esposa y su madre.

La iglesia posee también una hermosa colección de pinturas coloniales de las famosas escuelas de Quito y Cuzco *(p. 179)* y un intrincado púlpito labrado.

Los cientos de huesos descubiertos en las catacumbas durante las obras de restauración del edificio se colocaron de forma un tanto macabra, colgando de los muros en torno a sus tumbas.

BARES Y DISCOTECAS

Kamizaraky
G7 Jirón Grau 158, Puno
Conciertos de rock, reggae y jazz los fines de semana; clásicos de los setenta y ochenta, entre semana.

Museo del Pisco
F7 Calle Moral 229, Arequipa
museodelpisco.org
Bar moderno en un edificio de piedra histórico con un menú de cócteles tan largo como su nombre sugiere.

Déjà Vu
F7 San Francisco 319B, Arequipa 054 221 904
La mejor discoteca de Arequipa, con música electrónica y house a cargo de los mejores DJ.

El sol iluminando la mampostería de Machu Picchu

CUZCO Y EL VALLE SAGRADO

Durante dos siglos Cuzco y sus alrededores sirvieron de hogar a los incas. Aunque la zona estuvo ocupada por otras culturas durante varios siglos antes de la llegada de los incas, incluidos los huari en los siglos VIII y IX, fue bajo el control inca cuando Cuzco alcanzó su apogeo como centro administrativo, religioso y militar. En unos escritos del siglo XVI se afirma que el valle estuvo gobernado por 13 emperadores incas entre los siglos XII y XV. El gran imperio se expandió en menos de un siglo.

En 1533 Francisco Pizarro y los españoles llegaron a Cuzco y, tras la aplastante victoria sobre los incas, fundaron su propia ciudad, transformando las estructuras prehispánicas en mansiones coloniales. Poco a poco, Cuzco y sus alrededores se convirtieron en símbolo de la tradición mestiza, que combina elementos coloniales españoles con andinos, tanto en la arquitectura como en la cultura. Tras la marcha de Pizarro, la provincia volvió a ser otra tranquila región andina hasta el redescubrimiento de Machu Picchu en 1911.

CUZCO Y EL VALLE SAGRADO

Esencial

1. Cuzco
2. Camino del Inca
3. Machu Picchu

Lugares de interés

4. San Pedro de Andahuaylillas
5. Montaña de Colores
6. Pikillacta y Rumicolca
7. Tipón
8. Raqchi
9. Pisac
10. Calca
11. Moray y Salinas de Maras
12. Chinchero
13. Ollantaytambo

Ithahuania
0 kilómetros 20
N
Salvación
RESERVAS AMAZÓNICAS
p. 248
Parque Nacional del Manú
Pillcopata
Patria
Huaypetue
Chimor
Tres Cruces
Mazuko
Nusiniscate
113
Quincemil
Challabamba
Paucartambo
Colquepata
112
112
30C
San Salvador
TIPÓN
Huambutio
7
PIKILLACTA Y RUMICOLCA
Marcapata
ropesa
6
Ocongate
Ccatca
Tinqui
30C
34B
4
SAN PEDRO DE ANDAHUAYLILLAS
Urcos
35
Quiquijana
Ollachea
5
MONTAÑA DE COLORES
Cusipata
Acomayo
124
Phinaya
123
Sangarara
Pitumarca
Checacupe
Pomacachi
Omacha
Combapata
Acopia
Macusani
8
RAQCHI
125
Santa Barbara
Tungasuca
35
San Pablo
Yanaoca
Sicuani
Livitaca
126
Marangani
Quehue
Nuñoa
Checca
El Descanso
35
130
Laramani
35W
Urinsaya
San Genaro
Coporaque
Espinar
AREQUIPA, CAÑONES Y EL LAGO TITICACA
p. 150
Hector Tejada
CUZCO Y EL VALLE SAGRADO
35G
Ocoruro

↑ Los arcos españoles y las calles empedradas de la plaza de Armas

CUZCO

F6 1.102 km al sureste de Lima Oficina Ejecutiva del Comité, Av. Sol 103; 8.00-17.30 lu-vi, 8.30-12.30 sá

Fundada por los incas y llena de arcos y plazas de estilo español y balcones de madera sobre las estrechas calles adoquinadas, la histórica ciudad de Cuzco fue declarada Patrimonio de la Humanidad por la Unesco en 1983. A pesar de la gran cantidad de turistas que la usan como una de las mejores paradas antes de emprender el Camino del Inca, la población indígena vela porque se conserve su ambiente andino. El soroche, o mal de altura, es bastante usual, así que las primeras 24 horas hay que tomárselo con calma.

Plaza de Armas

Durante el periodo inca esta plaza se empleaba principalmente para celebrar ceremonias.

Los soportales en piedra de la plaza reflejan la influencia española, al igual que la catedral y la iglesia jesuita de la Compañía. Esta última es a menudo confundida con la catedral *(p. 178)* debido a su elaborada fachada.

En la plaza ondean dos banderas: la bandera nacional blanca y roja y una bandera arcoiris que, se afirma, sirvió de estandarte al antiguo imperio inca, Tahuantinsuyu.

Museo Inka

Cuesta del Almirante 103 084 224 051 8.00-18.00 lu-vi, 9.00-16.00 sá y días festivos

Este museo, levantado sobre cimientos incas, también recibe el nombre de palacio del Almirante, en recuerdo a su propietario original, el almirante Francisco Alderete Maldonado. Se trata de una de las casas coloniales más hermosas de Cuzco.

Su exposición, visita obligada para los amantes de la cultura inca, se compone de momias, cerámica, tejidos, joyas y piezas de oro. La colección de queros (copas de madera incas), considerada la mayor del mundo, resulta especialmente interesante.

Museo de Arte Precolombino

Plaza Nazarenas 231 084 233 210 9.00-22.00 todos los días

El antiguo centro ceremonial inca Kancha Inca fue transformado en 1580 en una mansión para el conquistador español Alonso Díaz. En 2003 el edificio abrió sus puertas como sede del Museo de Arte Precolombino.

Sus 11 salas acogen 450 obras maestras de entre 1250 a. C. y 1532 d. C. La galería mochica contiene importantes piezas de cerámica. El museo posee una impresionante colección de ornamentos funerarios.

Su exposición, visita obligada para los amantes de la cultura inca, se compone de momias, cerámica, tejidos, joyas y piezas de oro.

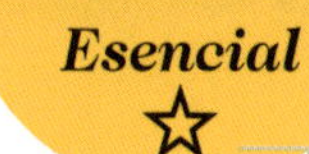

CONSEJO DK
Boleto turístico

Permite acceder a 16 sitios y museos de Cuzco y cuesta 120 soles. También hay un boleto parcial para visitar menos sitios. Se pueden comprar en el centro de información de la avenida Sol.

Sacsayhuamán

2 km al noreste de Cuzco 084 240 006 Desde Cuzco, o andando 7.00-18.00 todos los días

Sacsayhuamán constituye un impresionante ejemplo de la arquitectura militar inca. Esta construcción se compone de tres terrazas escalonadas rodeadas por un muro en zigzag. Las piedras están tan bien encajadas se aseguraba que entre las uniones no se podía introducir el filo de un cuchillo. Al diseñar Cuzco los incas la concibieron en forma de puma, y el sitio representa la cabeza y su muralla aserrada, los dientes.

Aquí se encuentra el templo de Hanan Qosqo y está dedicado al culto del Sol (Inti), de la Luna (Quilla) y otras deidades incas.

Iglesia de la Compañía

Plaza de Armas 9.00-17.15 lu-vi, 9.00-11.00 y 13.00-17.15 sá y do

Construida en 1571 sobre el palacio de Huayna Capac, el undécimo Inca, la compañía tuvo que reconstruirla tras el terremoto de 1650. Considerada uno de los mejores ejemplos de la arquitectura barroca colonial de Perú, posee una espectacular fachada de piedra labrada, un altar de cedro de 21 m de alto cubierto con pan de oro.

Tierra Viva Cuzco Plaza

Justo detrás de la plaza Mayor, este hotelito dentro de una residencia colonial tiene un patio de pilares de piedra y suelo de loza del siglo XVII.

Calle Suecia 345 tierravivahoteles.com

Hotel Rumi Punku

Un hotel encantador, que combina los muros incas y la estructura colonial con anexos modernos.

Calle Choquechaca 339 rumipunku.com

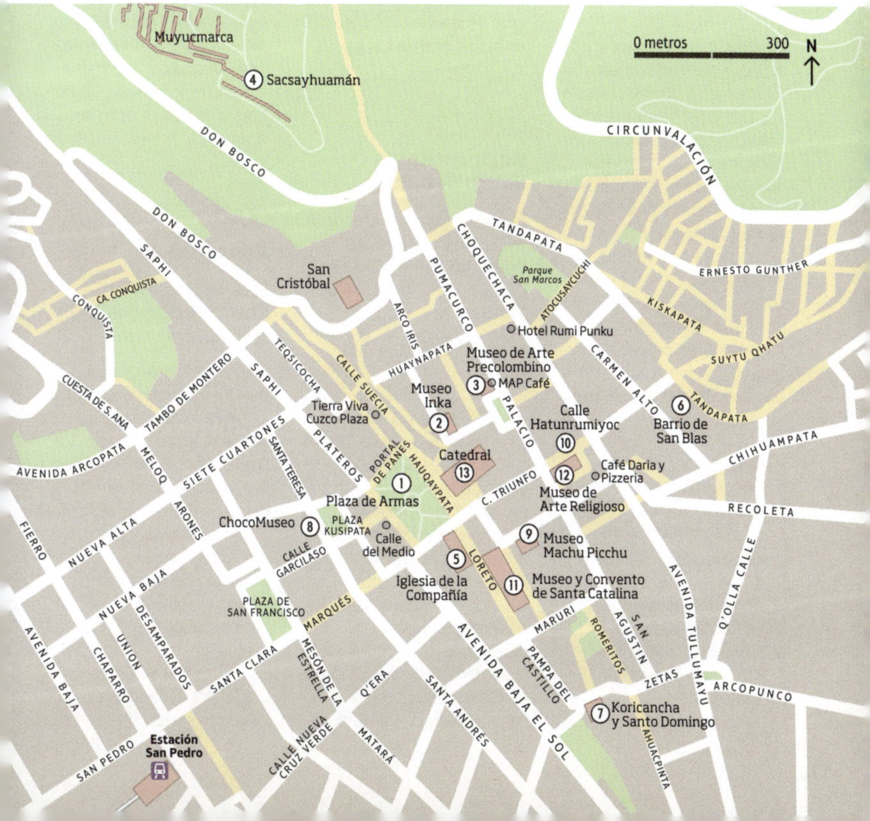

Arte a la venta en uno de los patios del barrio de San Blas

⑥ Barrio de San Blas

Iglesia de San Blas
10.00-11.30, 14.00-17.30 vi-mi

San Blas, el barrio de los artesanos, está salpicado de casas coloniales con muros de piedra incas. Este laberinto de estrechas calles, que en el pasado estuvo habitado por la nobleza quechua, hoy alberga talleres de artistas que trabajan el metal, la piedra y tallan la madera.

La iglesia de San Blas, construida en 1563, es el templo parroquial más antiguo de Cuzco. Su ornamentado púlpito es un magnífico ejemplo de arte barroco. El fascinante Museo de la Coca, dedicado a la historia de esta controvertida hoja *(p. 75)* también merece la pena. Tiene una tienda de regalos, pero hay que tener en cuenta que, si bien el té de coca es legal en Perú, no lo es en la mayoría de los países.

CURIOSIDADES
Centro de Textiles Tradicionales

Una exposición fabulosa de tejidos de lana con fibras naturales en Cuzco. La tienda *(www.textilescusco.org)* vende los mejores trabajos de los tejedores.

⑦ Koricancha y Santo Domingo

Plaza Intipampa, esquina av. El Sol y calle Santo Domingo **084 254 234**
8.30-17.30 lu-sá, 14.00-17.00 do

Koricancha, que significa recinto de oro, se erigió en honor a Inti, el dios del sol. Este templo, el más rico del imperio inca, tenía los muros cubiertos de oro y piedras preciosas y el jardín decorado con estatuas a tamaño natural en oro y plata de animales, árboles autóctonos y tallos de maíz. Aquí se trasladaban los cuerpos momificados de los nobles incas durante las ceremonias. Lamentablemente el templo quedó despojado de todos sus tesoros tras la llegada de los conquistadores.

La iglesia y el convento de Santo Domingo se levantaron sobre el santuario inca, por lo que combina ambas culturas. Resulta difícil imaginar cómo sería el templo, pues se conserva muy poco de él, sin embargo, la imponente arquitectura trapezoidal, el suelo empedrado y las hornacinas de las paredes todavía insinúan su pasado esplendor.

⑧ ChocoMuseo

Calle Garcilaso 210
9.00-19.00 todos los días
chocomuseo.com

Este museo es el lugar ideal para los amantes del chocolate. Tiene una cafetería y una tienda donde se vende cacao de diferentes regiones de Perú. Cuenta con secciones sobre la historia del cacao desde la época de los mayas, también sobre su procesamiento, y otra sección expresamente para los niños. Hay diferentes actividades que pueden ajustarse al margen de tiempo del visitante. También ofrece un taller de 2 horas en una fábrica de chocolate donde los visitantes pueden hacer sus

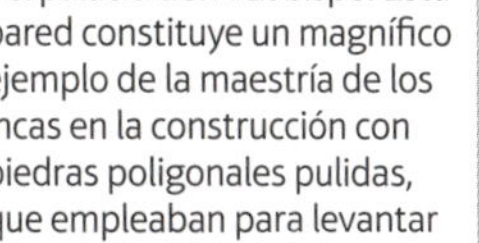

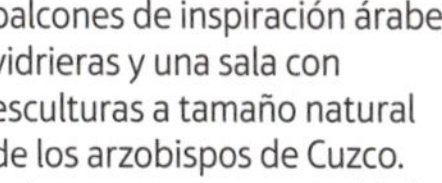

propias barritas de chocolate o trufas a partir de granos de cacao peruanos. Reserve su plaza en los talleres en la web.

Museo Machu Picchu

Casa Concha, calle Santa Catalina Ancha 320 9.00-17.00 lu-sá museomachupicchu.com

Este museo, dentro de una mansión colonial del siglo XVIII, se centra en la ciudadela inca de Machu Picchu. Alberga los 360 objetos que el explorador americano Hiram Bingham –supuestamente el primero en sacar a la luz la existencia de Machu Picchu– se llevó a Yale para analizarlos en 1912 y que fueron devueltos a Perú 99 años después, en 2011. Se incluyen antiguas fotografías. Los dos pisos también exponen la colección de las últimas excavaciones hechas por Universidad de San Antonio Abad y los objetos que se encontraron durante la restauración del museo.

Calle Hatunrumiyoc

La calle Hatunrumiyoc recibe su nombre por una famosa piedra con 12 ángulos que encaja a la perfección en el extremo derecho del muro. El bloque fue tomado del palacio del inca Roca, sexto emperador inca, y hoy forma parte del palacio del Arzobispo. Esta pared constituye un magnífico ejemplo de la maestría de los incas en la construcción con piedras poligonales pulidas, que empleaban para levantar muros de sustentación.

Museo y convento de Santa Catalina

Calle Santa Catalina Angosta 401 51 984 999 803 8.00-17.30 todos los días

El convento, que se construyó sobre las ruinas incas del *acllawasi* (casa de las escogidas), se abrió en 1610. El interior incluye arcos hermosamente pintados y frescos barrocos.

El museo está dedicado al arte colonial y religioso.

Museo de Arte Religioso

Esquina de las calles Hatunrumiyoc y Herrajes 084 222 781 8.00-18.00 todos los días

Este museo, situado en el palacio Arzobispal, exhibe pinturas religiosas de los siglos XVII y XVIII, incluidas varias obras de Diego Quispe Tito (1611-1681), considerado el mejor pintor de la escuela cuzqueña *(p. 179)*.

El palacio presenta techos de cedro labrados, puertas y balcones de inspiración árabe, vidrieras y una sala con esculturas a tamaño natural de los arzobispos de Cuzco.

La casa, que perteneció al marqués de San Juan de Buenavista, está levantada sobre el antiguo palacio del Inca Roca.

MAP Café

Un espacio elegante dentro del Museo de Arte Precolombino con una comida exquisita.

Plazoleta Nazarenas 231 cuscorestaurants.com

Calle del Medio

Este bar-restaurante con un balcón que da a la plaza Mayor está muy bien para tomarse un pisco ***sour*** acompañado de platos de fusión peruanos.

Calle del Medio 113, plaza de Armas calledelmediorestaurante.com

Café Daria y Pizzeria

Café de día y pizzería de noche, con comida deliciosa.

Calle Inca Roca 106 manosunidasperu.org/cafedariacusco

La famosa piedra inca de 12 lados de la calle Hatunrumiyoc

13

LA CATEDRAL

Plaza de Armas 084 222 781 10.00-18.00 todos los días

Dominando la plaza Mayor de Cuzco, la catedral es la impresionante morada de más de 400 obras de arte de la escuela cuzqueña, aclamada como uno de los movimientos pictóricos más importantes de América. La espléndida fachada renacentista de la catedral contrasta con el interior barroco, que está lujosamente adornado con oro y plata.

La construcción de la catedral comenzó en el año 1560, pero se tardó casi un siglo en finalizarla. El templo se levantó sobre el palacio de Viracocha, octavo Inca, y se emplearon bloques de granito rojo de la fortaleza de Sacsayhuamán. A ambos lados de la catedral se sitúan dos capillas auxiliares. A la izquierda se encuentra el Triunfo, la primera iglesia de Cuzco, que se construyó sobre la principal armería inca como símbolo del triunfo de España sobre los indígenas. Tiene un altar minuciosamente tallado y una cripta en la que se encuentran las cenizas del historiador inca Garcilaso de la Vega. A la derecha se sitúa la capilla del siglo XVIII de Jesús, María y José, con imágenes de María, José y el Niño.

¿Lo sabías?

En Perú se comen millones de cuyes cada año, tal y como se ve en el cuadro de Zapata *La última cena.*

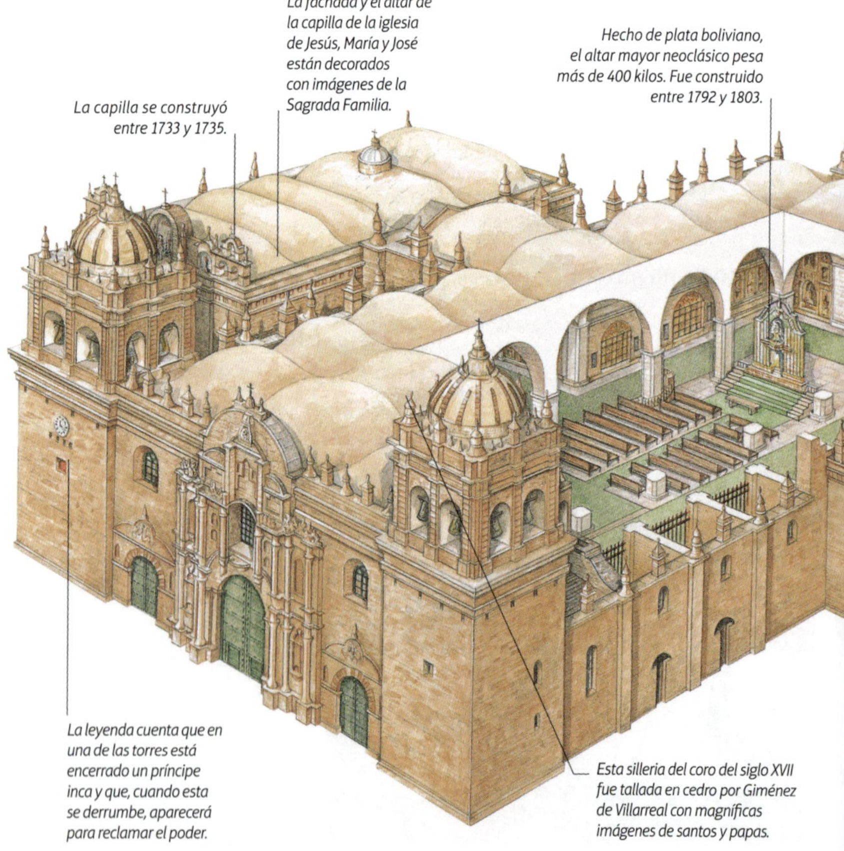

La fachada y el altar de la capilla de la iglesia de Jesús, María y José están decorados con imágenes de la Sagrada Familia.

Hecho de plata boliviano, el altar mayor neoclásico pesa más de 400 kilos. Fue construido entre 1792 y 1803.

La capilla se construyó entre 1733 y 1735.

La leyenda cuenta que en una de las torres está encerrado un príncipe inca y que, cuando esta se derrumbe, aparecerá para reclamar el poder.

Esta sillería del coro del siglo XVII fue tallada en cedro por Giménez de Villarreal con magníficas imágenes de santos y papas.

Esencial ☆

La grandiosa fachada de la catedral, iluminada por las farolas de noche

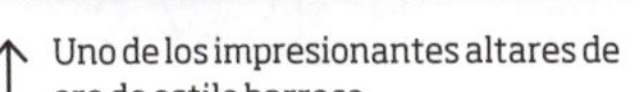

Uno de los impresionantes altares de oro de estilo barroco

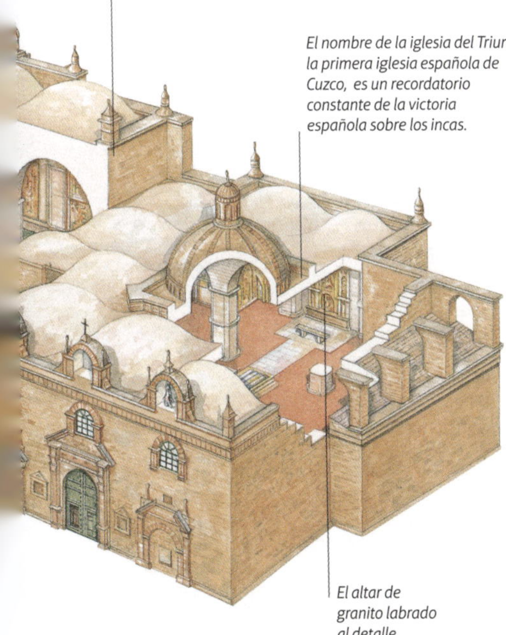

El asombroso complejo de la catedral, con sus iglesias y capillas

ESCUELA CUZQUEÑA

La escuela cuzqueña fue una tradición artística católica romana que se originó en el deseo de los conquistadores españoles por convertir a los habitantes locales al catolicismo. Los cuadros, como esta *Adoración de los magos* de autor desconocido *(abajo)* los usaban los curas como ayuda para ilustrar sus sermones.

EL CAMINO DEL INCA

F6

Los incas desarrollaron una extensa red de caminos que abarcaba entre 25.000 y 30.000 km para comunicar su gran imperio en expansión. Estos caminos abarcan desde el Cápac Ñan *(p. 69)* hasta el puente de cuerda de Q'eswachaka *(p. 36)*. El famoso Camino del Inca, que comunica Machu Picchu con el Valle Sagrado, es la ruta mejor conservada. Los incas solían correr a lo largo de esta carretera, que usaban para enviar mensajes por todo el reino. El sendero atraviesa paisajes diversos y pasa junto a más de 30 yacimientos incas. Dividido en partes, se tarda cuatro días en recorrerlo.

La ruta de 39 km comienza en Pisacacucho, cerca de Chilca (km 82). Como el paso está a 4.200 m de altura, muchos lo cruzan jadeando. Todos los senderistas tienen que formar parte de un grupo con una agencia, e ir con un guía autorizado. Las reservas han de hacerse al menos con seis meses de antelación porque hay un límite de 500 personas al día, incluyendo al personal y los senderistas. Los meses más húmedos son de diciembre a abril, así que el camino puede estar embarrado y las nubes pueden impedir las vistas. El sendero está cerrado al menos dos veces al año en febrero por las fuertes lluvias.

Patallacta

A 6 km del km 82

Los bancales de cultivo, casas y demás edificios evidencian la importancia de Patallacta en la región. A 3.000 m sobre el nivel del mar abastecía a Machu Picchu de maíz, el cereal básico inca.

Se cree que las casas de piedra pertenecían a la nobleza y las autoridades religiosas y que el resto de los habitantes vivía en construcciones de barro y juncos. Pulpituyuj, la torre circular que se alza sobre una enorme roca, pudo servir de altar o prisión. Unas 15 familias siguen trabajando esta tierra hoy en día.

Huayllabamba

A 13 km del km 82

Huayllabamba es la mayor y la última comunidad andina del camino. La aldea está ubicada a 3.060 m, a los pies de una montaña, y se encuentra rodeada de bancales de maíz y patatas. En los días claros se puede divisar a lo lejos el pico nevado del monte Verónica (5.682 m), en la cordillera Urubamba. Son muchos los

CONSEJO DK
Camino Sagrado de los incas

Esta versión más corta del camino, de un día, desde el km 104, da una idea del Camino del Inca y hermosas vistas de la cumbre nevada de la montaña Verónica, de camino a Machu Picchu.

Senderista subiendo por uno de los pasos a lo largo del Camino del Inca

grupos de senderistas que acampan aquí la primera noche. Este es también el último lugar en el que comprar comida o bebida.

③

Abra de Warmiwañusca

A 23 km del km 82

Este puerto de montaña se encuentra a 4.200 m sobre el nivel del mar y es el más difícil de subir por la falta de oxígeno a esta altitud. Según la mitología inca, los Andes son gigantes convertidos en piedra. Este puerto se identificaba con el cuerpo de una mujer reclinada, que había que ascender para cruzar a la otra ladera. Warmiwañusca es una palabra quechua que se traduce como mujer muerta, nombre con el que se conoce al puerto.

Aquí, el paisaje se transforma en altiplanos yermos y fríos con fuertes vientos. Los senderistas suelen colocar una piedra en una apacheta (montón de rocas) ubicada en los puntos más elevados del camino como tributo a la Pachamama (madre Tierra).

¿Lo sabías?

Hay hasta cuatro sellos con los que completar el pasaporte a lo largo del Camino del Inca hasta Machu Picchu.

Runkurakay

A 28 km del km 82

Las ruinas de Runturakay, descubiertas por el explorador Hiram Bingham en 1915, tienen una única entrada y salida en el flanco norte. Hay quienes creen que la construcción servía de indicador a los viajeros que iban o venían de Machu Picchu para determinar cuánto recorrido les quedaba, mientras que otros sugieren que era un puesto para proteger el camino. Su posición dominante al borde del paso ofrece vistas impresionantes del valle.

Las ruinas circulares de Runkurakay, con vistas al valle

Huadquiña
San Miguel 2.924 m
Aguas Calientes
Machu Picchu
⑧ Estación de Machu Picchu
CU180
Río Urubamba
Montaña Machupicchu 3.061 m
Wiñay Wayna ⑦
Cerro Padreyoc 4.710 m
Cerro Runcuracay 3.690 m
Phuyupatamarca ⑥
Piskacucho
CU917
Estación de Ollaytantambo
Cerro Casamientuyoc 4.310 m
Sayacmarka ⑤
Patallacta ①
Runturakay ④
③ Abra de Warmiwañusca
Nevado Esquina 5.024 m
0 kilómetros 4
N
② Huayllamba

Sayacmarka

A 35 km del km 82

Sayacmarka se encuentra encaramado sobre un risco a 3.600 m sobre el nivel del mar y solo se puede acceder a él a través de una estrecha escalera tallada en la montaña. Está adaptado al detalle para que armonice con las formas naturales de la misma. Se piensa que sirvió de centro ceremonial dedicado a la astronomía. Aunque el nombre en quechua de Sayacmarka significa ciudad inaccesible, disponía de abastecimiento de agua permanente y almacenes de alimentos, lo que denota su importancia.

En 1915 Hiram Bingham llamó a este lugar Cedrobamba tras descubrir un bosque de cedros en las cercanías. El antropólogo Paul Fejos lo rebautizó en 1941 con un nombre más adecuado.

Phuyupatamarca

A 41 km del km 82

Phuyupatamarca, una de las poblaciones mejor conservadas del camino, es conocida como la ciudad sobre las nubes, pues al anochecer las nubes se concentran en los barrancos y el complejo se alza sobre ellas. Las nubes suelen desaparecer al amanecer.

Hiram Bingham descubrió las ruinas en 1915 y las llamó Qorihuayrachina, pero como en el caso de Sayacmarka, Paul Fejos las rebautizó en 1941.

Los muros curvos y los bancales geométricos se integran magistralmente con las formas de la montaña, lo que refleja el respeto que sentían los incas hacia su entorno natural. Los baños ceremoniales constituyen un magnífico ejemplo de la maestría hidráulica de los incas.

Wiñay Wayna

A 44 km del km 82

Este impresionante complejo inca se encuentra a 2.700 m

↓ Los bancales de Wiñay Wayna y su mampostería *(izquierda)*

→

El tren pasando por las tiendas y restaurantes de Aguas Calientes

sobre el nivel del mar. Las descubrió Paul Fejos en 1941, pero fue el arqueólogo peruano Julio C. Tello quien las bautizó como Wiñay Wayna en 1942, que significa eternamente joven y que también es el nombre de una orquídea local que permanece siempre en flor.

Su ubicación cerca de un destacado acceso por carretera y su impresionante arquitectura sugieren que se trató de una población importante para los incas. Wiñay Wayna se divide en cuatro secciones: una zona agrícola con bancales, otra religiosa o ritual, una zona más elevada donde se concentran algunas de las mejores construcciones y, por último, un sector urbano. Este se compone de edificios rectangulares de una o dos plantas con ventanas trapezoidales puertas, hornacinas, escaleras y una serie de 10 fuentes que van desde lo alto de la montaña hasta el fondo. Las áreas más notables del complejo reflejan la maestría de los incas en el ensamblaje de piedras. Estas son las últimas ruinas antes de Machu Picchu, que se halla a solo 6 km. Brinda fantásticas vistas del valle y las montañas.

8

Aguas Calientes

A 8 km de Machu Picchu A Cuzco A Machu Picchu En el ayuntamiento

Aguas Calientes es popular entre los visitantes por sus piscinas naturales. Esta población, también conocida como Machu Picchu Pueblo, es la última que se encuentra antes de las ruinas y donde acaba el tren que procede de Cuzco *(p. 174)*.

La economía de la población depende del turismo, por lo que existen numerosos hoteles y restaurantes e innumerables puestos de recuerdos y artesanía. Las calles están repletas de vendedores ofreciendo sus productos e incluso la vía férrea se convierte en un mercado al aire libre cuando el tren parte de la estación.

Para los más cansados, las piscinas termales están justo en las afueras, incluyendo una con agua helada de la montaña. Las riadas destruyeron las piscinas, pero se reconstruyeron.

CURIOSIDADES
Intipunku

Por todo el Camino del Inca, hay letreros que dirigen a la puerta del Sol, la última parte del camino. Tiene una vista de 180° sobre Machu Picchu. Las mejores vistas son al amanecer.

3

MACHU PICCHU

F5 110 km al noroeste de Cuzco A Aguas Calientes Desde Aguas Calientes 6.00-17.30 todos los días (reserva con al menos 6 meses de antelación) Av. El Sol 103, Galerías Turísticas, Cuzco; 8.30-16.30 lu-sá

La ciudad perdida de los incas, con su manto de niebla, es, sin duda, la vista más famosa de Sudamérica. El increíble estado de conservación de Machu Picchu satisface hasta al más exigente de los visitantes.

La ciudadela está construida con roca a una altitud de 2.350 m, en la cresta de una montaña flanqueada por abruptas caídas hacia el valle de Urubamba. Machu Picchu nunca fue saqueada por los españoles, pues no lograron encontrarla, sino que quedó abandonada y fue la naturaleza la que la que se hizo con ella. Con dos secciones, una alta y una baja, con casas, templos, fuentes, plazas y bancales, la ciudad inca está conectada por tramos de escaleras y caminos, y regada por manantiales naturales. Ninguna otra civilización ha conseguido ensamblar bloques de piedra tan enormes con semejante perfección. Aunque haya soportado el paso del tiempo, su función sigue siendo un misterio. Se especula con las posibilidades de que sirviera como lugar de culto, un observatorio para contemplar las estrellas, o como residencia de Pachacútec, el noveno Inca.

CONSEJO DK

Machu Picchu más económico

Desde Cuzco, se puede ir en autobús hasta la central hidroeléctrica y caminar 2-3 horas hasta Aguas Calientes, o llegar en tren hasta la mitad, Ollantaytambo, y alojarse aquí, donde hay hoteles muchos más baratos. También se pueden caminar unas 2-3 horas por escarpadas laderas hasta las ruinas, pero el trayecto en autobús son 24 $ y dura solo 20 minutos.

↑ Exquisita mampostería inca; bloques conectados perfectamente como las piezas de un puzle, sin argamasa *(recuadro)*

VISITANDO MACHU PICCHU

Los trenes a Machu Picchu salen regularmente de la estación de Poroy, a 20 minutos en coche desde la ciudad de Cuzco y, desde Ollantaytambo, a mitad de camino. Hay varias opciones, desde las más baratas a las más lujosas; estas últimas a cargo de Incarail y Perurail para el viaje panorámico por el valle de Urubamba hasta Aguas Calientes *(p. 183)*. Un autobús local serpentea montaña arriba hasta el histórico lugar. Se puede reservar en *www.incarain.com* o *www.perurail.com*. La mejor ruta para obtener las vistas más increíbles es el Camino del Inca *(p. 180)*, que dura cuatro días.

Una vista espectacular de las ruinas, los bancales y las escalinatas, con el Huayna Picchu al fondo

VISITANDO MACHU PICCHU

Fuentes

Los incas aprovecharon un manantial natural situado en una abrupta ladera al norte de Machu Picchu para construir un canal de 749 m de largo y así transportar agua hasta la ciudad. El agua fluía a través de 16 fuentes, que reciben el nombre de escalinata de las fuentes. En la base tallada en la roca de cada fuente se almacenaba el agua antes de pasar a un desagüe circular y un canal que la llevaba hasta la siguiente fuente.

Casa del cuidador

Perfectamente ubicada para que el cuidador pudiera observar los puntos de acceso al sur de la ciudad, se ha restaurado con un tejado de paja, parecida a cómo hubiese sido en su momento.

Sector real

Los edificios de este sector poseen dinteles de roca, estancias de gran tamaño y cercanía al templo del Sol, lo que ha llevado a los expertos a sospechar que este sector servía de residencia al noveno Inca, Pachacútec, cuando acudía a Machu Picchu. Solo una puerta de entrada y salida al palacio real también denota un alto nivel de seguridad. Hiram Bingham, el explorador que reveló la existencia de Machu Picchu en 1911, creía que la sala ubicada en frente del patio interior era el dormitorio del Inca. Consta de 10 hornacinas trapezoidales, que seguramente albergaban importantes ornamentos.

La Intihuana la usaban los incas para planificar los ciclos agrícolas

↖ ⑦ 230 m

Los bancales fueron recortados en la montaña

El templo del Sol, el único edificio circular de Machu Picchu

↘ ② 120 m

↓ ④ 100 m

↑ El complejo de Machu Picchu, incluyendo los numerosos templos, bancales y ruinas

Los bancales fueron usados en su momento por granjeros

Roca funeraria

Los investigadores creen que pudo utilizarse como altar de sacrificios. Hiram Bingham, sin embargo, sugirió que se trataba de una losa funeraria sobre la que se colocaba a los nobles difuntos para que el calor y el frío los momificara. Por encima de la roca se encuentra el cementerio superior del complejo, donde Bingham halló un número considerable de tumbas.

Plaza Sagrada

El templo Principal, la Sacristía, la casa del sacerdote, el templo de las Tres Ventanas y la Intihuatana componen lo que Bingham bautizó como la plaza Sagrada. El templo Principal, presenta la arquitectura más bella, y la Sacristía es famosa por las dos rocas que bordean su entrada, una de ellas con 32 ángulos. Detrás del edificio nace una escalera que conduce al Intihuatana.

Intihuatana

Esta piedra indica las fechas exactas de los solsticios y equinoccios, además de otros periodos astronómicos. El solsticio de junio (invierno) era el día más importante del año, y se decía que el sol arrojaba la mayor sombra desde el pilar. En ese instante el sol estaba atado a la roca, de ahí el nombre de Intihuatana (poste que amarra el sol). A partir de ese momento los días se volvían más largos, lo que significaba más horas de luz y más tiempo para cultivar la tierra y producir alimento. El Intihuatana está inclinado 13° al norte, la latitud de la ciudad.

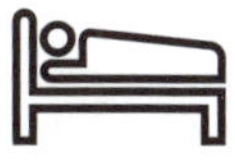

El Mapi

Este moderno hotel está a unos pasos del centro de Aguas Calientes.

Av. Pachacutec 109 inkaterra.com

Casa del Sol

Enfrente de la estación del autobús; tiene *spa* y comida orgánica local

Av. Imperio de los Incas 608 casadelsol hotels.com

Panorama B&B

Justo al salir de Aguas Calientes, habitaciones agradables y vistas estupendas del río.

Av. Hermanos Ayar 305 mapi panorama.com

La roca funeraria, cerca de la casa del cuidador

La fascinante roca con forma de cóndor en el templo del Cóndor

Roca sagrada

Esta enigmática roca labrada recrea la forma de una montaña y se piensa que sirvió de altar para venerar a los *apus*, los dioses de la montaña, el agua y la fertilidad. Los antropólogos creen que la roca representa el Pumasillo, un monte situado en la cordillera de Vilcabamba venerado aún hoy por los andinos. La roca sagrada apela a los dioses cuya forma recrea. También pudo ser un altar para realizar sacrificios que apaciguaran a las divinidades.

Templo de las Tres Ventanas

Este templo rectangular está ubicado en el flanco oriental de la plaza Sagrada. Consta de tres muros y un lado abierto que mira hacia la plaza. En el muro opuesto a la plaza se abren tres ventanas trapezoidales flanqueadas por dos hornacinas. Durante el solsticio de invierno, los primeros rayos del sol penetran a través de estas ventanas y llenan la estancia de luz. En ocasiones desde ellas se obtiene una amplia vista de las ruinas y el valle.

¿Lo sabías?

En quechua, Machu Picchu significa 'montaña vieja'.

Templo del Cóndor

Este templo toma su nombre de dos losas dispuestas en forma de alas abiertas y una roca tallada en el suelo que se corresponde con la cabeza del ave. Hiram Bingham identificó esta zona con una prisión, debido a las húmedas mazmorras subterráneas y a los nichos que hay bajo esta construcción, en los que creyó que los prisioneros eran encerrados y atados. Los historiadores actuales piensan, sin embargo, que estos nichos eran altares para colocar las momias durante las ceremonias dedicadas al cóndor, una de las deidades incas más importantes.

Templo del Sol

El único edificio circular de Machu Picchu tiene dos torres con ventanas que están alineadas con los puntos cardinales por los que sale el sol durante los solsticios de verano e invierno. Muchos creen que tiene la mampostería más impresionante de todo el Machu Picchu, y la entrada es la más hermosa de la ciudad. Los muros del templo, construidos sobre una gran roca pulida, imitan sinuosamente su curva natural; el muro de todo el

Vista impresionante de las montañas que rodean el templo del Sol

perímetro está inclinado hacia dentro. Tiene estancias en las que se guardaban ofrendas e ídolos. Los arqueólogos creen que servía de observatorio astral, y que los astrónomos incas sacaban mucha información de gran utilidad sobre los ciclos de cosecha gracias a la posición de las constelaciones y los solsticios.

⑪

Sector urbano

Sobre el templo del Cóndor se encuentra el sector urbano, también conocido como sector secular o industrial. Se cree que aquí vivían los trabajadores de la ciudadela, ya que las construcciones son más sencillas que las de la sección superior.

Bingham pensó que las dos rocas circulares que sobresalen del suelo en uno de los edificios eran morteros para moler el grano, pero no muestran ningún desgaste y están muy pulidas, por lo que no parece probable. Tal vez formaran parte de un ritual en el que se llenaban con ofrendas de chicha o sangre, o de una ceremonia astronómica, ya que el sol, la luna y algunas estrellas se reflejan cuando el mortero está lleno de agua. Su verdadera finalidad continúa siendo un misterio para los arqueólogos.

→

La ventana de los solsticios en el templo del Sol

ESCALAR

Si lo que se pretende es escalar la montaña del Machu Picchu, hay que comprar la entrada con horario de mañana que incluya opción de escalada. Al contrario de lo que muchos piensan, esta montaña no es más fácil que Huayna Picchu. La escalada no es tan vertical, pero es más larga, con escalones muy empinados y lugares angustiosos a través del bosque nuboso. Lo mejor es llegar lo más cerca posible de las 7.00, ya que la cima es pequeña y se llena de gente. Se necesitan unas tres horas en total.

CULTURA Y RELIGIÓN INCAS

En su momento de apogeo durante los siglos XV y XVI, el imperio inca se extendía a lo largo de miles de kilómetros cuadrados y abarcaba casi la totalidad de los Andes, asimilando las costumbres de las culturas que dominaban. Los incas eran ingenieros audaces y levantaron espectaculares ciudadelas en lo alto de las montañas y monumentos. Desarrollaron además un elaborado sistema de cultivo en bancales que regaban mediante canalizaciones. Su estructura social era extremadamente rígida y estaba encabezada por el emperador, que era venerado como un dios viviente. Los incas adoraban al sol, la luna, la tierra y las montañas. Los animales, como el cóndor y el puma, también eran considerados sagrados.

JERARQUÍA SOCIAL

La sociedad inca era extremadamente jerárquica, y el Sapa Inca o emperador tenía el poder absoluto. Por debajo de él estaban los sumos sacerdotes de sangre noble, que dirigían todas las ceremonias religiosas, y después los líderes regionales conocidos como curacas, cuyo papel era prácticamente administrativo. Impusieron el estricto sistema fiscal inca a la población.

↑ El rey inca Atahualpa durante la conquista española, en 1532

RELIGIÓN

Los incas veneraban a Inti, el dios del sol, que nutría la tierra y regulaba las cosechas. El emperador, considerado hijo de esta deidad, realizaba ofrendas al sol en determinadas ceremonias religiosas. Los festivales y ceremonias relacionados con el culto al sol y a Inti eran importantes en el calendario inca.

AGRICULTURA

Los incas transformaron las montañas en vastos bancales de cultivo que se apoyaban sobre muros de piedra. Sembraban maíz y patatas y criaban llamas y alpacas que se usaban como alimento o animales de carga. Los sistemas de canalización se usaban para desviar el agua de los ríos a los campos, en ocasiones a kilómetros de distancia.

CULTO AL SOL

Festivales El Inti Raymi (Festival del Sol, *p. 66*) tenía lugar todos los años el 21 de junio, fecha del solsticio de invierno en el hemisferio sur.

Ceremonias/Rituales La adivinación jugaba un papel esencial en la vida religiosa. Todo, desde el tratamiento de enfermedades hasta qué sacrificio realizar, lo llevaba a cabo el sumo sacerdote. Las infusiones de ayahuasca y hojas de coca formaban parte de todas las ceremonias.

Ancestros Los incas consideraban a sus muertos momificados como a los vivos, y los sacaban en procesión por las calles durante los festivales.

Queros Estas copas se usaban para beber chicha durante las ceremonias.

Sacrificios Se realizaban sacrificios humanos y animales periódicamente.

1 Sacerdote inca en el festival Inti Raymi.

2 Hojas de coca en un campo.

3 Ilustración del siglo XVI sobre la vida inca.

4 Quero de madera con una cara representada.

¿Lo sabías?

Los incas usaban las quipus, unas cuerdas con un complejo sistema de nudos, como elemento de registro de datos.

↑ Bancales de Moray, donde los incas experimentaron con las plantas

La montaña de los Siete Colores o montaña Arcoiris

LUGARES DE INTERÉS

San Pedro de Andahuaylillas

F6 36 km al sur de Cuzco 8.30-12.00 y 14.00-17.00 lu-sá, 8.30-10.00 y 15.00-17.00 do

La sencilla fachada de adobe de esta iglesia del siglo XVII, conocida como la capilla Sixtina de las Américas, no hace presagiar los tesoros que oculta su interior.

Entre estos figura un techo cubierto de pan de oro, un altar mayor barroco tallado en cedro y cubierto con pan de oro, unos maravillosos murales y un par de órganos del siglo XVII restaurados, los más antiguos de América.

Montaña de los Siete Colores

F6 Viajes Cusco, Santa Teresa 375/1 cuscoperu viajes.com

Rodeada por los altos picos de los Andes, lagunas turquesas y cielos surcados por el majestuoso cóndor, esta montaña de colores es sagrada para las gentes del lugar. La Vinicunca, montaña Arcoiris o de los Siete Colores está a tres horas en coche desde Cuzco y se necesita al menos un día para visitarla. La caminata hasta la cima, a 5.200 m, está limitada a los más preparados. Es aconsejable reservar una visita con antelación; hay varias agencias en Cuzco que ofertan, y la mayoría incluyen una comida básica o refrigerios. Hay que llevarse la propia agua, ya que en la zona no hay tiendas.

Pikillacta y Rumicolca

F6 30 km al sur de Cuzco 7.00-18.00 todos los días

Pikillacta, cuyo nombre significa ciudad de las pulgas, fue una de las poblaciones preincas construidas durante el apogeo de la cultura huari. Se componía de numerosos recintos de 4 m que conformaban el fuerte protector. Quienes visiten el gran complejo podrán ver cientos de edificios de dos plantas levantados con barro y piedra.

Muy cerca se pueden ver los restos de dos imponentes puertas incas llamadas Rumicolca. Los bloques de los incas, levantados sobre cimientos huari, presentan un acabado mucho más delicado que el de sus predecesores. Estas puertas servían de puesto de control para la gente que se dirigía a Cuzco, a modo de aduana. Con sus 12 m de altura, las puertas son una de las construcciones incas más impresionantes.

El boleto turístico *(p. 175)* de Cuzco es válido aquí.

¿Lo sabías?

Supuestamente, la gente de Pikillacta accedía al segundo piso de sus casas por escalas y no por escaleras.

Tipón

F6 25 km al norte de Cuzco 7.00-18.00 todos los días

Los sorprendentes canales, terrazas y escaleras de piedra que componen Tipón formaban parte, según se cree, de una hacienda real levantada por Wiracocha, el octavo Inca, como refugio para su padre. Los expertos afirman que durante un período sirvió de lugar de culto y como espacio para llevar a cabo experimentos agrícolas. El agua está canalizada a través de estructuras de piedra, acueductos subterráneos y cascadas decorativas, que demuestran el impresionante dominio hidráulico de los incas.

El boleto turístico también vale aquí.

Raqchi

F6 118 km al sudeste de Cuzco 07.00-18.00 todos los días

En la carretera de Cuzco a Puno se encuentra este templo del siglo XV de piedra y adobe y dedicado al dios Wiracocha. El complejo incluye casas de la nobleza y silos circulares para almacenar comida.

Las ruinas de Tipón, en su momento una serie de terrazas irrigadas por un complicado sistema de abastecimiento

El Albergue Restaurant

Filetes de lomo de alpacas criadas en la zona dentro de una experiencia culinaria peruana en pleno Valle Sagrado.

F6 Estación de tren, Ollantaytambo 15.00-18.00 todos los días elalbergue.com

El Huacatay

Comida peruana con influencia mediterránea. Cuenta con un maravilloso patio.

F6 Jirón Arica 620, Urubamba elhuacatay.com

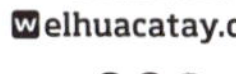

Tres Keros

Cena junto a la chimenea en este evocador restaurante con platos peruanos clásicos como el ceviche de trucha y el lomo saltado.

F6 Av. Torrechayoc s/n 3keros.wordpress.com

Artesanía y tejidos de colores en un mercado de artesanos de Pisac

9 Pisac

F6 32 km al norte de Cuzco

Unas de las ruinas incas más notables de la zona son las de **Pisac.** Estuvo habitada desde el siglo X u XI y con la llegada de los incas se convirtió en una importante capital regional. Se cree que Pisac comenzó siendo un puesto militar, pero que creció hasta convertirse en un centro ceremonial y residencial. Los bancales de cultivo y los senderos ascienden hasta la fortaleza de la cima, protegida por enormes muros de piedra pulida. El elemento central del yacimiento es el templo del Sol, un observatorio astronómico. También destacan el templo de la Luna, el complejo de baños ceremoniales y el Intihuatana.

Ruinas de Pisac
 7.00-17.30 todos los días

CONSEJO DK
Al mercado
Hay que ir a Pisac el domingo, cuando los vendedores de toda la zona bajan en masa a la ciudad para formar parte de uno de los mercados de artesanía más famosos de Perú. Aunque hay muchos turistas, aún conserva su encanto y autenticidad.

10 Calca

F6 50 km al norte de Cuzco

A la sombra de los montes Pitusiray y Sawasiray se halla Calca, que llegó a convertirse en un importante centro administrativo inca gracias a sus fértiles tierras. Hoy solo se conservan los campos de maíz y las ruinas arqueológicas de Huchu'y Qosqo (pequeño Cuzco) a las afueras de la población. A pesar de su nombre, las ruinas de adobe, entre las que se incluyen los restos de un edificio de tres plantas, muestran poco parecido con las calles de Cuzco.

Son de especial interés los manantiales termales y sulfurosos de Machacancha y las aguas frías de Minasmoqo, considerados beneficiosos para la salud.

11 Moray y Salinas de Maras

F6 72 km al noroeste de Cuzco 7.30-17.00 todos los días **Moray: 7.30-17.00 todos los días**

A primera vista Moray se asemeja a un anfiteatro griego, pero tras un estudio exhaustivo los investigadores han llegado a la conclusión de que podría tratarse de un laboratorio agrícola empleado por los incas para encontrar las mejores condiciones con las que cultivar determinadas especies. Hay cuatro *muyus* (terrazas ligeramente elípticas) en los que cada nivel experimenta distintos niveles de sol, sombra y elevación. Construidos con muros de contención rellenos de tierra e irrigados mediante un complejo sistema, estos bancales de 2 m de altura conservan restos de 250 cereales y verduras.

Las cercanas salinas de Maras datan de la época precolombina y presentan un paisaje muy diferente al anterior. El agua salada se canalizaba hasta 3.000 pozos artificiales donde se evaporaba con el sol. Cientos de mineros continúan trabajando en el lugar usando las antiguas técnicas.

Las salinas con forma de arrozales en las colinas de Salinas de Maras

12 Chinchero

F6 28 km al noroeste de Cuzco

Chinchero, conocido como la cuna del arcoiris, se encuentra encaramado a unos 3.772 m sobre el nivel del mar en la llanura de Anta, con vistas al Valle Sagrado.

Se cree que el décimo Inca, Túpac Yupanqui, construyó aquí sus palacios. A mediados del siglo XVI Manco Inca, emperador títere de Pizarro, quemó la aldea para cortar las vías de suministro de sus perseguidores españoles. El virrey Toledo estableció una plantación en este lugar, puso a los lugareños a trabajar en ella y levantó en la plaza una iglesia de adobe sobre cimientos incas.

En la plaza principal un gran muro de piedra con 10 nichos trapezoidales recuerda a los incas, al igual que los enormes bancales, las sillas y las escaleras talladas en la roca a las afueras de la población.

Los lugareños hablan quechua e intentan conservar las tradiciones incas. En la plaza se celebra un colorido mercado de artesanía tres días a la semana. Los domingos los habitantes de las aldeas circundantes se reúnen en ella para intercambiar productos agrícolas y artesanía mediante trueques. El boleto turístico *(p. 175)* de Cuzco es válido aquí.

13 

Ollantaytambo

F6 97 km al noroeste de Cuzco

La espectacular Ollantaytambo está considerada la ciudad inca viviente. Sus habitantes se esfuerzan por conservar las tradiciones antiguas, como labrar sus campos con arados de pie. El lugar tomó su nombre de Ollanta, el general inca que se enamoró de la hija del noveno emperador Pachacútec. El militar fue obligado a abandonar la ciudad, pero se reunió con su amada tras la muerte de Pachacútec. La población, importante por ser el escenario de la mayor victoria inca sobre los espaoles, fue reconquistada por España en 1537.

Las calles adoquinadas de esta población inca, cuyo nombre original era Qosqo Ayllu, están habitadas desde el siglo XIII. Se encuentran divididas en canchas (patios), cada una con un acceso propio. Las terrazas talladas en la roca para proteger el valle de los invasores conducen hasta la fortaleza de Araqama Ayllu. Este recinto alberga el templo del Sol, el salón Real o Mañacaray, los baños de la Princesa y el Intihuatana, utilizado para registrar el recorrido del sol. Aunque permanece inacabado, el templo del Sol constituye uno de los mejores ejemplos de mampostería inca. Sus seis monolitos de color rosado fueron diseñados para reflejar los rayos del sol naciente y se encuentran perfectamente alineados. Los dinteles, rellenos con bronce fundido, mantienen el muro en su lugar y aún se puede apreciar restos de los pumas labrados en la superficie. Las piedras de la fortaleza se extraían de la cantera del monte adyacente.

Awamaki

Esta tiendecita de comercio justo, con sus medias muy bien tejidas, ropa de punto de gran calidad, bolsos y monederos, apoya a las cooperativas tejedoras indígenas de las cercanas comunidades andinas.

F6 Calle Principal s/n, Ollantaytambo
awamaki.org

Animado desfile de folclore tradicional Los negritos, Huánuco

LA SIERRA CENTRAL

La Sierra Central es una zona virgen con paisajes andinos, hermosas ciudades coloniales, restos preincas y comunidades rurales tradicionales. Las ciudades coloniales y andinas de la zona, desde Ayacucho, del siglo XVI, a Huánuco, tienen grandiosas mansiones e iglesias bien conservadas. Aquí también se encuentran las antiguas ruinas del imperio huari (en torno al 600-1100 d.C.) que dominó la zona. El sistema de gobierno y la cultura de los huari ejerció una fuerte influencia en la civilización inca.

Hasta principios de la década de 1990 la Sierra Central sufrió las peores atrocidades cometidas por el grupo terrorista Sendero Luminoso. Tras la detención de sus líderes en 1992, el grupo entró en declive y hoy casi ha desaparecido. Poco a poco los recuerdos de la violencia van desapareciendo, los bonitos pueblos de la región recuperan su actividad y comienzan a acudir cada vez más turistas. Pasear por sus polvorientas calles y plazas es como viajar en el tiempo: la artesanía antigua, los alegres festivales y las tradiciones todavía se mantienen y por toda la zona hay un sentimiento de autenticidad sin descubrir.

LA CORDILLERA BLANCA
p. 206
LA COSTA SUR
p. 136
HUÁNUCO
PASCO
JUNÍN
HUANCAVELICA
2 HUÁNUCO
9 PALCAMAYO
4 VALLE DE MANTARO
5 CONCEPCIÓN
3 HUANCAYO
6 HUANCAVELICA
Parque Nacional Tingo María
Ceja de la Montaña
Tingo María
Las Palmas
Quivilla
Chinchao
Chavinillo
Acomayo
Chaglla
Huancapállac
Margos
Chaulán
Tomayquichua
Ambo
Cayna
Mosca
San Rafael
Pallanchacra
Tápuc
Santa Ana de Tusi
Alcacocha
San Antonio de Rancas
Cerro de Pasco
Vicco
Dique
Pari
Francois
Huayllay
Ondores
Junín
Carhuacayán
Acobamba
Marcapomachocha
Tapo
Tarma
Ricrán
La Oroya
Morococha
Chacapalca
Paca
Sacsacancha
Piñascochas
Jauja
Llocllapampa
Muquiyauyos
Cochas
Aco
San José de Quero
Chupaca
Sapallanga
Yanacancha
Colca
Pazos
Huaribamba
Chongos Alto
Mazo
Cercapuquio
Izuchaca
Pampas
Vilca
Vigapata
Laria
Acoria
Acos
Yauli
Paucará
Lachoc
Julcani
Caja
Santa Bárbara
Aurahua
Seccll
Recuperada
Palca
Huachos
Santa Inés
Castrovirreyna
Pilpichaca
Ticrapo
Casacancha
Pámpano
Pariona
Huaytara
Vilcanchos
Ayaví
Santo Domingo de Capillas
Tambillos
Laramarca
Córdova
Ocoyo
Miraflores
Ipar
Puerto Inca
Codo del Pozuzo
Conococha
Pozuzo
Río Palcazu
Puerto Bermúdez
Huancabamba
Pamplona
Oxapampa
Cochas
Churín
Mesapata
Coral
Ulcumayo
Huamayo
La Merced
Bajo Pichanaqui
Sayán
San Ramón
Las Salinas
Acos
Mazamari
Canta
Monobamba
Chancay
Huaral
Jicamarca
Chicla
Ventanilla
Chosica
Chanape
Aeropuerto Internacional Jorge Chávez
Callao
LIMA
Huarochirí
Punta Hermosa
Pucusana
Lapa Lapa
Coayllo
El Rosario
Catahuasi
Lunahuaná
San Vicente de Cañete
Nuevo Imperial
Jahuay
Chincha Alta
Pisco
Pueto San Martín
Paracas
Los Molinos
Aeropuerto Las Dunas
Ica
Laguna Grande
Santiago
Carhua
Molletambo
Huac Huas
Ocucaje
Ocaña
Palpa
Santa Cruz
Tambo Quemado
Aeropuerto María Reiche Neuman
Nazca
LA SIERRA CENTRAL
0 kilómetros 60
N

LA SIERRA CENTRAL
Esencial
1 Ayacucho
Lugares de interés
2 Huánuco
3 Huancayo
4 Valle de Mantaro
5 Concepción
6 Huancavelica
7 Quinua
8 Cueva de Pikimachay
9 Palcamayo
10 Ruinas huari
San Luis
Ollanta
Irruya
Parque Nacional Alto Purus
Floresta
Chicosa
Puerto Ocopa
Poyerni
Camisea
Fitzcarrald
Itsmo de Fitzcarrald
RESERVAS AMAZÓNICAS p. 248
Malaquiato
Parque Nacional del Manú
Cordillera Garabaya
Cordillera Vilcanota
Mina Cobriza
San Francisco
Ayna
Santa Rosa
Churcampa
Mayocc
Koshireni
Rosalinda
Quebrada Honda
Shintuya
Quillabamba
CUZCO
CUEVA DE PIKIMACHAY
QUINUA
AYACUCHO
Villa Virgen
Chiquintirca
Lucma
Manto
Chiara
Ocros
Ongoy
Río Pampas
Ocobamba
Andarapa
CUZCO Y EL VALLE SAGRADO p. 170
Urubamba
Paucartambo
Anta
Cusco
Chincheros
Cangallo
Vilcashuamán
Sarhua
Talavera
Huancapi
Carhuanca
Huancaray
Huancarama
Urcos
AYACUCHO
Turpo
Pichirhua
Circa
Huanca Sancos
Canaria
Chiara
Lucre
San Juan de Chacña
Querobamba
Pomacocha
Chuquibambilla
Pomacachi
Putaccasa
Soras
Capaya
APURIMAC
Ayrihuanca
Santa Ana de Huaycahuacho
Pampachiri
Yanaca
Pachaconas
Sicuani
Aucará
Chalhuanca
Matará
Quiñota
Andamarca
Chipao
Cotaruse
Mollebamba
Huamanripa
Santo Tomás
Velille
El Descanso
Lucanas
San Juan
Challa
Yauri
San Pedro

La iglesia de Santo Domingo, detrás de la frondosa plaza de Armas

AYACUCHO

E5 575 km al sudeste de Lima Policía turística, 2 de Mayo 100; 06 631 7846

Fundada por los españoles en 1539, Ayacucho posee una rica tradición artesanal. En la actualidad celebra unas magníficas fiestas de Semana Santa, que atrae a visitantes de todo Perú. Su clima templado, las plazas arboladas y su arquitectura colonial bien conservada hacen que pasear por la ciudad sea un auténtico placer.

Iglesia de Santo Domingo

Intersección de Bellido y 9 de Diciembre 6.30-7.30 lu-sá, 8.00 do

Esta iglesia posee una fachada renacentista a la que se añadieron posteriormente varias columnas y una galería, desde donde la Inquisición española ahorcaba a sus víctimas. El interior del templo hay una fusión entre elementos andinos y católicos, como el rostro inca y el colibrí que decoran el altar dorado. Las campanas de la iglesia tañeron para declarar la independencia de Perú tras la victoria sobre los españoles en la batalla de Ayacucho en 1824.

Museo de la Memoria

Prolongación Libertad 1229, Cuadra 14 9.00-13.00 y 15.00-18.00 lu-vi, 9.00-13.00 sá ayacucho.memoria.website

Este museo cuenta la historia de violencia por parte de los rebeldes de Sendero Luminoso y la brutal respuesta militar durante el conflicto interno entre 1980-2000. Se exponen fotos, documentos, arte y ropa en tres salas. Está situado en la tercera planta de un edificio de oficinas con un comedor social, y está en progreso constante, ya que siguen apareciendo fosas comunes y se espera que los juicios a oficiales del ejército aporten nuevas evidencias.

Museo de Arte Popular

Plaza de Armas 9.00-18.30 lu-vi (19.30 vi), 9.00-13.00 sá

Este museo descubre el arte típico de la región: un conjunto de retablos utilizados por los muleros para atraer la suerte. Estas cajas de madera tienen dos puertas e incluyen elaboradas representaciones de escenas religiosas o de la vida rural andina. Algunas piezas relatan la agitación política y los conflictos que se vivieron durante la época de Sendero Luminoso. También se pueden

SENDERO LUMINOSO

Este grupo guerrillero se fundó en la década de 1960 *(p. 73)*. Después de asesinar a oficiales del gobierno poco conocidos, empezaron a matar campesinos de forma brutal. La respuesta militar fue igual de dura. En Ayacucho fue donde más gente fue torturada y asesinada, la mayoría inocente. Los recuerdos del conflicto están aún muy frescos.

contemplar pequeñas iglesias de barro, que pintan mujeres locales, y varias tablas de Sarhua, ilustraciones sobre madera que representan tradiciones rurales.

Catedral

Plaza de Armas 9.00-12.30 y 15.00-18.00 todos los días

La catedral de Ayacucho se levantó en el siglo XVII en la elegante plaza de Armas, junto a la universidad. Aunque su fachada de color rosa y gris no resulte muy atractiva, el interior resulta impresionante, con su altar dorado y el púlpito tallado, que se aprecian mejor bajo la iluminación del servicio vespertino. La catedral es el punto de partida de una famosa procesión de Semana Santa *(p. 41)* que recorre la ciudad tras una imagen de Cristo. El templo acoge el Museo de Arte Religioso, con obras traídas de Roma durante el periodo colonial.

Iglesia de San Francisco de Paula

Esquina Garcilaso de la Vega y Cusco 6.15-7.30 y 18.15-19.30 todos los días

Este templo compite con la iglesia de San Blas de Cuzco *(p. 176)* por el título del púlpito más hermoso de Perú. Su altar es uno de los pocos de la ciudad que no está cubierto de pan de oro. Está fabricado en cedro nicaragüense y presenta docenas de ángeles tallados; muchos lo consideran el más bello del país. Este templo, construido en 1713, alberga una colección de cuadros flamencos.

Compañía de Jesús

28 de Julio y San Martín 9.30-12.30 todos los días

Esta iglesia jesuita fue construida en diferentes estilos arquitectónicos. En su interior destaca el altar dorado tallado en madera y la magnífica colección de cuadros y esculturas religiosas coloniales. Junto a la iglesia se encuentra la escuela en la que los niños indígenas recibían clases de latín, música, talla en madera y pintura antes de la expulsión de los jesuitas de Latinoamérica en 1767.

Casa Boza y Solís-Prefecture

Portal Constitución, plaza de Armas 8.00-18.00 lu-vi

Esta mansión de dos plantas, construida en 1748, es ahora sede de oficinas gubernamentales, abiertas al público. El patio interior se adorna con una fuente de piedra y la planta superior está decorada con hermosos azulejos sevillanos. Se puede visitar la celda de María Parado de Bellido, una heroína revolucionaria que estuvo aquí presa.

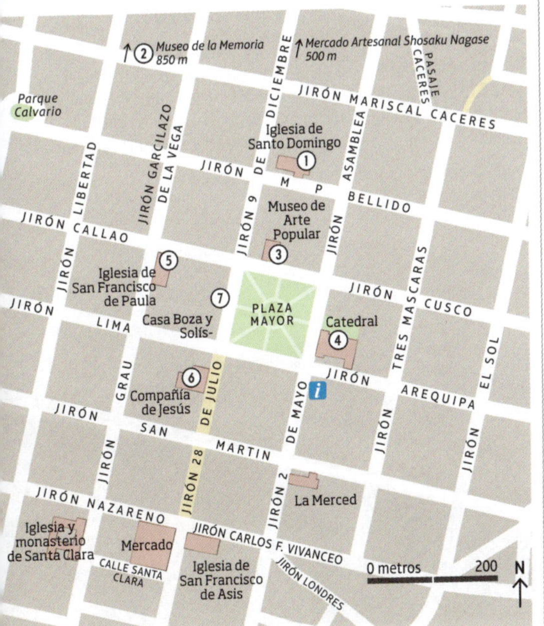

Galería Latina

A diez manzanas al sudoeste de la plaza Mayor se encuentran la mayoría de los talleres de los artesanos. La galería vende hermosos tapices.

Plazuela de Santa Ana, n.º 105 06 528-315

Mercado artesanal Shosaku Nagase

A cinco manzanas al norte de la plaza Mayor, este mercado vende iglesias de cerámica y retablos.

Av. Maravillas 101, Plazoleta Maria Parado de Bellido

LUGARES DE INTERÉS

Huánuco

D4 450 km al noreste de Lima Desde Lima General Prado 718; 513 223

Huánuco, población andina a 1.894 m de altitud y capital del departamento, se encuentra a orillas del río Huallaga. Fundada por los españoles en 1539, en la actualidad todavía conserva varios ejemplos de hermosa arquitectura colonial. Tal es el caso de la catedral, que alberga algunos cuadros de la escuela cuzqueña *(p. 179)*; la iglesia de San Cristóbal, con sus tallas en madera, y la grandiosa iglesia de San Francisco, del siglo XVI.

A las afueras de Huánuco se halla el **templo de Kotosh,** que data de 2000-1500 a. C., considerado uno de los yacimientos arqueológicos más antiguos de Perú. Aunque las ruinas se descubrieron en 1935, las excavaciones no comenzaron hasta 1960, y todavía no se sabe mucho de esta antigua cultura. El hallazgo más destacado son los dos moldes de barro que representan dos brazos cruzados, con una antigüedad estimada de entre 4.000 y 5.000 años. Uno de ellos está expuesto en el Museo Nacional de Antropología, Arqueología e Historia del Perú *(p. 128)*.

El yacimiento, que cuenta con tres recintos de piedra, está un poco descuidado. Hay algunas réplicas de los moldes de barro en el templo. Los guías locales van con los visitantes por una pequeña propina.

Templo de Kotosh

5 km al oeste de Huánuco 9.00-17.00 todos los días

EL TREN DE LIMA A HUANCAYO

El trayecto de 12 horas en tren desde la estación de los Desamparados de Lima hasta Huancayo es posiblemente el más espectacular de Perú. El tren sube a través del valle de Mantaro y se adentra en los Andes, traqueteando por 69 túneles y 58 puentes. La estación de Galera, la segunda más alta del mundo (4.782 m), corta la respiración. Las salidas son una o dos veces al mes y reservar con antelación es imprescindible *(www.ferrocarrilcentral.com.pe)*.

Huancayo

E5 360 km al este de Lima Desde Lima Casa del Artesano, Calle Real 481; www.huancayoperu.com

Población comercial, bulliciosa y moderna, se encuentra a 3.260 m de altitud en el valle de Mantaro y sirve de centro de intercambio para las aldeas

cercanas. El Cerrito de la Libertad, situado a escasa distancia del centro de la ciudad, brinda una buena vista de Huancayo. Más allá de la colina se alzan las impresionantes formaciones de arenisca de Torre Torre.

Esta región es una de las más ricas de los Andes en lo que a cultura y agricultura se refiere. Los domingos se celebra un gran mercado al que acuden habitantes de las poblaciones próximas para vender productos agrícolas y artesanía. Probablemente sea uno los mercados más populares de Perú. Huancayo constituye también una buena base desde la que visitar las comunidades rurales, cada una con su traje y baile típico. En esta región se pueden degustar especialidades culinarias como la pachamanca, un plato consistente en carne marinada, patatas, especias y verduras cocinadas en un hoyo cavado en la tierra y cubierto con piedras calientes.

Huancayo sirvió de sede a la cultura huari en torno al año 600 d. C. y en 1460 fue absorbida por os incas. La calle Real, que atraviesa la localidad, era parte del Cápac Ñan *(p. 69)* entre Cuzco y Cajamarca. Huancayo fue tomada por los españoles en 1572 . De este periodo se conservan algunos edificios. El más interesante de ellos es La Merced, la iglesia donde se aprobó la Constitución peruana en 1839.

↑ Muros de albarrada por encima de las nubes, cerca de Huánuco

Una de las principales atracciones turísticas es el tren de Lima a Huancayo, una de las líneas ferroviarias a más altura del mundo. Esta línea, diseñada por el estadounidense Henry Meiggs, se construyó entre 1870 y 1908 con el esfuerzo de más de 10.000 obreros. Aunque el servicio de pasajeros ha sido interrumpido varias veces, se ha restablecido un servicio limitado.

Valle de Mantaro

E5 Desde Huancayo

El valle de Mantaro es una región hermosa y fértil donde se cultivan maíz, patatas, alcachofas y zanahorias. La zona está llena de pequeñas aldeas de adobe. Sus habitantes son conocidos por sus peculiares artesanías, músicas y bailes y las numerosas fiestas que celebran a lo largo del año.

No hay muchos servicios, pero esto se compensa al descubrir estas comunidades y la auténtica imagen de la vida rural peruana. Se puede acceder fácilmente a todos los pueblos desde Huancayo.

Muchas de las técnicas que usan los artesanos locales son de hace cientos de años. En el lado oriental del valle, en Hualhas hay mantas y ponchos tejidos a la perfección, y en San Jerónimo (cuyo día de mercado es el miércoles) hay joyería de filigrana de plata.

↑ La preciosa capilla ornamentada del convento de Santa Rosa de Ocopa

CURIOSIDADES

Reserva Paisajística Nor Yauyos Cochas

Esta reserva natural protegida, a 70 km al oeste de Huancayo, bien merece un día de visita. Es famosa por su espectacular paisaje, prácticamente virgen, de cascadas y lagunas cristalinas.

Concepción

E5 22 km al noroeste de Huancayo Desde Huancayo

Este pueblo tranquilo está en el valle de Mantaro. A las afuera se alza el **convento franciscano de Santa Rosa de Ocopa,** del siglo XVIII, que funcionó como base para preparar a los misioneros destinados a la región amazónica. En el museo del convento se exponen objetos indígenas, especímenes de flora y fauna locales, así como mapas y fotografías antiguas. La biblioteca alberga una fascinante colección de más de 25.000 volúmenes. También se puede contemplar una muestra de arte religioso colonial y obras de Josué Sánchez (1945), un artista nacido en Huancayo.

El hermoso convento resulta encantador con su claustro, las fuentes de piedra y el precioso jardín. Las monjas ofrecen visitas del recinto cada hora.

Convento de Santa Rosa de Ocopa

6 km desde Concepción

9.00-12.00 y 15.00-18.00 mi-lu

6   

Huancavelica

E5 147 km al sur de Huancayo Desde Huancayo Desde Lima y Huancayo

Esta hermosa localidad es la capital del departamento del mismo nombre. La economía se basa en la minería y la agricultura. En su momento fue un centro inca muy estratégico, y tras el descubrimiento de depósitos de mercurio en los alrededores, los españoles fundaron esta población en 1571. Los españoles explotaron el mineral al máximo, llevando esclavos a las minas para extraer plata y mercurio. Debido al agotamiento de los recursos, las minas se cerraron a mediados de la década de 1970.

La localidad se encuentra a 3.700 m de altitud y conserva cierto ambiente colonial, así como algunos ejemplos magníficos de arquitectura española. Sus iglesias destacan por sus intrincados altares de plata. El mercado dominical atrae a los habitantes de las comunidades rurales circundantes, que vienen vestidos con sus trajes típicos.

A la mina de Santa Bárbara, famosa por sus minas cercanas, se llega después de una buena caminata de 3 horas desde Huancavelica, subiendo un escarpado sendero que llega a los 4.000 m por encima del nivel del mar. El paseo a las minas pasa por algunos parajes sorprendentes, con rebaños de alpacas y llamas. Tallada en la roca, la antigua entrada a una de las minas originales del siglo XVI todavía está abierta y sin custodiar, pero no se recomienda entrar.

7 

Quinua

E5 37 km al noreste de Ayacucho Desde Ayacucho

En las colinas situadas 37 km al noreste de Ayacucho *(p. 200)* se halla Quinua, a casi 3.300 m sobre el nivel del mar. Esta bonita población, con su atractiva plaza adoquinada, es famosa por la cerámica. Los tejados de las casas de la región están decorados con pequeñas iglesias de barro pintadas con flores y maíz. Los lugareños afirman que estas miniaturas traen buena suerte y alejan a los malos espíritus.

Los artesanos locales también tallan guitarras y figurillas de alabastro que representan grupos musicales cómicos o mujeres hablando. Las piezas de cerámica, fabricadas con la tierra roja de la zona, se expone en los talleres y se venden en el pequeño mercado dominical.

A las afueras de la localidad está el escenario de la batalla de Ayacucho, donde las tropas realistas españolas fueron derrotadas el 9 de diciembre de 1824, tras años de lucha peruana por la independencia, por las tropas de Antonio José de Sucre. En el campo de batalla, que se encuentra a 10 minutos a pie de Quinua, se alza un obelisco blanco de 40 m de altura que recuerda el hecho. En el mes de diciembre tiene lugar una fiesta de una semana de duración en la que habitantes de Quinua y del resto de Perú celebran este acontecimiento histórico con música y bailes folclóricos.

¿Lo sabías?

La fabricación de cerámica le da empleo a más del 70% de la población trabajadora de Quinua.

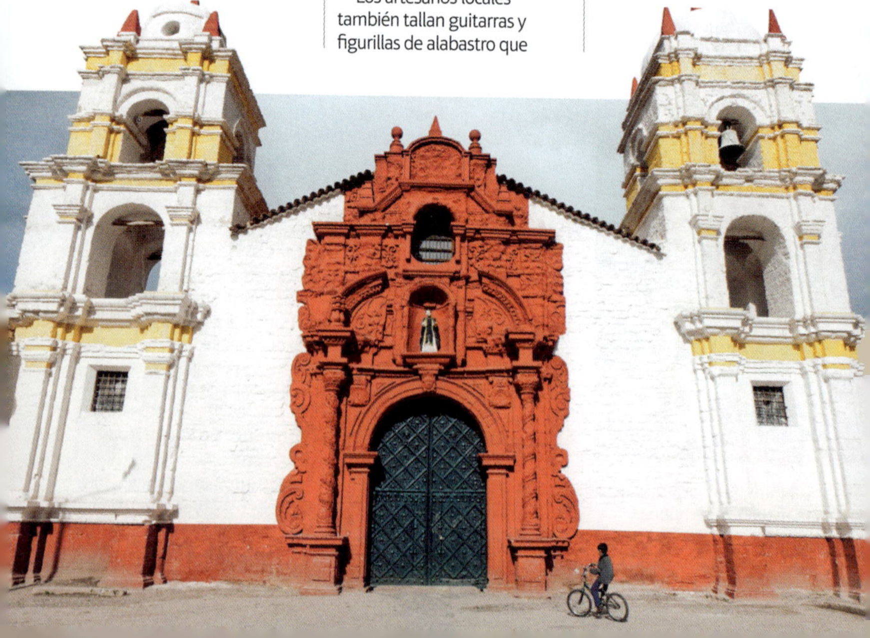

→ Explorando las ruinas de Huari, capital de la cultura imperial huari

Cueva de Pikimachay

E5 24 km al oeste de Ayacucho

Próxima a Ayacucho, esta cueva está tallada en roca caliza. Se estima que data del año 20.000 a. C. Hay evidencias de ocupación humana durante mucho tiempo, las primeras de toda Sudamérica. Se piensa que los primeros pobladores fueron cazadores-recolectores nómadas. Se han descubierto restos de herramientas, basalto y lascas y huesos de un perezoso gigante. La población no desarrolló la agricultura hasta el año 4000 a. C., fecha en la que comenzó a cultivar judías, calabazas y chiles.

Más allá de la cueva de Pikimachay se halla el mirador de Huatuscalla, un paraje remoto desde el que se puede contemplar la confluencia de los ríos Urubamba, Cachi y Mantaro. El impresionante paisaje de montaña conforma una panorámica excepcional.

Los operadores de viajes de Ayacucho pueden organizar visitas a Quinua, la cueva de Pikimachay y Huatuscalle.

Palcamayo

D5 132 km al norte de Huancayo Desde Tarma

Palcamayo es una pequeña población ubicada en un verde valle. El principal lugar de interés de la zona es la **gruta de Huagapo,** una gran cueva de piedra caliza considerada la más profunda de Sudamérica. Los espeleólogos han explorado 2.745 m de la cueva, pero aún se desconoce su profundidad exacta.

Para acceder a Huagapo, término quechua que significa 'cueva que grita', hay que pasar por una gran abertura en la ladera de la montaña a través de la cual fluye un río subterráneo. La entrada conduce hasta una inmensa cámara con 30 m de altura y 20 m de anchura. Resulta bastante sencillo recorrer los primeros 300 m de la cueva, pero continuar más adelante requiere un equipo profesional, incluido material de buceo. A medida que se avanza la luz va disminuyendo y la temperatura desciende. Los niños locales hacen de guías a cambio de una propina.

Gruta de Huagapo

 4 km desde Palcamayo
8.00-16.00 todos los días

Ruinas de Huari

E5 22 km al norte de Ayacucho 08.00-17.30 ma-do

La carretera que comunica Ayacucho y Quinua pasa junto a las ruinas de Huari. Este asentamiento construido a 2.470 m de altitud sirvió de capital al primer imperio expansionista del que se tiene noticia en los Andes. Ocupa unos 10 km² y está dividido en cinco secciones compuestas por edificios rectangulares distribuidos en forma de cuadrícula, calles, plazas, tumbas, senderos y canales de irrigación. Hasta el momento los trabajos de restauración han sido escasos y el yacimiento no ofrece mucho que ver. Su museo suele estar cerrado, pero algunas de las piezas halladas en las ruinas se exponen en el museo arqueológico de Ayacucho.

Hotel Presidente

Cómodo y limpio, este hotel está situado en una zona céntrica ideal de Huancavelica. La fachada es bonita, las habitaciones grandes y los radiadores las mantienen calentitas. Hay una zona de piscina magnífica.

E5 Plaza de Armas, Huancavelica huancavelica.hotelpresidente.com.pe

Fachada de la iglesia de Santo Domingo en Huancavelica

Preciosa imagen del puerto de Punta Unión en el sendero de Santa Cruz, Huaraz

LA CORDILLERA BLANCA

La Cordillera Blanca, llamada así por sus cumbres nevadas perpetuas, reúne el mayor número de picos con más de 6.000 m de altitud fuera del Himalaya. Esta cordillera de 180 km, situada en el corazón de los Andes tropicales se extiende paralela a la Cordillera Negra, con la que forma el Callejón de Huaylas, un fértil valle agrícola salpicado de pequeñas aldeas en las que se conservan antiguas formas de vida andinas. Pueblos como Chacas, en la vecindad de Callejón de Conchucos, destacan por las tallas en madera y la carpintería. El valle también tiene fascinantes ruinas preincas e incas, como el yacimiento arqueológico con 3.000 años de antigüedad de Chavín de Huántar, un destacado centro ceremonial del pueblo chavín.

Durante los últimos 300 años, varias zonas de la Cordillera Blanca han sufrido daños durísimos causados por terremotos e inundaciones, que provocaron la reconstrucción total de muchas de estas aldeas. En 1970, el gran terremoto peruano asoló la región de Áncash, matando a unas 70.000 personas. Aunque Huaraz, capital del departamento de Áncash, quedó prácticamente destruida, hoy en día es uno de los centros de escalada y senderismo más importantes de Perú.

LA CORDILLERA BLANCA

Esencial

1. Parque Nacional Huascarán
2. Chavín de Huántar
3. Caral

Lugares de interés

4. Caraz
5. Carhuaz
6. Campo Santo, Yungay
7. Huaraz
8. Chacas
9. Manantiales termales de Monterrey
10. Cordillera Huayhuash
11. Sechín

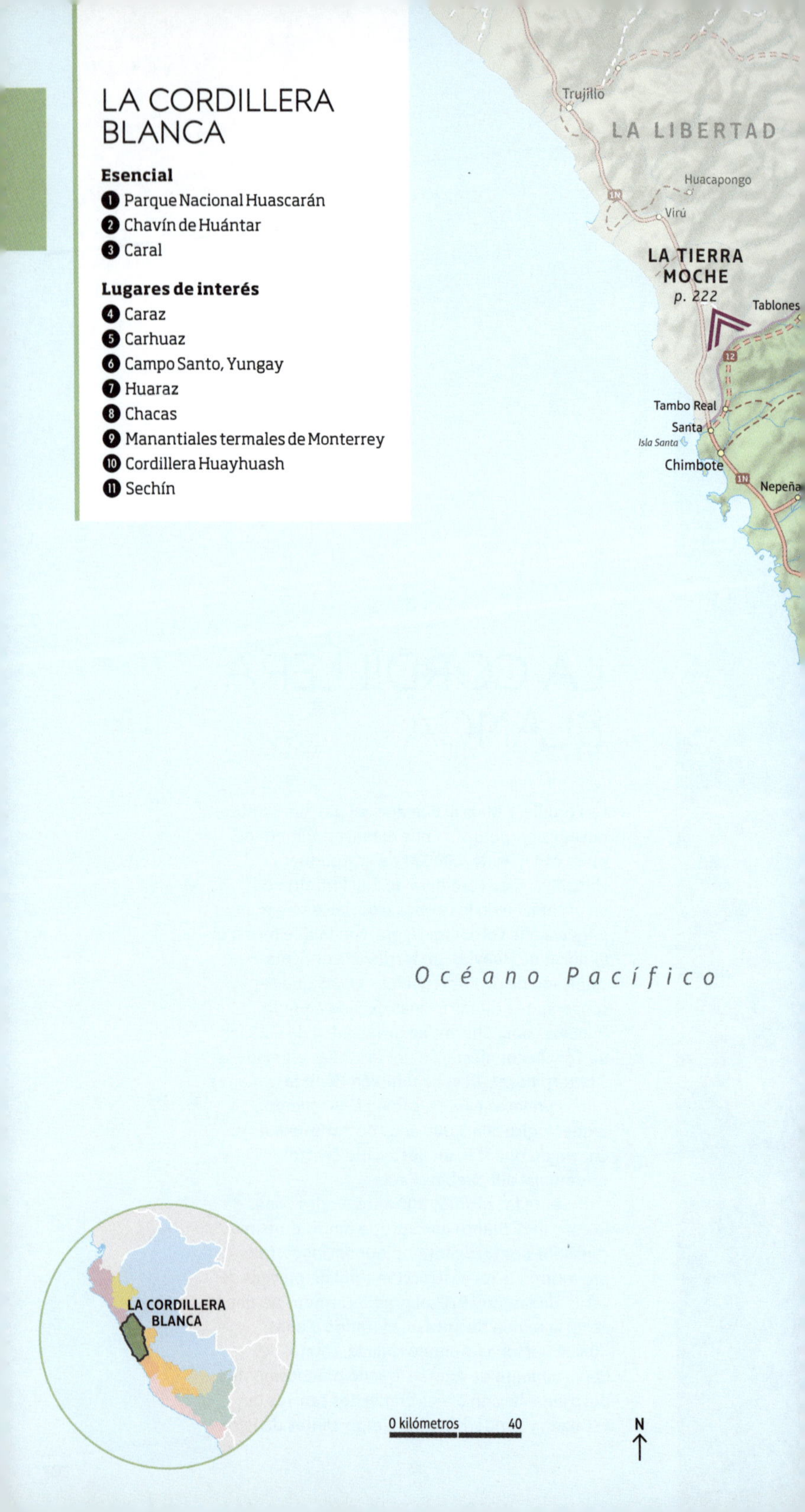

Trujillo
LA LIBERTAD
Huacapongo
Virú
LA TIERRA MOCHE
p. 222
Tablones
Tambo Real
Santa
Isla Santa
Chimbote
Nepeña

Océano Pacífico

0 kilómetros 40

N

RESERVAS AMAZÓNICAS
p. 248
HUÁNUCO
LA SIERRA CENTRAL
p. 196
LIMA
p. 76
ÁNCASH
LIMA
1 PARQUE NACIONAL HUASCARÁN
2 CHAVÍN DE HUÁNTAR
3 CARAL
4 CARAZ
5 CARHUAZ
6 CAMPO SANTO, YUNGAY
7 HUARAZ
8 CHACAS
9 MANANTIALES TERMALES DE MONTERREY
10 CORDILLERA HUAYHUASH
11 SECHÍN
Cordillera Azul
Cordillera Blanca
Cordillera Negra
Cordillera Raura
Cañón del Pato
Río Santa
Río Sechín
Río Huaura
Carretera Panamericana
Yerupajá 6.634 m
Lago Puarun
Tamboras
Huayo
Buldibuyo
Huaylillas
Tauriyo
Tocache Nuevo
Santiago de Chuco
Mollepata
Conchucos
Pallasca
Acobamba
Cabana
Quiches
Tauca
Cusca
Quiroz
Llapo
Corongo
Sihuas
Yánac
La Pampa
Uchiza
Progreso
Chuquicara
Yuramarca
Macate
Huallanca
Huaylas
Pomabamba
Piscobamba
Lacramarca
Huaripampa
Lucma
Jimbe
Sucre
Huata
Pamparomás
Yanamá
San Luís
Mirgas
Llamellín
Moro
Pueblo Libre
San Jacinto
Mancos
Arancay
Monzón
Aczo
Singa
Tantamayo
Purhuash
Marcara
Ponto
Miraflores
Chavín de Pariarca
Quillo
Anta
Monterrey
Huari
Huachis
Puños
Pomachaca
Llata
Casma
Cochabamba
Jangas
Yaután
Pariacoto
Pira
San Marcos
Quivilla
Pachas
Pampas
Cajamarquilla
Recuay
Ticapampa
Antamina
La Unión
Huanchay
Aija
Cátac
Pachacoto
Huansala
Cusmo
Succha
Huayán
Carpa
Huallanca
Huánuco
Pachapaque
Rondos
Culebras
Huamba
Huayup
Malvas
Tapacocha
Jivia
Ambo
Huayllapampa
Marca
Conococha
Aquia
Baños
Huarmey
Chiquián
Cauri
Ticllos
Llaclla
San Rafael
Chasquitambo
Congas
Corpanqui
Copa
Ocros
Cajamarquilla
Raura
Yanahuanca
Cajatambo
Pamplona
Gorgor
Chanca
Cochas
Paramonga
Pativilca
Oyón
Cerro de Pasco
Barranca
Churín
Supe
Ambar
Puerto Supe
Paccho
Maray
Jucul
Huayllay
Piñico
Végueta
Huamayo
Huacho
Huaura
Sayán
Carác
Vichaycocha
Ondores
Lampián
Andahuasi
Ihuari
Paraiso
Santa Cruz de Andamarca
Carhuacayán
Santa Rosa
Las Salinas
Acos
Hural
Chancay
Santa Rosa

1

PARQUE NACIONAL HUASCARÁN

D4 40 km al norte de Huaraz Desde Huaraz SERNANP, Federico Saly Rosas 555, Huaraz; www.sernanp.gob.pe

El Parque Nacional Huascarán, situado en la región de Áncash, comprende casi toda la Cordillera Blanca. Picos brillantes, lagos turquesas y una extraña fauna convierten este parque en una de las paradas imprescindibles de cualquier viaje a Perú.

Declarado por la Unesco Reserva de la Biosfera en 1977 y Patrimonio de la Humanidad en 1985, tiene como objetivo proteger su variada flora y fauna, sus formaciones geológicas y sus restos arqueológicos. Los lugareños participan en la creciente industria del turismo de aventura para que los ingresos reviertan en sus comunidades.

¿Lo sabías?

Hay diez especies de mamíferos en la zona, incluyendo el oso de anteojos, además de más de 112 especies de aves.

El paraíso de los escaladores

Con 50 cumbres nevadas de más de 5.700 m de altitud, la región atrae a senderistas, montañeros y naturalistas por igual, y resulta fácilmente accesible desde Huaraz *(p. 220)* o Caraz *(p. 218)*. Estas dos poblaciones de alta montaña disponen de buenos hoteles, tiendas para alquilar material y guías de montaña, y en Huaraz hay un ambiente animado para antes y para después de las caminatas. La carretera principal está en buenas condiciones y existe un servicio regular de minibuses entre los principales pueblos. Se pueden organizar excursiones cortas a las montañas y lagos cercanos, como la laguna 69 y el nevado Chacraraju, o viajes más largos, sobre todo

Esencial

'PUYA RAIMONDII'

Nombrada así por el científico italiano Antonio Raimondi (1826-1890), que la descubrió, es la mayor bromeliácea del planeta y crece sólo en zonas andinas remotas, como el Parque Nacional Huascarán. Es una de las especies vegetales más antiguas del mundo y presenta una densa roseta de hojas flexibles tipo cactus y florece solo una vez en sus 100 años de vida. Su alargada inflorescencia brota de una vara principal que llega a alcanzar 12 m de altura.

al sendero de Santa Cruz, para los escaladores más intrépidos. En esta región está la montaña más alta de Perú, el Huascarán, de 6.770 m. Las temperaturas a bajo cero, los glaciares y los aludes lo convierten en un auténtico desafío. Alpamayo, que en su momento se votó como la montaña más bonita del mundo, también está aquí. La subida hasta su cima requiere muchísima técnica.

Actividades en el parque

El senderismo a gran altitud es la actividad más popular de la zona, pero hay un montón de opciones para los que no son tan osados. Chinancocha, un lago maravilloso, tiene barcas de remo para alquilar. Hay excursiones de un día desde Huaraz enfocadas a la observación de los bosques de *Puya raimondii* en el extremo sur del parque.

←

La laguna 69, con el Chacraraju al fondo; de excursión por el parque nacional *(arriba)*

TOP 4 **EXCURSIONES ESPECTACULARES**

Punta Olímpica
Un valle y lagos preciosos, e inmensas vistas del monte Huascarán.

Laguna 69
Una dura caminata de 14 km que empieza en Yurac Corral. Se tardan unas seis horas en ir y volver, pero las espléndidas vistas del lago lo compensan de sobra.

Laguna Wilcacocha
Una ascensión corta pero dura a la Cordillera Negra, sobre Huaraz, con atardeceres espectaculares.

Quebrada Rajucolta
El camino hasta un valle al sur de Huaraz es muy duro, pero hay un cañón impresionante, cascadas y bosques. Se tardan unas cuatro horas en ir y volver.

→ La magnífica laguna glaciar de Llanganuco y las montañas aledañas

EL CAMINO DE SANTA CRUZ

Este sendero de cuatro días es una de las rutas más famosas en la Cordillera Blanca. Este camino de alta montaña atraviesa bellos paisajes de altura y rodea una docena de cumbres con más de 5.700 m.

Se puede partir desde las lagunas Llanganuco. El sendero está bien marcado e incluye ascensos largos y de dificultad moderada a alta, tramos de pendiente pronunciada y otros más llanos junto a los ríos y las praderas del valle.

El puerto más alto es Punta Unión (4.750 m). En este paraje la cordillera se abre para descubrir una impresionante panorámica de 360º con cumbres nevadas y brillantes lagos glaciares.

Acampar a esta altitud supone enfrentarse a temperaturas muy bajas, pero resulta espectacular. Despertarse rodeado de cumbres nevadas constituye una experiencia única. Se trata de una ruta apta para senderistas aficionados, siempre que estén en forma, bien aclimatados y dispongan del equipo y la ropa adecuados.

↑ Parada en el lago Taullicocha, en el camino de Santa Cruz

> **En este paraje la cordillera se abre para descubrir una impresionante panorámica de 360º con cumbres nevadas.**

LAGUNAS LLANGANUCO

CONSEJO DK
Mal de altura

Debido a la elevada altitud de la zona, hay que asegurarse de llevar ropa de abrigo y beber mucha agua. Lo mejor es ir aclimatándose tres días en Huaraz antes de visitar el parque. Como norma general, no se debe emprender ninguna excursión si se experimenta alguno de los síntomas del mal de altura *(p. 274)*.

Estos dos lagos se encuentran en un impresionante valle glaciar situado a 3.850 m sobre el nivel del mar. Sobre ellos se elevan las cumbres del Huascarán y el Huandoy, ambas con glaciares todo el año. Bajo el sol del mediodía sus aguas color turquesa, rodeadas por queñuas, brillan con intensidad.

Con una longitud de 1.450 m, el primer lago, el Chinancocha, es el más popular entre los turistas. Se pueden alquilar barcas de remos para contemplar las espectaculares vistas que hay de las cumbres de los montes aledaños desde el agua. El segundo lago, el Orconcocha, es el más pequeño y se encuentra al fondo del valle, con una longitud de 910 m. Tiene una variedad inmensa de flora y fauna.

Se recomienda llegar por la mañana, ya que a lo largo de día se encuentran a la sombra, y por la tarde suele haber nubes y se levanta un viento helado. Las camionetas y minibuses que salen de Yungay circulan todo el día en temporada alta, que va de mayo a septiembre. A las lagunas también se puede llegar desde Huaraz o Cashapampa, justo detrás de Caraz.

2

CHAVÍN DE HUÁNTAR

D4 30 km al sudeste de Huari; 1 km desde el pueblo de Chavín
Desde Huaraz Desde Huaraz 8.00-17.00 todos los días

Con una serie de túneles subterráneos, estructuras de templos e impresionantes grabados en las paredes, este intrincado complejo es una construcción extraordinaria. Fue construido y utilizado por la cultura antigua más importante de Perú. Chavín de Huántar es uno de los yacimientos prehistóricos más significativos de todo el país.

A medio camino entre la costa y la selva y a 3.150 m sobre el nivel del mar, se encuentra Chavín de Huántar, construido a orillas del río Mosna en la región de Áncash. Este fue el centro ceremonial más importante del pueblo chavín, que habitó la región entre los siglos XV y V a. C., y fue declarado Patrimonio de la Humanidad por la Unesco en 1985. El complejo consta de dos zonas separadas que presentan una serie de añadidos y remodelaciones: el templo original, con pasadizos subterráneos y estelas labradas, y una extensión mucho más amplia y posterior, que incluye una estructura monumental tipo pirámide que conduce a la plaza principal. Los edificios del templo original están a la derecha del castillo, la construcción más importante del complejo.

¿Lo sabías?

El intercambio de charqui (cecina de llama) era la principal fuente de comercio de la cultura chavín.

El castillo, en la extensión del ala derecha del templo original, se cree que data en torno al año 500-200 a. C.

Los túneles subterráneos, comunicados por una serie de rampas y escaleras, están muy bien ventilados, a pesar de tener un único acceso.

El pórtico en blanco y negro o porche de los halcones del castillo se compone de un gran dintel labrado colocado sobre columnas cilíndricas.

EL CULTO DE CHAVÍN (1300-400 A. C.)

Los chavín dominaron el norte de Perú más de 2.000 años antes que los incas. La abundante producción agrícola permitía a los chavín dedicar el tiempo libre a prácticas religiosas y artísticas. Sus principales deidades (personajes felinos con rasgos antropomórficos) están representados en estelas de piedra, como este jaguar tallado.

↑ Los visitantes exploran el sagrado centro ceremonial

← El grandioso complejo de Chavín de Huáncar

↑ Los impresionantes pasadizos y cámaras subterráneos

CARAL

D5 176 km al norte de Lima, junto a la carretera Panamericana Norte, km 182. 9.00-16.00 todos los días zonacaral.gob.pe

Situadas en una árida franja desértica por encima del frondoso valle de Supe, las pirámides de Caral, Patrimonio de la Humanidad de la Unesco, son una de las cunas de la civilización. Con una antigüedad de unos 5.000 años, este yacimiento es uno de los centros urbanos más antiguos de América.

Aunque fue descubierto en 1905, las excavaciones en Caral no empezaron hasta 1996, pues los arqueólogos creían erróneamente que se trataba de una construcción más reciente. El yacimiento comprende una impresionante serie de templos, casas y plazas que datan del 2627 a. C., más o menos la misma época en la que se construyó la Gran Pirámide de Guiza de Egipto. La datación por radiocarbono ha demostrado que la avanzada civilización precerámica de Caral floreció en el Nuevo Mundo 1.000 años antes de lo que se creía.

El lugar está en un estado de conservación excepcional debido a la falta de objetos de oro y plata, que provocó la falta de interés de los saqueadores. Las investigaciones realizadas por la arqueóloga peruana Ruth Shady han demostrado que el yacimiento estaba dividido en dos partes: el sector alto y el sector bajo. El primero contiene la mayoría de las 20 estructuras en piedra de Caral, entre ellas seis pirámides con plazas ceremoniales, rodeadas de edificios residenciales.

La complejidad de las construcciones y su inmenso tamaño sugieren que esta era una cultura capaz de planificar a gran escala y de ejecutar procesos de toma de decisión. Los arqueólogos creen, por tanto, que se necesitaron miles de trabajadores, dirigidos por artesanos y supervisores, para constituir la mano de obra necesaria para construir la ciudad. Las shicras, unas bolsas tejidas con fibras naturales rellenas de piedras que se han hallado en el yacimiento, se usaron para construir los cimientos primitivos pero a prueba de terremotos de los edificios.

El atrio era el patio ceremonial, con gradas alrededor.

Altar rectangular con ventilación subterránea.

Unas escaleras centrales suben desde la plaza circular al atrio.

La plaza circular hundida de la pirámide Mayor.

¿Lo sabías?

Un quipu hallado aquí es uno de los más antiguos de su clase del mundo.

Esencial ☆

EXCAVACIONES ARQUEOLÓGICAS

Las excavaciones dirigidas por la arqueóloga Ruth Shady desde 1994 han descubierto objetos fascinantes que arrojan luz sobre la vida del lugar. Entre ellos hay semillas y fragmentos de plantas de especies endémicas de la Amazonia o de los Andes, lo que demuestra que Caral era un centro comercial importante que conectaba las comunidades interiores con las de la costa. Las ofrendas religiosas rectangulares hechas de algodón, conocidas como los "ojos de Dios", también indican que el algodón era el principal cultivo de la ciudad, que después se empleaba para cambiarlo por marisco con los pescadores de la costa.

El ala este tenía siete terrazas superpuestas con escaleras y salas.

↑ Vista general del complejo de la pirámide Mayor de la ciudad de Caral, con su plaza circular al frente

Destacado

Pirámide del Altar Circular

Hecha de piedras unidas por argamasa, esta pirámide estaba estucada y pintada de blanco, amarillo y rojo.

Anfiteatro

▶ El anfiteatro hundido era uno de los principales edificios de la ciudad y se usaba con fines religiosos y políticos. Aquí se realizaban las celebraciones, y durante las excavaciones lo han demostrado las 32 flautas hechas con huesos de cóndores y pelícanos y las 27 cornetas fabricadas con huesos de ciervos y llamas que se han encontrado en el lugar.

Pirámide de la Galería

▶ Con un pasadizo subterráneo pintado de blanco y siete hornacinas, se cree que esta pirámide se usaba para el culto individual. Los edificios residenciales con altares ceremoniales que se encuentran al lado los habitaban los sacerdotes.

Pirámide Mayor

◀ Esta pirámide abarca una zona del tamaño de cuatro campos de fútbol. Tiene una escalinata central de 9 m de ancho que va desde la base hasta el atrio, tres pisos por encima, coronada por una hoguera ceremonial. Los líderes de la ciudad podían vigilarla desde esta increíble edificación.

Pirámide de la Huanca

Esta estructura de tres pisos tiene unas escaleras que conducen a la zona ceremonial, con restos de un gran obelisco. Se cree que habría tenido funciones astronómicas.

LUGARES DE INTERÉS

Caraz

D4 67 km al norte de Huaraz, Callejón de Huaylas Autobuses frecuentes desde Huaraz y Yungay Municipalidad, plaza de Armas

Esta pequeña y bonita población situada al final del Callejón de Huaylas no se ha visto afectada por los devastadores terremotos y avalanchas que han asolado a lo largo de la historia gran parte del valle. Una carretera bordeada de flores conduce hasta esta localidad, que cuenta con una arbolada plaza de Armas.

Caraz se ubica a 2.270 m, a una altitud menor que Huaraz *(p. 220)*, por lo que disfruta de un clima más suave. La industria turística se está desarrollando lentamente y se centra en senderistas y escaladores, ya que Caraz es el punto de partida de la ruta panorámica de Santa Cruz *(p. 212)* y de las ascensiones al monte Alpamayo. Esta zona dispone de suficiente oferta para comer y alojarse.

Cerca de Caraz se hallan las ruinas de Tunshukaiko, una estructura que se piensa perteneció a la cultura huaraz en torno al año 2000 a. C. Su emplazamiento en el frondoso valle entre la Cordillera Blanca y la Cordillera Negra resulta espectacular, aunque el yacimiento no ofrece mucho para ver.

Una carretera recorre 32 km hacia el este de Caraz a través de un cañón con paredes de granito de 1.000 m de altura hasta la laguna Parón. Este lago se encuentra rodeado de cumbres nevadas, como el monte Pirámide (5.885 m). Parón recibe menos turistas, pero es igual de sobrecogedor que las lagunas Llanganuco.

CONSEJO DK
Por el cañón a toda velocidad

Con una superficie de gravilla llena de baches, escarpados muros recortados en la roca y 35 túneles oscuros de un solo carril, la carretera que serpentea el cañón del Pato al norte de Caraz está considerada una de las más peligrosas del mundo. El desafío definitivo para los ciclistas de montaña.

5

Carhuaz

D4 32 km al norte de Huaraz, Callejón de Huaylas Autobuses frecuentes desde Huaraz

Este pueblecito tranquilo, al norte del Callejón de Huaylas, no tiene muchos servicios turísticos, aunque es una de las paradas de los senderistas que recorren la Cordillera Blanca. La ciudad, que se encuentra a 2.638 m de altitud, posee una bonita plaza principal. Hay un bullicioso mercado todos los domingos por la mañana con puestos de productos agrícolas y artesanías de la región. En septiembre, Carhuaz se anima durante 10 días con bailes, bebida, música y fuegos artificiales en la fiesta de la Virgen de la Merced, que está considerada la celebración más importante del valle.

Hay un bullicioso mercado todos los domingos por la mañana con puestos de productos agrícolas y artesanías de la región.

Existen varios recorridos interesantes que parten desde Carhuaz y que se mantienen relativamente inexplorados, pues los viajeros suelen preferir las rutas más largas por la Cordillera Blanca. Un bonito paseo de 8 km hacia el este desde Carhuaz conduce hasta los baños de Pariacaca, unas piscinas de aguas termales situadas junto a un río helado. Aquí pueden nadar los más atrevidos.

→

Restos de la destrucción del terremoto de 1970 en Yungay

El sendero continúa hasta la accidentada ruta de los lagos, que pasa junto a la laguna Rajupaquinan, la laguna 513 y las lagunas Auquiscocha. El recorrido más largo y espectacular llega hasta una pequeña aldea llamada Yanama. Este itinerario de tres días hasta Quebrada Ulta (4,2 km) ofrece vistas fabulosas de las cumbres del Parque Nacional Huascarán *(p. 210)*. Otras rutas destacadas pueden hacerse desde Chacas por una carretera pavimentada a través de Ulta. Los albergues y tiendas de senderismo locales tienen información al respecto.

Campo Santo, Yungay

D4 12 km al sur de Caraz Autobuses desde Caraz y Huaraz 8.00-18.00 todos los días

El Callejón de Huaylas ha sufrido innumerables tragedias en el último siglo por causa de los devastadores aluviones. Cuando se abren grietas en los lagos de altura de la cordillera por terremotos o deshielo, estos lanzan riadas de agua, hielo, barro y detritos hacia las aldeas situadas en la parte baja. En 1970 un gran terremoto, que alcanzó 7,7 en la escala de Richter, hizo temblar el centro de Perú. El aluvión que se formó arrasó la aldea de Yungay y sepultó a 18.000 personas.

El terremoto arrancó una enorme masa de hielo y granito de la cara oeste del pico norte del monte Huascarán y lo lanzó hacia Yungay a más de 300 km/h. Aplastó todo el pueblo, y solo se salvaron 400 personas. El lugar de la catástrofe recibe el nombre de Campo Santo y es una extensión del cementerio original. Se puede visitar y la gruesa capa de tierra que oculta la antigua aldea está cubierta por senderos y flores, algo muy emotivo. La punta del capitel de la catedral y las copas de cuatro palmeras es lo único que queda de la plaza de Armas. Una serie de monumentos indican el lugar de las antiguas casas. En una colina cercana una imagen de Cristo mira hacia el pueblo en ruinas. 423 habitantes de Yungay lograron subir hasta aquí y escapar. En 1941 y 1962 otras avalanchas de barro causaron 9.000 víctimas.

El nevado monte Pirámide en la laguna Parón, cerca de Caraz

O'Pal Sierra Resort

Un lugar encantador, con cómodos bungalós en un gran jardín. Hay piscina, restaurante y bar. Precio excelente.

D4 Carretera Pativilca km 266, Caraz
opalsierraresort.com

The Lazy Dog Inn

En el idílico campo a las afueras de Caraz, este motel ecológico ideal para familias tiene *suites*, cabañas, tipis y comida casera.

D4 Km 3,3 Cachipampa Alto, Huaraz
thelazydoginn.com

Andino

Este hotel de estilo suizo tiene *suites* con ***jacuzzi*** y chimeneas con vistas a la cordillera desde los pisos superiores. Buen restaurante y amplia lista de vinos.

D4 Jirón Pedro Cochachin, Huaraz
hotelandino.com

Un vendedor local llegando con sus productos al mercado de Huaraz

Café Andino
Un sitio relajado con una chimenea y acogedores rincones para partidas de juegos de mesa. Café y gofres muy ricos.

C4 Jirón Lucar y Torre 530, Huaraz cafeandino.com

Trivio
Platos europeos en esta taberna-restaurante con la cerveza artesanal de la zona, Sierra Andina, y música en directo de vez en cuando.

D4 Parque del Periodista, Av. Luzuriaga, Huaraz 51 43 220416

Creperie Patrick
Crepes dulces y saladas, sopa de cebolla y *fondues* son los platos estrella de este restaurante con cocinero francés.

D4 Av. Luzuriaga 422, Huaraz 043 426 037

7 Huaraz

D4 402 km al norte de Lima Desde Lima Plaza de Armas; 51 043 728 812

Huaraz es la base principal para la mayoría de los viajeros que visitan el Parque Nacional Huascarán (*p. 210*) y el Callejón de Huaylas. El municipio se halla a una altitud de 3.091 m, flanqueado por las cumbres de la Cordillera Blanca y la Cordillera Negra. La avenida Luzuriaga, su calle principal, está repleta de cafés, bares y tiendas donde alquilar equipos de montaña. Los habitantes de las poblaciones cercanas acuden a Huaraz para vender productos como quesos, miel, dulces y artesanía.

La localidad presume de buena acogida y cuenta con albergues y animados bares.

8 Chacas

D4 118 km al noreste de Huaraz Desde Huaraz

Para llegar a Chacas hay que realizar un impresionante recorrido en autobús. El viaje comienza en Huaraz y atraviesa un túnel por el puerto de Punta Olímpica (4.890 m). Esta localidad, que ha conservado su arquitectura original andinoespañola, alberga la escuela Don Bosco, un famoso instituto de talla en madera para niños sin recursos. Esta cooperativa, creada en 1976, enseña a sus alumnos el arte de la talla en madera y la carpintería e invierte los beneficios en proyectos médicos y agrícolas en la zona. Sus hermosos diseños se pueden contemplar en la iglesia y decorando puertas y balcones del pueblo. La Mozo Danza, un baile ritual, se celebra por las calles durante las fiestas de la Asunción de la Virgen.

9 Manantiales termales de Monterrey

D4 5 km al norte de Huaraz

Estos manantiales son famosos por sus propiedades curativas. Se afirma que la

Caminando por los preciosos Andes peruanos con un caballo

CONSEJO DK
Baños básicos

En los manantiales de pueblo peruanos no hay instalaciones de lujo de las que suele haber en los *spas*. Son baños locales para la comunidad (que casi siempre los gestiona también); los viajeros son bienvenidos, pero todo es básico y hay que hacer la cola para las duchas.

elevada temperatura de sus aguas resulta beneficiosa para los trastornos digestivos y otros problemas de salud. Los visitantes pueden sumergirse en el agua caliente de los manantiales. Las piscinas inferiores son más baratas, y por eso estan abarrotadas.

Monterrey se ubica a 2.703 m de altitud, en el Callejón de Huaylas, el bonito valle entre las Cordilleras Blanca y Negra. Unos 35 km valle arriba se encuentra Chancos, a los pies del monte Copa. Tiene pozas con agua de manantiales y cuevas termales naturales que se han adaptado como cubículos privados.

Cordillera Huayhuash

D4 Desde Huaraz o Huánuco

Esta remota cordillera, con solo 30 km de largo, ofrece al viajero un espectacular paisaje montañoso, lagos color turquesa y praderas onduladas. Siete de sus cumbres superan los 6.000 m de altura, como el Yerupaja (alrededor de 6.634 m), la segunda cima más alta de Perú, y el Siula Grande (6.356 m). En la segunda de ellas fue donde el montañero Joe Simpson (1960) y su compañero Simon Yates (1963) vivieron una terrible aventura. Simpson relata sus vivencias en esta cumbre en sus memorias y posterior película *Tocando el vacío* (2003). Hay otros siete picos con más de 5.500 m de altura.

Huayhuash se encuentra a solo 50 km de la famosa Cordillera Blanca, pero sus paisajes son muy diferentes. No hay amplios valles, los puertos de montaña son más altos y peligrosos y el acceso está limitado. En su momento, la única ruta existente consistía en un recorrido de 12 días por la cordillera desde Chiquián. En la actualidad hay autobuses que trasladan a los senderistas por un camino de tierra desde Huaraz hasta Huallanca, donde se puede realizar recorridos de solo cinco días. Se pueden contratar guías y arrieros en cada uno de los sitios de partida. La aclimatación previa es imprescindible.

Sechín

C4 5 km al sudeste de Casma Desde Casma 9.00-17.00 todos los días

Las ruinas de Sechín, que se cree que datan del año 1600 a. C., fueron excavadas por primera vez en 1937 por el famoso arqueólogo peruano J. C. Tello (1880-1947). El friso de piedra que decora el muro exterior del templo principal representa una sangrienta escena de batalla: guerreros cubiertos con taparrabos y armados de porras se alzan de pie sobre sus víctimas, que aparecen con las cabezas y las extremidades seccionadas. Se cree que los templos conmemoran una batalla importante, pero aún se desconoce a qué beligerante pueblo pertenecen. En el interior del templo se están excavando estructuras de barro más tempranas.

"Caballitos de totora" en la playa de Huanchaco, cerca de Trujillo

LA TIERRA MOCHE

Esta región, a menudo descrita como el Egipto de Sudamérica, fue la cuna de los reinos moche, sicán y chimú, civilizaciones precolombinas muy sofisticadas que florecieron en el corazón de uno de los lugares más áridos del planeta. Esta región es una de las más ricas de Perú en lo que a arqueología se refiere. En las últimas décadas se han descubierto tesoros increíbles, como la tumba del Señor de Sipán o Batán Grande.

El pasado colonial más reciente de la región se puede descubrir en la tercera ciudad más grande de Perú, Trujillo, fundada en 1534. Esta elegante población, en la que se pueden contemplar iglesias y mansiones bien conservadas lideró la campaña por la independencia peruana en el año 1820.

Este territorio posee una exquisita tradición culinaria con el pescado, el marisco y la cabra como ingredientes principales de variados platos especiados de sabores sabrosos y deliciosos. Al sur del desierto de Sechura se sitúan valles cultivables que han proporcionado alimento a los habitantes de la región desde la época precolombina.

TUMBES
ZORRITOS 11
Cañaveral
MÁNCORA 8
Parque Nacional
Cerros de Amotape
Atascadero
Cerros de Amotape
Talara
1A
Negritos
Poechos
Sullana
1N
Paita
2
Piura
Catacaos
1N
La Unión
Sechura
CARRETERA PANAMERICANA
Parachique
Bayóvar
Reventazón

Océano
Pacífico

LA TIERRA MOCHE

Esencial

1. Trujillo
2. Museo Tumbas Reales de Sipán

Lugares de interés

3. Huaca del Sol y de la Luna
4. Chan Chan
5. Huanchaco
6. Chiclayo
7. Complejo Arqueológico El Brujo
8. Máncora
9. Batán Grande
10. Tumbes
11. Zorritos
12. Túcume

0 kilómetros 60
N
Machala
Girón
San Juan Bosco
Pucara
Nabón Canton
Arenillas
Saraguro
El Pangui
Pinas
ECUADOR
La Victoria
Loja
Paquisha
Puerto Galilea
Catacocha
Celica
Yangana
Cariamanga
Chávez Valdivia
Borja
Ayabaca
Palanda
Orellana
Santa María de Nieva
Las Lomas
Cordillera de Guamani
Chipe
Tambo Grande
Pacaipampa
San Ignacio
Chulucanas
Chiriaco
Huancabamba
Huarango
PIURA
Tabaconas
Serrán
Municipalidad de Canchaque
Municipalidad de Aramango
ACR Bosques Secos Salitral
Aeropuerto Jaén
Morante
Tambo
Jaén
Bagua Grande
Chamaya
Pedro Ruiz Gallo
Olmos
Rioja
LAMBAYEQUE
LA SIERRA NORTE
p. 236
Desierto de Sechura
Ocallí
Chachapoyas
Cutervo
TÚCUME 12
9 BATÁN GRANDE
Chota
Santo Tomás
Catache
2 MUSEO TUMBAS REALES DE SIPÁN
Hualgayoc
CHICLAYO 6
Balsas
Cayaltí
Celendín
Monsefú
Longotea
Cajamarca
Bolívar
Chepén
Tembladera
Pacasmayo
Sunchubamba
Condormarca
San Pedro de Lloc
Zapotal
Lucma
Cajabamba
Puerto Chicama
Paiján
Ascope
Huaranchal
Milagro
Casa Grande
Corral Pampa
Chiclayo
COMPLEJO ARQUEOLÓGICO EL BRUJO 7
Cartavio
Sinsicap
Agallampa
Coñachugo
HUANCHACO 5
1 TRUJILLO
Julcán
Buldibuyo
CHAN CHAN 4
3 HUACA DEL SOL Y DE LA LUNA
Santiago de Chuco
Salaverry
Conchucos
LA LIBERTAD
Quiches
Puerto Morin
Virú
El Carmelo
Río Chao
Quiroz
Sihuas
Chao
Yánac
Tanguche
Pomabamba
Guadalupito
LA CORDILLERA BLANCA
p. 206
Sucre
San Luis
Mancos

TRUJILLO

C4 560 km al norte de Lima 10 km al noroeste Desde Lima Pizarro 402, 044 294 561

Considerada como la tercera ciudad más grande de Perú, su clima benigno le ha valido el sobrenombre de la Ciudad de la Eterna Primavera. Fundada en 1534, se convirtió en la ciudad más importante de la costa norte durante el siglo XVI. Hoy es un verde oasis rodeado de extensos campos de arroz y caña de azúcar y próximo a fascinantes yacimientos arqueológicos moche y chimú.

Plaza de Armas

También llamada plaza Mayor, es considerada por algunos como la plaza principal más grande de Perú. En su centro se alza un gran monumento de mármol y bronce dedicado a los héroes de las guerras por la independencia, diseñado por el artista alemán Edmund Moeller (1885-1957) e inaugurado en 1927. Hay una estatua del conquistador Francisco Pizarro, nacido en el Trujillo de España, que merece la pena.

Todos los domingos en la plaza de Armas se iza la bandera y se celebra un desfile. En ocasiones se puede ver a bailarines interpretando la marinera *(p. 52)* o caballos de paso peruanos *(p. 229)* cruzando la plaza.

↑ Estatua ecuestre de Francisco Pizarro en la plaza de Armas

Catedral

Esquina de Independencia y Orbegoso 044 223 328 Los horarios varían; llamar con antelación

En un extremo de la plaza de Armas se alza la catedral, también conocida como la basílica Menor. Se levantó a mediados del siglo XVII, pero quedó arrasada tras el terremoto acaecido en 1759 y tuvo que ser reconstruida. Su decoración incluye coloridas esculturas y pinturas barrocas de la escuela quiteña, un estilo pictórico surgido en Quito en el siglo XVIII.

La catedral alberga un museo donde se exponen hermosos cuadros y esculturas religiosas de los siglos XVIII y XIX.

Casa Urquiaga

Pizarro 446 044 244 841 9.15-15.15 lu-vi, 10.00-13.00 sá

Esta mansión perfectamente restaurada recibe también el nombre de Casa Calonge, ya que perteneció a Bernardino Calonge, fundador del primer

←
La brillante fachada de la catedral de Trujillo, en el bullicio de la plaza de Armas

banco de la ciudad. Pintada en color azul real y con rejas blancas en las ventanas, en 1972 la familia Urquiaga la vendió al Banco Central de Reserva del Perú, su actual propietario. En el interior del edificio se conserva el escritorio de caoba del siglo XVIII utilizado por Simón Bolívar, que vivió aquí tras proclamar la independencia de Perú en 1821.

La construcción cuenta con tres patios interiores. Hay varias piezas de cerámica moche y nazca y múltiples ornamentos de oro chavín y chimú.

Iglesia de la Merced

Pizarro 550 044 201 615 8.00-12.00 y 16.00-20.00 todos los días

Esta iglesia, cuya primera construcción es de 1536, fue destruida en un terremoto. Diseñada y reconstruida en torno a 1636 por el artista portugués Alonso de las Nieves, sufrió graves desperfectos durante el terremoto de 1970. El edificio, cuya cúpula ha sido restaurada, está decorado con hermosas figuras que representan escenas de la vida de san Pedro Nolasco, fundador francés de la Orden Mercedaria. Otros elementos interesantes son sus peculiares retablos pintados en las paredes, anteriores a la utilización de retablos de pie, y el valioso órgano rococó.

Casa de Orbegoso

Orbegoso 553 044 234 950 Para exposiciones

Esta elegante mansión del siglo XVIII ya no está abierta al público, excepto para alguna exposición. Sirvió de residencia a Luis José de Orbegoso y Moncada, un conocido general que luchó por la independencia de Perú y llegó a ser presidente en 1834-1836 y 1837-1838. Su legislatura marcó un periodo turbulento en la historia del país; de hecho, se vio obligado a abandonar la escena política para regresar a su mansión totalmente desacreditado. Interbank la compró en 1987.

Plazuela El Recreo

Jirón Francisco Pizarro 900

Este pequeño parque, a menudo utilizado para albergar ferias del libro y eventos culturales, está a diez minutos andando de la plaza Mayor. La enorme fuente, hecha con mármol andino y rodeada de cuatro estatuas de mármol, se trasladó a su ubicación actual en 1925 desde la plaza Mayor. Una remodelación reciente ha actualizado un sistema de irrigación prehispánica que traía agua desde el río Moche.

LA MEJOR FOTO
Mural grandioso

En la Universidad de Trujillo se encuentra el mural más grande del continente. Hecho con millones de piezas de mosaico, sus coloridas escenas sobre historia y naturaleza ofrecen la oportunidad de hacerse una foto. Se tardaron 16 años en terminarlo, a partir de los dibujos del artista Rafael Hastings.

Palacio Iturregui

Pizarro 688 044 244 434 8.30-20.00 lu-sá

Esta mansión neoclásica de principios del siglo XIX fue la residencia del general Juan Manuel Iturregui y Aguilarte, padre de la independencia peruana. En la actualidad, alberga el Club Central, un exclusivo centro social para las clases altas de Trujillo. Se la compró a los marqueses de Bellavista en 1841. El edificio, a dos manzanas al este de la plaza de Armas, posee tres patios rodeados por hermosas salas y galerías decoradas con molduras doradas en los techos, columnas altas y esbeltas y techo descubierto. El acceso está restringido y solo algunas zonas permanecen abiertas al público.

Museo de Arqueología de la Universidad de Trujillo

Junín 682 044 249 322 9.00-17.00 lu-sá, 9.00-13.00 días festivos

Este museo se encuentra en una espléndida mansión colonial del siglo XVII. Destaca por su amplio conjunto de muestras temáticas que abarcan 12.000 años de historia de la costa norte. El Estado le cedió la mansión a la Universidad de Trujillo en 1995, para proporcionarle un espacio de exposición permanente para la gran colección de arqueología. Las piezas más impresionantes son los hallazgos moche excavados en la Huaca de la Luna *(p. 232)*.

Casa de la Emancipación

Pizarro 610 9.00-13.00 lu-sá (y 16.00-19.00 lu-vi) fundacionbbva.pe/casonas/casa-de-la-emancipacion

En esta casa, uno de los edificios históricos más notables de la ciudad, el marqués de Torre Tagle planeó, declaró y encabezó la independencia de Trujillo respecto del dominio español en 1820. También es conocida como Casa Rossel-Urquiaga, debido al nombre de la familia que fue su propietaria entre 1884 y 1944. Fue la primera sede del Gobierno y Congreso peruanos.

A mediados del siglo XX, el BBVA Banco Continental compró y restauró el edificio para instalar su oficina central en la ciudad. El patio principal y la entrada presentan un diseño austero y la amplia galería luce un impresionante suelo de mármol. La exposición de los planos y la historia de la casa convive con muestras dedicadas a la vida del poeta César Vallejo (1892-1938) y el obispo Baltazar Martínez de Compañón y Bujanda (1737-1797).

Iglesia y monasterio del Carmen

Intersección de Colón y Bolívar 044 256 155 9.00-13.00 lu-sá; iglesia: 7.00-7.30 do

Este complejo compuesto por una iglesia y un monasterio se fundó en 1759, aunque algunos historiadores afirman que ya existía en el año 1724. Se trata del conjunto religioso de mayores dimensiones de la ciudad y, no en vano, ocupa

EL CABALLO DE PASO PERUANO

El caballo de paso peruano es un animal extraordinario y manso cuyo linaje se compone de razas españolas como la bereber y la andaluza. Trujillo conforma uno de los centros de cría más importantes de esta raza y aquí se celebran fiestas y competiciones constantes. Este caballo posee un estilo peculiar llamado paso llano, que es una combinación entre paso y medio galope. Esto permite al caballo cubrir largas distancias sin cansarse. Otra de sus virtudes es el término, un movimiento en el que las extremidades delanteras están levantadas mientras se mueve hacia adelante.

toda una manzana. Aunque sufrió graves desperfectos durante los terremotos de 1759 y 1970, ha sobrevivido hasta la actualidad para convertirse en la joya del arte colonial de Trujillo.

La iglesia y el monasterio albergan la colección de arte colonial más importante de la ciudad. La Pinacoteca Carmelita cuenta con unos 150 cuadros de estilo barroco y rococó, la mayoría de ellos de los siglos XVII y XVIII.

La iglesia posee otras maravillas como el impresionante altar mayor, considerado una obra maestra del estilo churrigueresco de Perú. La nave de una sola cúpula se adorna con murales florales en tonos pastel, exquisitos altares a los lados y un hermoso púlpito de pan de oro.

El monasterio posee dos claustros, uno procesional y otro recreativo, ambos con maravillosos arcos abovedados

←

Bonito interior de una sala de estilo colonial del palacio Iturregui

Una parte considerable de la colección de arte del convento se guarda en esta zona, pero no está abierta al público.

⑪ 

Museo de Arte Moderno

Av. Villareal con Carretera Industrial 044 215 668 9.00-17.00 lu-sá

Este museo y estudio a las afueras de la ciudad, que alberga fundamentalmente la obra del artista y arquitecto Gerardo Chávez (nacido en 1937), es una

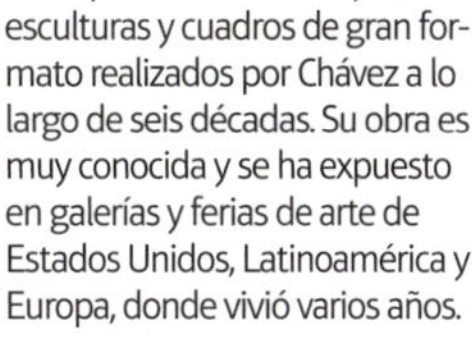

retrospectiva de los dibujos, esculturas y cuadros de gran formato realizados por Chávez a lo largo de seis décadas. Su obra es muy conocida y se ha expuesto en galerías y ferias de arte de Estados Unidos, Latinoamérica y Europa, donde vivió varios años.

⑫   

Museo del Juguete

Independencia 705 044 208181 10.00-18.00 lu y mi-sá, 10.00-13.00 do

Este museo inaugurado en 2001 ofrece una rara y fascinante colección de juguetes reunidos por uno de los artistas peruanos más famosos, el trujillano Gerardo Chávez. Con unas 1.000 piezas, destacan un silbato de la cultura vicús con 2.500 años de antigüedad, muñecas de trapo precolombinas de la cultura chancay, muñecas de porcelana francesa del siglo XVIII, coches metálicos de posguerra y batallones de soldaditos de plomo. El museo aspira a convertirse en la mayor colección privada de juguetes de Sudamérica. Está patrocinado por Espacio Cultural Angelmira, dirigido por Chávez, situado en la primera planta, donde un café-bar ofrece bebidas y tentempiés.

→

Bicicleta de metal expuesta en el Museo del Juguete

2

MUSEO TUMBAS REALES DE SIPÁN

C3 Av. JP Vizcardo y Guzmán s/n, Lambayeque Desde Chiclayo Desde Chiclayo 074 283 977 9.00-17.00 ma-do

Este museo de proporciones monumentales, uno de los más grandes de Latinoamérica, consta de tres plantas y diez sectores temáticos. La exposición permanente se compone de 1.400 piezas de extraordinaria belleza y técnica, elaboradas en oro, plata, cobre, bronce, piedras preciosas y cerámica.

Este museo con forma de pirámide se inauguró en 2002. El arquitecto Celso Prado Pastor lo diseñó inspirándose en la Huaca Rajada, el mausoleo moche donde el Señor de Sipán fue enterrado hace 1.700 años. El arqueólogo Walter Alva descubrió en 1987 la tumba de este rey precolombino, considerada la más rica del Nuevo Mundo.

↑ Una muestra de la inmensa colección de cerámica del museo

Visitando el Museo Tumbas Reales de Sipán

La visita comienza de manera inusual en la tercera planta con un vídeo sobre la cultura moche y las excavaciones en la Huaca Rajada. Acceder a través de la tercera planta del edificio permite al visitante contemplar una tumba de la misma forma en que lo hace un arqueólogo, esto es, trabajando desde arriba hacia abajo, comenzando por los elementos generales y más recientes, desenterrando piezas cada vez más antiguas y específicas de esa cultura, y terminar alcanzando el hallazgo soñado: una tumba real sin descubrir.

Joyería ceremonial mochica

Maniquí de tamaño humano

← El sumo sacerdote, que controlaba el culto y los rituales religiosos

¿Lo sabías?

Los cacahuetes fueron un alimento de primera necesidad en la cultura mochica y están reprentados en muchos recipientes y en las joyas.

← La singular fachada del museo, diseñado por Celso Prado Pastor

Destacado

Tercera planta

▼ La entrada dispone de una antecámara de cristal oscuro que bloquea los rayos ultravioleta y permite que los ojos se adapten a la iluminación tenue y sepulcral. En esta planta destaca la colección de piezas de cerámica que representan aspectos cotidianos de la vida moche, como gente trabajando, haciendo el amor, etc. Los dioses y ceremonias religiosas también eran temas recurrentes, como esta imagen de Ai Apaec *(derecha)*, el dios de los moches.

Segunda planta

▶ Gran parte de la planta está dedicada al sector del Señor de Sipán, donde se exponen algunas de las piezas más impresionantes de la tumba. Se puede ver los espléndidos adornos para la cara y el pelo, como ornamentos para las orejas y un collar de cacahuetes de oro *(derecha)* que cubrían el rostro y el cuerpo del Señor de Sipán, a quien los arqueólogos atribuyen el título de sacerdote-guerrero de alto rango. Este tesoro está confeccionado principalmente con oro, plata, cobre y turquesa, y ha sido expuesto por todo el mundo.

Primera planta

▼ Por último, en la base del museo, está la reproducción de la tumba del Señor de Sipán en todo su esplendor. El señor está flanqueado por dos guerreros, uno de ellos enterrado con su perro; a sus pies y sobre su cabeza se encuentran los cuerpos de dos mujeres jóvenes, y en un nicho sobre la tumba hay un niño. A uno de los hombres y a las mujeres les falta el pie izquierdo: la razón de esta amputación continúa siendo un misterio.

LUGARES DE INTERÉS

Huaca del Sol y de la Luna

C4 8 km al sudeste de Trujillo por la carretera Panamericana, desvío por un camino sin asfaltar 9.00-16.00 todos los días huacasdemoche.pe

Este complejo arqueológico tiene dos pirámides. La impresionante Huaca del Sol solía tener 345 m de largo y 160 m de ancho, antes de que fuera saqueada por los buscadores de tesoros del siglo XVII. Aunque solo queda un tercio del templo, es aún la estructura de adobe precolombina más grande de América. Según el cronista español Antonio de la Calancha, en su construcción se emplearon unos 200.000 trabajadores y 140 millones de bloques sobre el 500 d. C. El interior está cerrado al público.

Muy cerca se alza la Huaca de la Luna, una estructura menor con seis plataformas. Tiene salas y patios interiores conectados entre sí con frisos de figuras antropomórficas. El Museo Huacas de Moche está aquí.

Chan Chan

C4 7 km al oeste de Trujillo 9.00-16.00 todos los días

Este gran complejo de casi 28 km^2 de extensión es considerada la mayor ciudad de adobe del mundo y fue declarado Patrimonio de la Humanidad por la Unesco en 1986 y uno de los sitios de más interés de Trujillo. Chan Chan se construyó entre los años 1100 y 1300 como capital del imperio chimú y residencia de la dinastía Tacaynamu. En su momento de apogeo, en esta metrópoli precolombina habitaban 100.000 personas, incluidos civiles, personal militar y artesanos. Los soberanos chimú se rindieron a los incas en torno al año 1470 tras sufrir un prolongado asedio.

El complejo está formado por nueve sectores o ciudadelas. La mejor conservada es la ciudadela Tschudi. Un camino conduce a través del conjunto de plazas hundidas, cámaras, pasillos, claustros de templos, zonas residenciales y barracones militares. La mayoría de las estructuras presenta frisos con aves marinas, peces y otras criaturas oceánicas. Algunas estructuras han sido dañadas por las últimas inundaciones y por los saqueos de los huaqueros.

La Huaca el Dragón es sin duda la estructura mejor restaurada de todo el complejo. También se la llama Huaca Arco Iris después de que se encontraran en sus muros internos motivos que

PERRO SIN PELO PERUANO

El origen de esta antigua raza se remonta al período precolombino. Se han encontrado representaciones en barro de este perro en yacimientos vicús, moche, chimú y chancay de la costa norte y central, lo que evidencia su origen peruano. Los incas los criaban como mascotas para agradar al dios del sol y a la diosa de la luna. Durante la conquista española a punto estuvo de la extinción, pero, por suerte, este animal inteligente y astuto sobrevivió en las zonas rurales, donde se creía en sus poderes mágicos.

↓ Visitantes en el complejo de Chan Chan; detalle de la buena conservación de los restos *(izquierda)*

Caballitos de totora al atardecer en la costa de Huanchaco

databan de las culturas huari, nazca o tiahuanaco. El complejo también alberga un pequeño museo.

Huanchaco

C4 12 km al noroeste de Trujillo Desde Lima huanchacoperu.com

El mejor balneario costero cerca de Trujillo conserva el ambiente de un tranquilo pueblo pesquero. Aunque el agua está demasiado fría para bañarse, resulta perfecta para los surfistas todo el año. El pasado del siglo XVI de la ciudad aún se ve en la iglesia barroca de la Virgen del Perpetuo Socorro. Lo más destacado de esta localidad son los caballitos de totora, que solo saben fabricar quienes las usan. Su utilización se remonta a la cultura moche hace unos 2.500 años.

Chiclayo

C3 200 km al norte de Trujillo Desde Lima Desde Lima y Trujillo lambayeque.com

Fundada a mediados del siglo XVI como pueblo rural, Chiclayo es hoy una ciudad comercial que ostenta el título de segunda población mayor del norte de Perú, después de Trujillo. Sus principales lugares de interés son la catedral de estilo neoclásico, construida en 1869, y el mercado Modelo. Este mercado, uno de los más interesantes de Perú, ofrece todo tipo de productos, desde hierbas y remedios usados por curanderos y brujos, hasta esterillas, sombreros y cestas de paja. Chiclayo es el punto de partida más práctico para visitar los principales emplazamientos arqueológicos e históricos de la zona.

A unos 10 km al norte de Chiclayo se encuentra Lambayeque, una ciudad colonial del siglo XVII que aún conserva casas con los típicos balcones de madera y rejas de hierro forjado en las ventanas. En la calle 2 de mayo se puede ver la Casa de la Logia o Montjoy, cuyo balcón de 64 m de largo está considerado el mayor de la América colonial. Esta localidad también cuenta con interesantes museos. El magnífico Museo Tumbas Reales de Sipán exhibe los fabulosos hallazgos de la tumba del Señor de Sipán *(p. 230)*. El **Museo Arqueológico Nacional Brüning** tiene una hermosa colección de piezas sicán, moche, chimú y lambayeque reunidas por el ingeniero alemán Hans Heinrich Brüning (1848-1928).

También merece la pena visitar el **Museo Nacional de Sicán** en Ferreñafe, 18 km al noreste de Chiclayo. En él hay objetos de oro, cerámica y utensilios hallados en las tumbas de Batán Grande que rivalizan con los descubiertos en Sipán.

Museo Arqueológico Nacional Brüning

Av. Huamachuco, Cuadra 8, Lambayeque 074 282110 9.00-17.30 todos los días

Museo Nacional de Sicán

Av. Batán Grande, Cuadra 9, Ferreñafe 074 286 469 9.00-17.00 ma-do

Complejo Arqueológico El Brujo

C4 45 km al noroeste de Trujillo, junto a la carretera Panamericana hacia Magdalena de Cao 9.00-17.00 todos los días

En 2006 los arqueólogos anunciaron el descubrimiento de una momia con tatuajes, bien conservada, con 1.500 años de antigüedad que pertenecía a una mujer joven. Fue hallada en una pirámide de ladrillo y barro llamada Huaca Cao Viejo, en el complejo moche El Brujo. Junto a la Señora de Cao se encontraron objetos funerarios como agujas de coser de oro y joyas de metal.

Característica jarra moche del Complejo Arqueológico El Brujo

8 Máncora

B2 · 23 km al sur de Punta Sal · vivamancora.com

Máncora, sin duda la población costera más moderna de todo Perú, atrae a una multitud variada. Surfistas jóvenes, mochileros extranjeros y limeños adinerados acuden a esta localidad por sus maravillosas playas, en especial por la de Las Pocitas, 5 km al sur. Es también un destino genial para el surf, con olas que rivalizan con las de Brasil y Ecuador, y es famosa por sus animados bares y discotecas.

Unos 11 km al este se hallan los Baños de Barro, unos manantiales de cuyas aguas sulfurosas dicen que tienen propiedades curativas.

9 Batán Grande

C3 · 38 km al noreste de Chiclayo en la carretera de Ferreñafe

Batán Grande, una interesante mezcla de naturaleza e historia, es un conjunto de 20 pirámides de adobe ubicadas en el centro de un antiguo bosque de algarrobos: el santuario histórico Bosque de Pomac. Entre 1978 y 2001 el arqueólogo japonés Izumi Shimada desenterró muchas tumbas del periodo sicán intermedio (900-1100 d. C.). Algunas de las mejores piezas de oro encontradas se exponen en el Museo Nacional Sicán *(p. 233)*. La cultura sicán, que en lengua muchik significa templo de la Luna, surgió tras la caída de los moche, pero abandonó este lugar en el siglo XII.

10 Tumbes

B2 · 140 al norte de Talara · Desde Lima

Tumbes es una ciudad pequeña y tranquila que estuvo habitada originalmente por los tallanes, emparentados con las tribus costeras de Ecuador. Los conquistadores españoles llegaron a ella en 1527. La ciudad también fue objeto de litigio en una guerra fronteriza con Ecuador entre 1940 y 1941 que finalmente ganó Perú.

Unos 13 km al noreste de Tumbes se encuentra la Reserva de la Biosfera del Noroeste, que abarca 1.818 km². Comprende cuatro zonas protegidas. La forma más práctica de acceder es desde la ciudad de Limón por una carretera pavimentada paralela al río Tumbes.

11 Zorritos

B2 · 28 Km al suroeste de Tumbes

Zorritos, el mayor pueblo pesquero de la zona, tiene magníficas playas famosas entre los lugareños. Es el hábitat de muchas aves migratorias, por lo que acuden muchos aficionados a la ornitología.

Unos 9 km al sur de Zorritos, en el km 1.232 de la carretera Panamericana, se encuentra Bocapán, la principal vía de acceso al Parque Nacional Cerros de Amotape. Este parque, creado en 1975, protege el paisaje

> **Surfistas jóvenes, mochileros extranjeros y limeños adinerados acuden a esta localidad por sus maravillosas playas, en especial por la de Las Pocitas, 5 km al sur.**

La maravillosa playa de Máncora, la mejor playa de arena de Perú

del norte de Perú y da cobijo a numerosas especies de animales en peligro, como el cocodrilo de Tumbes y la nutria de río sudamericana. Para acceder al parque es necesario solicitar un permiso al Instituto Nacional de Recursos Naturales (SERNANP).

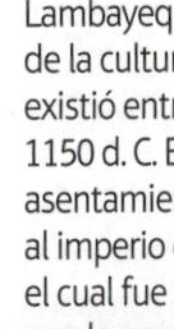

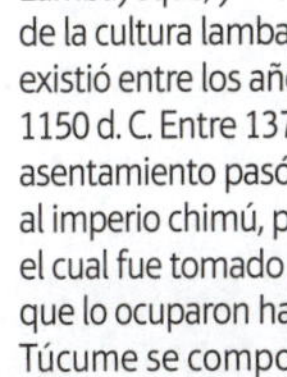

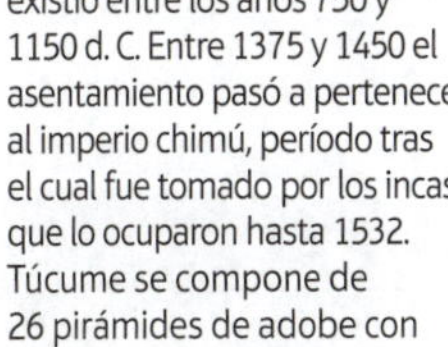

Túcume

C3 33 km al norte de Chiclayo en la antigua carretera Panamericana hacia Piura Desde Chiclayo y Lambayeque 8.00-17.00 todos los días tucume.com

Este yacimiento, conocido también como Valle de las Pirámides, está ubicado en las llanuras de Túcume, en el valle de Lambayeque, y fue la capital de la cultura lambayeque, que existió entre los años 750 y 1150 d. C. Entre 1375 y 1450 el asentamiento pasó a pertenecer al imperio chimú, período tras el cual fue tomado por los incas, que lo ocuparon hasta 1532. Túcume se compone de 26 pirámides de adobe con unos 40 m de altura y otros edificios menores construidos en torno al cerro Purgatorio, un promontorio de 197 m también llamado cerro La Raya, ya que, según cuenta la leyenda, aquí vive una raya.

Se piensa que Túcume era un centro de peregrinación en el que residían sumos sacerdotes expertos en agroastrología. Las investigaciones más relevantes fueron realizadas por Thor Heyerdahl (1914-2002), etnógrafo y explorador noruego. Heyerdahl descubrió evidencias de una cultura marítima precolombina, confirmando las teorías que alentaron su viaje a través del océano Pacífico de Perú a Polinesia en 1947.

Los restos de ofrendas, enterramientos y cerámica conmemorativa confirman las ocupaciones chimú e inca. En la Huaca Larga se halló la lujosa tumba de un destacado general inca. Hay arqueólogos que creen que el incendio que arrasó la céntrica Huaca Larga coincidió con el inicio del período colonial en Perú.

El Museo de Sitio Túcume, inaugurado en el año 1991, recoge los trabajos de Heyerdahl y del arqueólogo estadounidense Wendell C. Bennet, el primero en excavar el yacimiento en el 1936.

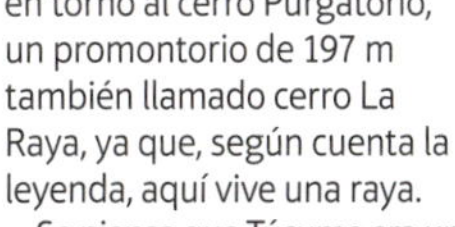

Objetos y cerámica expuestos en el Museo de Sitio de Túcume

Fiesta Chiclayo Gourmet

El famoso chef Héctor Solís le da un toque contemporáneo a la comida tradicional de Lambayeque, cocinada con métodos antiquísimos.

C3 Av. Salaverry 1820, Chiclayo restaurantfiesta gourmet.com

Big Ben

Para tomarse un pisco *sour* y unas vieiras o una sabrosa sopa parihuela frente al mar.

C4 Av. Larco 836, Huanchaco bigbenhuanchaco.com

Eduardo El Brujo

No hay un sitio mejor para probar el manjar de la región: las conchas negras. Estas solo crecen en los alrededores; aquí las tienen acevichadas.

B2 Jirón Malecón Benavides 850, Tumbes eduardoelbrujo.com

La Sirena d'Juan

El chef Juan Seminario, educado en Le Cordon Bleu, prepara pescado y marisco, pasta recién hecha y postres exquisitos. Buena carta de vinos.

B2 Av. Piura 316, Máncora 073 258 173 15.30-19.00 todos los días

El paisaje panorámico más allá de las ruinas de Kuélap

LA SIERRA NORTE

Dominada por los grandes ríos amazónicos Marañón y Huallabamba, esta región remota y sumamente peculiar, con una rica agricultura, también es famosa por su artesanía, un legado que se remonta a la civilización preinca de los chachapoyanos. La capital provincial, Cajamarca, destaca por su elegante arquitectura colonial. Las espectaculares ruinas de Kuélap descubren la maestría de la cultura chachapoyana, que alcanzó su período clásico en torno al año 800 d. C. y creció hasta ocupar una vasta extensión en los Andes peruanos del norte. La gran variedad de hábitats y climas permitió a los chachapoyanos cosechar numerosos cultivos. Eran tejedores expertos, y sus amplios conocimientos sobre agricultura les impulsaron a cavar terrazas en las laderas de las montañas y a cubrir las zonas bajas con complejos sistemas de irrigación.

Al recorrer esta zona interior, se experimenta una sensación de aventura y libertad, ya que los turistas escasean y la vida rural se conserva como hace siglos.

LA SIERRA NORTE

Esencial

1. Cajamarca
2. Kuélap

Lugares de interés

3. Leymebamba
4. Los Baños del Inca
5. Ventanillas de Otuzco y Combayo
6. Chachapoyas
7. Cumbemayo
8. Cañón del Sonche
9. Karajía
10. Levanto
11. Revash
12. Cataratas Gocta

0 kilómetros 30
N
Orellana
Santa María de Nieva
Chipe
AMAZONAS
Chiriaco
Huarango
5N
Tamborapa
Distrito de Aramango
Santuario Nacional Cordillera de Colan
Zona Reservada Río Nieva
Aeropuerto de Jaén
Jaén
Chamaya
Bagua Grande
RESERVAS AMAZÓNICAS
p. 248
Pedro Ruiz Gallo
12 CATARATAS GOCTA
Rioja
Río Chamaya
AMAZONAS
Lunya Grande
KARAJÍA 9
88
8 CAÑON DE SONCHE
6 CHACHAPOYAS
Santo Domingo
Ocallí
Huaylla Belén
10 LEVANTO
Tingo
Cordillera Central
Río Marañón
Río Laucano
KUÉLAP 2
Cutervo
Ubilon
Santo Tomás
Cochabamba
Chota
Lajas
REVASH 11
3
LEYMEBAMBA
Santa Cruz
Bambamarca
Hualgayoc
Balsas
Celendín
Sucre
VENTANILLAS DE OTUZCO Y COMBAYO
SAN MARTÍN
Longotea
San Pablo
3N
5
Aeropuerto Mayor General FAP Armando Revoredo Iglesias
4 LOS BAÑOS DEL INCA
1
Bolivar
7
CAJAMARCA
CUMBEMAYO
San Marcos
Contumazá
San Benito
Cacachi
Sunchubamba
Sitacocha
Condormarca
Cascas
Lluchu-bamba
Sayapullo
Algamarca
Zapotal
Cajabamba
Huaranchal
Parque Nacional Río Abiseo
Chugay
Corral Pampa
Sausacocha
Patáz
Sinsicap
Huamachuco

CAJAMARCA

C3 856 km al norte de Lima A 3 km Desde Lima y Trujillo Complejo de Belén, calle Belén 631; www.cajamarcaperu.com

La capital andina de Cajamarca, que presenta la típica distribución colonial en cuadrícula, ha sido un destino frecuentado por los viajeros desde la época inca. Sus edificios coloniales y del período de la independencia rivalizan en elegancia con los de Cuzco y Arequipa. Cajamarca constituye una base genial desde la que recorrer la zona circundante, famosa por sus productos lácteos. El mejor momento para visitarla es durante el carnaval.

Museo Arqueológico

Del Batán 289 8.00-14.30 lu-vi Días festivos

Este museo dirigido por la Universidad de Cajamarca ofrece un recorrido histórico de 3.000 años a través de los hallazgos arqueológicos descubiertos en esta región andina. La exposición incluye desde cerámica y tejidos hasta fotografías en blanco y negro, momias, dibujos de los petroglifos de Cumbemayo *(p. 245)* y una colección de piedras labradas. Destacan las pinturas del artista local Andrés Zevallos. El museo también proporciona interesantes folletos sobre los lugares de interés en la zona.

Iglesia de San Francisco

Plaza de Armas 7.00-12.00 y 16.00-20.00 todos los días

El estilo neoclásico de la iglesia y el convento de San Francisco, erigidos en los siglos XVII y XVIII, rivaliza en hermosura con el de la catedral de Trujillo en la plaza de Armas. Alberga un hermoso altar, catacumbas y un museo de arte sacro. A la derecha de la iglesia se sitúa la capilla de la Virgen de los Dolores, que es la más bella de la ciudad; custodia una imagen de la patrona de Cajamarca, la Virgen de los Dolores, que se pasea en procesión durante las fiestas religiosas.

Catedral

Plaza de Armas 8.00-11.00 y 18.00-21.00 todos los días

Al noroeste de la plaza de Armas, cubierta de césped, bancos y setos de formas imaginativas, se sitúa la catedral. Su construcción empezó en el siglo XVII, pero no fue consagrada hasta 1762. Su fachada, con hermosas tallas en piedra, constituye un buen ejemplo del estilo barroco logrado en el Perú colonial. El altar mayor, realizado en un impresionante estilo churrigueresco, está cubierto por completo con pan de oro. Los muros del templo

↑ La impresionante fachada de la iglesia de San Francisco, iluminada por la noche

¿Lo sabías?

Las autoridades españolas aplicaron un impuesto sobre los edificios religiosos de la ciudad; muchos quedaron sin terminar para evitar pagarlo.

Arquitectura colonial por excelencia cerca de la plaza de Armas de Cajamarca

tienen gran cantidad de mampostería inca.

---

4  

Cuarto del Rescate

Amalia Puga 722 9.00-13.00 y 15.00-20.00 ma-sá, 9.00-13.00 do Días festivos

Esta casa es el único edificio inca que se conserva en la ciudad. En él se pueden contemplar los típicos nichos y puertas trapezoidales antisísmicos y parte de la mampostería original. Esta cámara con 5 m de ancho y 7 m de largo tiene gran importancia histórica. Una teoría sostiene que los españoles encarcelaron en esta estancia a Atahualpa, el último Inca. La otra dice que se trata de la sala que el Inca prometió llenar de oro y plata como pago por su libertad.

---

5  

Complejo de Belén

Calle Belén 9.00-13.00 y 15.00-20.00 ma y mi, 9.00-20.00 ma-sá, 9.00-13.00 do Días festivos

Este complejo del período colonial se compone de varios edificios con patios e instituciones. Entre estas se incluyen la oficina de turismo, el Instituto de Cultura (INC), un pequeño museo médico y una de las iglesias más bonitas de Cajamarca, la iglesia de Belén. Esta iglesia es uno de los mejores ejemplos del barroco peruano, con susaltares cubiertos de pan de oro y la bella cúpula ornamentada con querubines sujetando un centro de flores.

El interesante Museo Arqueológico y Etnográfico al otro lado de la calle (en Junín y Belén), frente al resto del complejo, ocupa el antiguo hospital de mujeres y la morgue. Tiene una amplia colección de piezas, cerámica y tejidos de la región.

---

6 

Cerro Santa Apolonia

Al sudoeste de la plaza de Armas

Esta colina es un lugar genial para hacerse una idea de toda la ciudad y se puede recorrer por una serie de caminos que atraviesan jardines con plantas endémicas. Aquí se encuentran restos de tallas en piedra de los períodos chavín e inca. Una de las rocas, conocida como la Silla del Inca, tiene forma de trono.

Esencial

Costa del Sol Wyndham

Con vistas a la histórica plaza Mayor, este hotel ofrece gimnasio, piscina y un servicio agradable.

Jr Cruz de Piedra 707
costadelsolperu.com/cajamarca

El Cabildo Hostal

A una manzana de la plaza Mayor, esta antigua casa de 300 años restaurada tiene un patio colonial encantador.

Jiron Junin 1062
elcabildohostal.pe

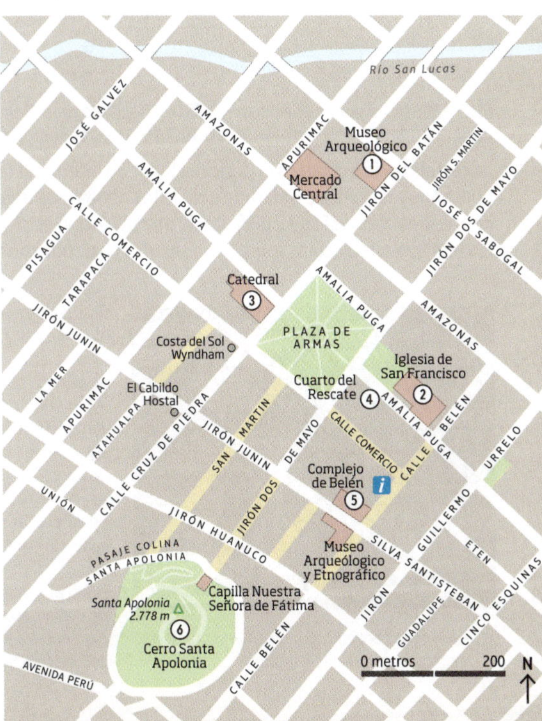

¿Lo sabías?

Se cree que en Kuélap se utilizó tres veces más piedra que en la Gran Pirámide de Giza en Egipto.

→ Uno de los cientos de casas de piedra circulares del lugar

2

KUÉLAP

C3 93 km al sur de Chachapoyas De Chachapoyas a Tingo, luego una caminata de 4 h Desde Nuevo Tingo 8.00-17.00 todos los días kuelap.org

La fortaleza de Kuélap es el principal lugar de interés de la región de Chachapoyas. Está considerada una de las ruinas más hermosas e impresionantes de Perú y disfruta de una ubicación estratégica perfecta, en una cresta espectacular sobre el río Utcubamba, rodeada de verdes campos.

↑ Hermosas bromelias y orquídeas creciendo por los muros de las ruinas

Tras permanecer olvidada entre la vegetación durante más de 300 años, la fortaleza fue descubierta en 1843 por un juez local, aunque no se exploró por completo hasta finales del siglo XIX y principios del XX. Las piezas de cerámica descubiertas en Kuélap indican que la zona estuvo habitada desde el año 500 d. C., aunque la mayoría de las construcciones se levantó entre el año 900 y 1100 d. C. Esta fortaleza es la mayor construcción de Perú. El complejo se encontraba rodeado por un muro, que protegía más de 400 casas, en las que se creen que vivían unas 3.500 personas. Fuera de la muralla había terrazas de cultivo, asentamientos menores y espacios para enterramientos. Cuando los incas llegaron a Kuélap en torno a 1470, descubrieron que

estaba protegida por guerreros chachapoyanos y que no resultaba fácil de tomar. Fueron incapaces de dominar el fuerte y solo se han hallado cinco edificios incas.

Visitando Kuélap

El acceso con forma de embudo, una de las tres entradas principales, conduce hacia el interior de la fortaleza; se va estrechando poco a poco hasta permitir solo el paso de una persona.

El Tintero es la construcción más famosa del interior de la muralla. Su nombre hace referencia a su forma. Los primeros estudios atribuyeron diversas funciones al edificio: como depósito de agua, prisión, cámara de tortura o cementerio. Sin embargo, las investigaciones más recientes sugieren que el edificio tenía un uso astronómico, ya que la pequeña entrada se alinea con el sol en los períodos más favorables para la siembra de cultivos.

Con sus 7 m de alto, el Torreón, uno de los elementos principales del complejo, se alza en el extremo norte de Pueblo Alto y ofrece vistas en todas direcciones. Los arqueólogos hallaron un arsenal de hachas de piedra rotas y 2.500 piedras apiladas en el suelo, con el tamaño adecuado para las hondas que habrían usado los defensores.

↑ El Tintero es una misteriosa estructura con forma de cono invertido en el lado sur de la ciudadela

EL PUEBLO CHAPAPOYA

Se piensa que el término chachapoya deriva de la unión de dos palabras en quechua: sacha y puyu, que literalmente significan bosque y nube. Los chapapoyanos eran famosos por sus respetados chamanes, curanderos y brujos. Este pueblo destacaba por sus conocimientos sobre agricultura y también por sus tejidos. Las telas expuestas en el Museo Leymebamba *(p. 244)* muestran la belleza de su imaginería y la gran diversidad de técnicas que empleaban, como el tejido plano, tapicería, brocado y bordado en una misma pieza.

LUGARES DE INTERÉS

Leymebamba

D3 80 km al sudeste de Chachapoyas

Esta bonita ciudad con mercado, a unas 10 horas en coche desde Cajamarca, pasa desapercibida para los itinerarios turísticos de Perú. Sin embargo, sus alrededores son magníficos para recorrerlos a pie o a caballo. Justo al sur de la ciudad, en el **Museo Leymebamba** se exponen los sorprendentes hallazgos arqueológicos procedentes de la cercana laguna de los Cóndores. Entre las 5.000 piezas expuestas se incluyen unas 150 momias especialmente bien conservadas. También se puede contemplar una muestra etnográfica sobre la vida en la región. El museo cuenta además con un jardín de orquídeas con más de 100 especies autóctonas de flores. Justo al otro lado de la carretera, un pequeño café tiene bocadillos excelentes y unos comederos que atraen a 17 especies de colibrís. La ciudad se puede visitar en un día desde Chachapoyas.

Museo Leymebamba

 Av. Austria, San Miguel 10.00-16.30 todos los días museoleymebamba.org

4 Los Baños del Inca

C3 5 km al este de Cajamarca 6.00-18.30 todos los días

Sumergirse en las aguas termales de los Baños del Inca supone una agradable forma de pasar la tarde, a solo un paseo en taxi o autobús desde Cajamarca. Los baños datan del período preinca. Se cree que Pizarro encontró al último Inca Atahualpa acampado con su ejército junto a los baños, y que a esta circunstancia debe su nombre.

El lugar se llena de gente los fines de semana, y hay que compartir los baños con docenas de extraños. Hay varias piscinas con diversas temperaturas y precios. El complejo tiene un restaurante modesto, un hotel y una sauna.

5 Ventanillas de Otuzco y Combayo

C3 Otuzco: 8 km desde Cajamarca 8.00-18.00 todos los días

Las Ventanillas de Otuzco, uno de los cementerios más antiguos de Perú, data de hace unos 3.500 años. La necrópolis se compone de un conjunto de nichos funerarios abiertos en la roca volcánica del barranco, algunos de ellos con tallas decorativas grabadas. Los caciques de Cajamarca estaban enterrados en los nichos. Desde lejos parecen ventanas, de ahí su nombre.

Se puede encontrar un gran número de estos nichos en Combayo, 30 km al sudeste de Cajamarca. Ambos lugares se pueden recorrer en una visita desde Cajamarca. Otuzco se halla a 90 minutos a pie de los Baños del Inca.

LA LAGUNA DE LOS CÓNDORES

Escondida entre el bosque nuboso, a la cautivadora laguna de los Cóndores también se la llama la laguna de las Momias, pues en 1997, cientos de momias que a los españoles se les habían pasado por alto, fueron redescubiertas en las tumbas de los riscos que rodean el lago. Ahora están en el Museo Leymebamba. Para llegar a las tumbas hay que hacer una agotadora caminata de 12 horas que asciende hasta los 3.700 m antes de descender a la orilla del lago. En Chachapoyas o Leymebamba hay agencias que organizan excursiones de tres días hasta allí.

Chachapoyas

C3 329 km al noreste de Cajamarca Desde Lima Desde Cajamarca

Aunque el sitio en sí no tiene nada del otro mundo, las buenas comunicaciones hacen de Chachapoyas la puerta de acceso a los mejores yacimientos arqueológicos del norte de Perú. Su bonita plaza central tiene una estatua de bronce del líder de la independencia Toribio Rodríguez de Mendoza, y está rodeada de edificios coloniales. En uno de ellos está el Museo El Reino de las Nubes, que ofrece una introducción a los lugares de la zona, incluyendo una reproducción a escala de Kuélap *(p. 242)*. La mejor vista de la ciudad está en el mirador de Luya Urco, al noroeste, que permite ver más allá de los tejados.

La ciudad es la base ideal para visitar las cercanas ruinas atribuidas a los chachapoyanos, o pueblo de las nubes, de piel inusualmente blanca, expertos en la construcción de fortalezas de alta montaña y que enterraban a sus muertos en tumbas en los precipicios. Fueron absorbidos por el imperio inca en el siglo XVI.

Cumbemayo

C3 20 km al sudoeste de Cajamarca

En la montañosa región de Cumbemayo, al sudoeste de Cajamarca *(p. 240)*, hay un famoso canal tallado en la roca y un acueducto construido con gran maestría por hábiles mamposteros. Se estima que la estructura se remonta 2.000 años atrás y que debería tener uso práctico y ritual, dado el gran esfuerzo que supuso su construcción. Originalmente servía para trasladar el agua desde la cuenca atlántica hasta la ladera pacífica a través de un complejo sistema de túneles y canales, algunos de los cuales se mantienen en uso.

En un extremo del acueducto se halla una roca con forma de rostro humano que da paso a una cueva tallada. Dentro de la cueva, y con ayuda de una linterna, se pueden contemplar petroglifos con formas felinas de 3.000 años de antigüedad. Se trata de un icono típico del pueblo chavín, que dominó la zona en esa época.

En el camino de Cajamarca a Cumbemayo se divisa una curiosa formación rocosa conocida como el Bosque de Piedras. La erosión ha dado a estas moles de roca caliza formas afiladas que recuerdan a figuras humanas de pie, por lo que también reciben el nombre de Los Frailones.

Las fascinantes Ventanillas de Otuzco

↑ Senderistas en una de las austeras rocas con forma de fraile de Cumbemayo

Café Fusiones

Sándwiches, ensaladas y postres hechos de productos orgánicos de la zona en un entorno colorido y acogedor. El café orgánico local se tuesta y muele allí mismo.

C3 Jirón Ayacucho 952, Chachapoyas 960 119 965 Wed

Kentikafé

Enfrente del Museo Leymebamba, esta cafetería al aire libre tiene tartas deliciosas, pero el verdadero atractivo es poder ver a los colibrís en los comederos de los árboles.

D3 Av. Austria s/n, Leymebamba

COLA DE ESPÁTULA

Endémico de esta zona de Perú, el maravilloso cola de espátula es una especie poco común de colibrí. Usa las cuatro plumas de su cola, dos de las cuales terminan en dos discos azul oscuro, para ejecutar embriagadoras danzas de cortejo. Tiene un colorido exquisito, con una gorrita de plumas azules y el cuello turquesa. La caza del corazón del macho, considerado un afrodisiaco, ha provocado un descenso drástico de la especie.

Cañón del Sonche

D3 8 km al norte de Chachapoyas Desde Chachapoyas

A unos 8 km al norte de Chachapoyas *(p. 245)*, un mirador suspendido (por el que se cobra una pequeña entrada) cuelga sobre el borde del cañón del Sonche, de 962 m. Las dos frondosas laderas de valle se adentran en este espectacular cañón, en el que el río Sonche ha tallado un camino de 11,5 km entre las montañas.

Cuando el cielo está despejado, se pueden ver las cataratas Gocta a los lejos al norte, mientras que los urubús de cabeza roja sobrevuelan por encima. En la estación lluviosa (dic-abr) el cañón se transforma, con cascadas cayendo al valle desde las montañas. Al atardecer, la luz, cada vez más tenue, confiere aire mágico al paisaje.

Karajía

C3 48 km al sudoeste de Chachapoyas, cerca de Luya Desde Chachapoyas

Los miembros destacados de la cultura chachapoyana eran enterrados en grandes sarcófagos en posición vertical. Los ataúdes eran de barro, madera y paja y sobre ellos se pintaban rostros de colores. Se han encontrado muchos de ellos, pero los de Karajía son los más accesibles desde Chachapoyas. Hay que tomar un minibús de Chachapoyas a Luya y luego seguir a pie durante 3 horas. También se pueden contratar visitas guiadas en Chachapoyas. Karajía está a 45 minutos a pie desde Cruzpata.

Las cavernas Quiocta, cerca de Lamud, un pueblo a una hora y media de Karajía, se pueden incluir en la visita a Karajía. Estas cuevas albergan restos incas, lagos y formaciones geológicas. Debe solicitarse un guía en Lamud para visitarlas entre las 8.00 y las 17.00.

Levanto

D3 22 km al sur de Chachapoyas

Un antiguo camino inca comunica Chachapoyas y Levanto, situado a 2.892 m de altura. Fue colonizado por los españoles en 1532 y lo que queda es un pueblecito con algunos vestigios coloniales.

A varios kilómetros de distancia se encuentra el yacimiento de Yalape (construido en 1100-1300 d. C.), que conserva clásicos edificios circulares con frisos geométricos, así como restos de un sistema de irrigación. Forma parte de la segunda fortaleza chachapoyana más extensa que se conoce, después de Kuélap, y está rodeado por otros yacimientos.

La mayoría de los visitantes sube en el autobús de la mañana desde Chachapoyas y baja a pie por el camino inca.

CURIOSIDADES
Huaylla Belén

A unas horas en coche desde Chachapoyas, un río conocido como "la serpiente plateada" lleno de truchas arcoíris, se adentra entre los prados verdes del valle de Huaylla Belén. Este bonito lugar es ideal para relajarse haciendo pícnic o pescando con mosca. Varias agencias ofertan excursiones para pescar.

→ Los mausoleos en los precipicios de Revash parecen casitas de barro

Revash

D3 60 km al sur de Chachapoyas, cerca de Santo Tomás

Este yacimiento tomó su nombre de la cultura revash, contemporánea de los chachapoyanos *(p. 242)*, y debe su fama a las *chulpas* o cámaras funerarias que contiene. Estas pequeñas edificaciones de colores se alzan sobre los riscos de caliza. Sus muros de barro y piedra están enyesados, pintados y cubiertos con tejados a dos aguas. A pesar de los saqueos, los arqueólogos han descubierto una docena de enterramientos y ofrendas funerarias. Detrás de las construcciones se pueden contemplar diversos pictogramas en el acantilado.

Desde Chachapoyas parten minibuses a diario hacia Santo Tomás, lo más cercano a Revash. Conviene bajarse en el desvío a Santo Tomás para comenzar la dura ascensión de tres horas a pie hasta las ruinas. Cerca de Santo Tomás se halla la aldea de Yerbuena, con mercado todos los domingos.

Cataratas Gocta

C/D3 Cerca de San Pablo

En 2002 se descubrió que esta gran catarata, oculta en el bosque nuboso y conocida solo por los lugareños, era una de las mayores del mundo. El ingeniero alemán Stefan Ziemendorff vio la cascada en el río Cocahuayco y calculó que alcanzaba los 771 m de altura. Aunque en realidad se trata de dos caídas de agua, están lo suficientemente cerca como para que la World Waterfall Database la considere una única cascada y la sitúe entre las 10 mayores del mundo.

Gocta se encuentra al este de la carretera principal entre Chachapoyas y Pedro Ruiz. Se puede coger un taxi en ambas poblaciones hasta San Pablo, donde guías improvisados acompañan a los visitantes durante la caminata de una a dos horas que permite contemplar la catarata desde arriba. De camino se ven las dos caídas bastante bien. Para ver la cascada desde abajo es necesario retroceder y tomar otro taxi hasta la aldea de Cocachimba y caminar unas tres horas por la selva.

La Casona de Chachapoyas

Construida a finales del siglo XIX, esta encantadora casa de dos pisos ahora es un bonito hotel. Las acogedoras habitaciones están decoradas con paredes encaladas, arte folclórico y muebles antiguos y robustos.

C/D3 Jirón Chincha Alta 569, Chachapoyas lacasonadechachapoyasperu.com

Gocta Natura

Dentro de un bosque repoblado, las lujosas cabañas con *jacuzzi* de este hotel *boutique* tienen vistas increíbles a las cataratas Gocta. La comida casera está incluida. Los propietarios apoyan proyectos de conservación locales.

D3 Cocachimba goctanatura.com

Rayos de sol entre los árboles de la selva

RESERVAS AMAZÓNICAS

La magnífica selva amazónica alberga más especies animales que cualquier otra zona del planeta, aunque poco se sabe sobre la historia de las tribus originarias del bosque tropical. Durante el período de apogeo del imperio inca, la cuenca alta del Amazonas fue incorporada a Antisuyo (zona oriental del imperio) y los indios comenzaron a intercambiar plumas de guacamayo escarlata y frutas tropicales por herramientas de metal. Tras la conquista, los españoles se concentraron en la región costera y la Sierra Norte. El mayor impacto fue la introducción no deseada de las enfermedades, como la gripe o la viruela, que los habitantes no pudieron resistir.

En el siglo XVI se establecieron puestos coloniales en emplazamientos como Moyobamba, pero la Amazonia no fue ocupada permanentemente hasta la construcción de varias misiones en el siglo XVIII. La fiebre del caucho en la década de 1870 provocó un aumento significativo de la población. Cuatro décadas más tarde el caucho había perdido su importancia y las ciudades antes opulentas tuvieron que sobrevivir de la tala, los cultivos en el bosque y la exportación de animales para zoológicos.

El descubrimiento de petróleo en la década de 1960 causó una nueva explosión de la población, seguido por el nacimiento del turismo en la zona. Poco a poco, ciudades como Iquitos, Pucallpa y Puerto Maldonado fueron recuperando importancia, y los ribereños empezaron a deforestar la selva para cosechar.

RESERVAS AMAZÓNICAS

Esencial

1. Iquitos
2. Reserva Nacional Pacaya Samiria
3. Reserva de la Biosfera de Manu
4. Zona de los ríos Tambopata y Madre de Dios

Lugares de interés

5. Pevas
6. Yurimaguas
7. Tarapoto
8. Moyobamba y Alto Mayo
9. Pucallpa
10. Poblaciones del río Ucayali
11. Puerto Bermúdez
12. Región de Chanchamayo
13. Villa Rica
14. Oxapampa
15. Pozuzo
16. Parque Nacional Yanachaga-Chemillén

Güeppi
Pantoja
Arica
Río Napo
Río Curaray
Copal Urco
Vidal
Nuevo Andoas
Río Tigre
Río Pastaza
Río Huasaga
L O R E T O
Puerto Pardo
Fitata
Los Patricio
COLOMBIA
El Encanto
Puerto Torov
Tarapaca
Francisco de Orellana
5 PEVAS
Mazán
Río Amazonas
1 IQUITOS
Aeropuerto Crnl. FAP Francisco Secada Vignetta
Reserva Nacional Allpahuayo-Mishana
Aeropuerto de Tabatinga
Tabatinga
Nauta
POBLACIONES DEL RÍO UCAYALI
10
San Ramón
Río Marañón
Requena
2 RESERVA NACIONAL PACAYA SAMIRIA
Lagunas
Río Huallaga
Jutai
6 YURIMAGUAS
5N
Lamas
7 TARAPOTO
Lago Sauce
MARTÍN
Río Ucayali
La Montaña
BRASIL
Rodrigues
Contamana
Campanilla
Cordillera Azul
Mâncio Lima
Aeropuerto Cruzeiro do Sul
Cruzeiro do Sul
Puerto Pizarro
Progreso
Aeropuerto Capitán David AbensurRengifo
9 PUCALLPA
Tarauacá
Feijó
Humboldt
Puerto Alegre
Puerto Putaya
Puerto Callao
Manoel Urbano
5N
San Luis
PARQUE NACIONAL YANACHAGA-CHEMILLÉN
Irruya
Esperanza
POZUZO
15
16
11 PUERTO BERMÚDEZ
Floresta
UCAYALI
Río Curanja
Cocama
14 OXAPAMPA
PASCO
13 VILLA RICA
Puerto Varadero
Alerta
Ashaninkas Inn
Atalaya
12
Huayllay
REGIÓN DE CHANCHAMAYO
Shepahua
MADRE DE DIOS
Noaya
26B
3 RESERVA DE LA BIOSFERA DE MANU
Providencia
Río Manuripe
JUNÍN
Fitzcarrald
LA SIERRA CENTRAL
p. 196
CUZCO
Soledad
Manu
Río Madre de Dios
Puerto Maldonado
Aeropuerto Padre Aldamiz
Madre de Dios
4 ZONA DE LOS RÍOS TAMBOPATA Y MADRE DE DIOS
Río Heath
Chincha Alta
Ayacucho
Pisco
AREQUIPA, CAÑONES Y EL LAGO TITICACA
p. 150

Las famosas casas de madera flotantes de Iquitos

IQUITOS

E2 · 600 km al noreste de Pucallpa · Solo desde Panama · Desde Lima · Desde Pucallpa o Yurimaguas · Plaza de Armas, Napo 161; www.iquitos-peru.com

A orillas del majestuoso río Amazonas, la evocadora ciudad de Iquitos es la capital indiscutible de la Amazonia peruana. Fundada como misión jesuita en 1797, la fiebre del caucho de la década de 1880 convirtió este diminuto puerto fluvial en una ciudad próspera, con un paseo ribereño encantador, mercados y joyas arquitectónicas.

Malecón Tarapacá

A una manzana de la plaza Mayor, el bulevar a orillas del río de Iquitos es el sitio perfecto para relajarse, sea dando un paseo por los puestos del Centro Artesanal Anaconda o tomando un cóctel en la terraza de algún bar al atardecer.

CONSEJO DK

Llegar a Iquitos

Esta es la mayor ciudad del mundo a la que no se puede llegar por carretera: hay que llegar en avión desde Lima o tomar un barco desde Pucallpa o Yurimaguas.

Museo de las Culturas Indígenas Amazónicas

Malecón Tarapacá 332 · 065 235 809 · 8.00-19.30 todos los días

Con una exposición permanente que muestra los variados rituales y tradiciones de 40 de los pueblos peruanos indígenas amazónicos, este fascinante museo antropológico contiene una gran cantidad de información y objetos, desde rarísimos tocados y joyas ceremoniales a armas antiguas e instrumentos musicales.

Museo Barco Histórico Ayapúa

Atracado junto a la plaza Ramón Castilla · 9.00-17.00 todos los días · historicboatmuseum.org

Fabricado en Alemania en 1906 y restaurado a la perfección, este barco de vapor convertido en

Escultura en el Museo de las Culturas Indígenas Amazónicas

museo aporta una visión a la época del auge de Iquitos. Analiza los excesos de los famosos señores del caucho, como Fitzcarrald *(p. 259)*, avivados por la explotación de la población y de los recursos naturales del Amazonas.

Belén

Al sur del centro de la ciudad, el inmenso y ajetreado mercado de Belén es el corazón de Iquitos, y es famoso por su inmensa variedad de productos de la selva. Solo o con una visita guiada, no hay que perderse el estrechísimo pasaje Paquito, lleno de puestos que venden remedios de la selva sin igual. Más abajo del mercado se encuentran las famosas casas de madera del barrio de Belén, suspendidas sobre pilares o flotando sobre balsas cuando suben las aguas del río.

Centro de Rescate Amazónico

Carretera Iquitos-Nauta, 4.5 km al sudoeste de Iquitos 991 476 519 9.00-15.00 todos los días

Trabajando codo con codo con un acuario de Estados Unidos, este centro está orientado principalmente a rehabilitar a los manatís huérfanos. La visita guiada dura una hora y explica todo sobre el programa de rescate, rehabilitación y puesta en libertad de estos escurridizos mamíferos acuáticos.

Reserva Nacional Allpahuayo-Mishana

Carretera Iquitos-Nauta, 26 km al sur de Iquitos Desde Iquitos 065 267 733 8.00-17.00 todos los días

Conocida sobre todo por sus extraños bosques sobre arena blanca o varillales, esta reserva natural está a un corto trayecto en coche de Iquitos. Tiene un centro de interpretación y un sendero, famoso entre los amantes de la ornitología, atraídos por sus más de 500 especies de aves, cinco de las cuales son endémicas de la reserva. Otro camino de interpretación, cerca del centro de investigación de la reserva, va informando sobre los árboles frutales y plantas medicinales autóctonas de la Amazonia. Durante los meses de la subida de aguas (normalmente dic-may), las agencias locales de ecoturismo organizan excursiones por los canales de aguas negras inundados del río Nanay. Es una oportunidad única de nadar por arroyos o quedarse a pasar la noche en alojamientos rústicos con paseos nocturnos guiados que ofrecen al visitante la oportunidad de ver y oír a los animales nocturnos de la reserva.

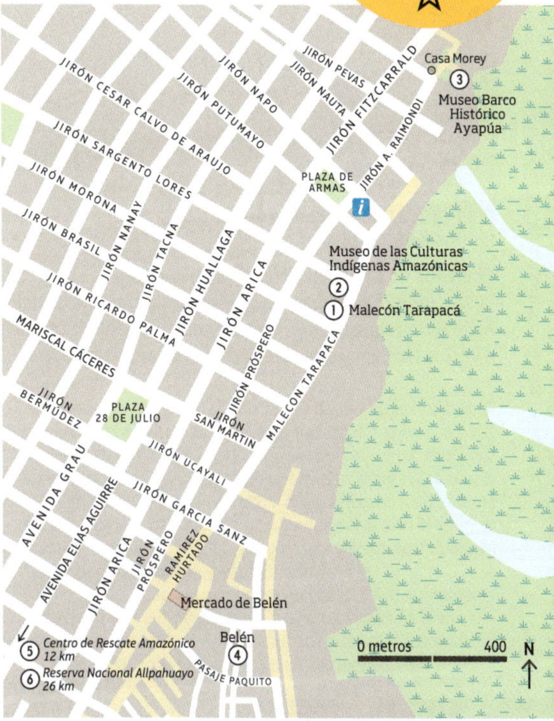

¿Lo sabías?

Iquitos fue una de las localizaciones principales de la película de 1982 *Fitzcarraldo*.

Casa Morey

Esta mansión histórica tiene muebles de época y comodidades modernas. Las *suites* de la planta de arriba tienen ventanas francesas y una espectacular vista del río.

Plaza Ramón Castilla
casamorey.com

RESERVA NACIONAL PACAYA SAMIRIA

E3 306 km al sudoeste de Iquitos SERNANP, calle Jorge Chavez 930, Iquitos; 065 223 555

Entre los ríos Ucayali y Marañón, afluentes del Amazonas, se encuentra la segunda mayor reserva de Perú y su mayor extensión de selva inundada estacionalmente. Estos fantásticos humedales comparten espacio junto a varios ríos, innumerables arroyos y lagos cristalinos.

Para saborear de verdad la experiencia de esta reserva, hay que quedarse unos días, con alojamientos que van desde un crucero romántico en barco fluvial a una cabaña rústica con incursiones diarias a la reserva en canoas a motor. La reserva está repleta de fauna, desde anacondas y tortugas de río a 13 especies de monos. Lejos de la ocupación humana, pueden incluso aparecer grandes y escurridizos mamíferos como los tapires, los pumas o los jaguares. Cuando baja el nivel de las aguas, hay caminatas nocturnas guiadas que revelan todo un mundo de tímidas criaturas nocturnas, como arañas, ranas o serpientes. Las visitas a los pueblos son una buena oportunidad para comprar artesanía hecha en la zona y ver rituales chamánicos. Para los más atrevidos, los indígenas cocama-cocamilla de Lagunas ofrecen excursiones únicas a la selva, dejando que los turistas lleven remando las piraguas. Aunque dormir a la intemperie y lavar en el río no sea del gusto de todos, el silencio de la selva, que solo rompen los graznidos de los guacamayos, es mágico.

Micos nocturnos peruanos en el tronco de un árbol

The Treehouse Lodge

Dormir aquí, bajo el dosel de la selva, es una experiencia única. Este alojamiento todo incluido ofrece un guía personal y una casa en un árbol, con el sonido envolvente de la selva y su estridente coro al amanecer como despertador. Está en el río Yarapa, uno de los afluentes del río Ucayali.

perunorth.com/treehouse-lodge

Turistas en una canoa por el río Samiria, una de las tres cuencas fluviales de la reserva

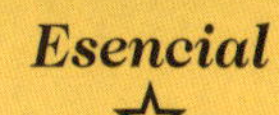

¿Lo sabías?

Los grandes delfines rosas del Amazonas *(Inia geoffrensis)*, que viven en estas lagunas, se hacen más rosas con la edad.

↑ El gran río Marañón, que rodea la reserva al norte

RESERVA DE LA BIOSFERA DE MANU

G5 Desde Cuzco Desde Boca Manu Av. Cinco Los Chachacomos, F2-4, Larapa Grande, San Jerónimo, Cuzco; www.visitmanu.com

Esta impresionante reserva declarada por la Unesco Patrimonio de la Humanidad abarca unos 20.000 km² de la cuenca del Manu. La reserva de la Biosfera de Manu desciende desde una altitud de 4.000 m al norte de Cuzco, atraviesa bosques húmedos, que contienen una de las mayores diversidades de aves del planeta, y llega hasta la selva de las tierras bajas, repleta de flora y fauna.

La reserva se divide en tres zonas. Más del 80% de su extensión es parque nacional y sirve de morada a indígenas que casi no tienen contacto con el mundo exterior; de hecho, los turistas tienen prohibido el acceso. A la zona multiusos se accede por la única carretera que parte de las tierras altas; en esta zona hay varias aldeas. A la zona reservada, la selva relativamente plana del río Manu, solo se puede acceder en barco. Los turistas pueden entrar y acampar en las playas con guías autorizados. Hay torres y plataformas en el dosel de la selva. El río avanza formando grandes meandros, algunos de los cuales dejan atrás pequeños lagos (cochas), guaridas de las poco comunes nutrias de río gigantes y varios tipos de aves acuáticas.

Las diversas altitudes del bosque nuboso crean hábitats ideales para las aves y se están descubriendo especies nuevas constantemente. Se pueden ver bandadas mixtas con docenas de especies, y los senderistas que recorren los caminos escarpados obtienen como recompensa el avistamiento de monos lanudos y capuchinos marrones.

TOP 4 FAUNA PARA OBSERVAR

Tucanes
Estas llamativas aves viven en el bosque nuboso y comen principalmente fruta.

Saltamontes gigantes
Tienen forma de hoja y constituyen una de las miles de especies de insectos de la reserva.

Monos lanudos
Este grupo habita en el bosque nuboso y tiene una cola prensil que usan para sujetar objetos.

Hoatzines y gritones arucos
Conocidos ambos por su penacho de plumas en la cabeza, estas aves suelen aparecer en los meandros.

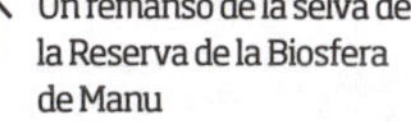

↑ Un remanso de la selva de la Reserva de la Biosfera de Manu

1 El río Manu serpentea la reserva, que da cobijo a una gran cantidad de fauna y flora. En los meandros viven los hoatzines y las nutrias de río gigantes.

2 Más de una docena de especies de mono surcan estos bosques. Los monos lanudos *(izquierda)* viven en grupos.

3 La tangara del paraíso, que vive en el bosque nuboso de la reserva, es un ave conocida por su brillante plumaje de colores.

4

RÍOS TAMBOPATA Y MADRE DE DIOS

G5 60 km al sudoeste de Puerto Maldonado Desde Lima Desde Cuzco

Los hermosos ríos, lagos y selvas primarios del sudeste de Perú están repletos de flora y fauna, haciendo que esta zona posea la mayor biodiversidad de la Amazonia peruana. Esta región, que tiene el mayor número de albergues de la selva, solo accesibles por el río y con guías especializados, es imprescindible para los amantes de las aventuras fluviales.

El impresionante río Madre de Dios discurre desde las tierras altas cerca de la Reserva de la Biosfera de Manu hasta Bolivia. La mayor parte del territorio al sur del río está protegido por parques nacionales. La ciudad fronteriza de Puerto Maldonado, en la confluencia de los ríos Madre de Dios y Tambopata, constituye el mejor punto de partida para visitar la zona. Tras la fiebre del caucho esta ciudad se dedicó a la tala, la agricultura en la selva y el lavado de oro. La Reserva Nacional Tambopata supone un excelente acceso a la selva. Atrae a más de 600 especies de aves y 1.200 especies de mariposas.

Hermoso cielo sobre la región de Madre de Dios; el lago Sandoval *(arriba)*

1 Desde una torre de 30 m de alto en Puerto Maldonado se pueden ver los omnipresentes edificios con tejado de metal corrugado.

2 Los promontorios de barro a orillas del río atraen a cientos de loros y guacamayos que picotean la tierra para obtener minerales.

3 En el lago Sandoval, viven las nutrias de río gigantes, en peligro de extinción.

¿Lo sabías?

En la orilla del río Tambopata habitan capibaras, los mayores roedores del mundo.

CARLOS FITZCARRALD

Fitzcarrald (1862-1897) amasó una fortuna durante la fiebre del caucho de la década de 1880. Descubrió que las cuencas de los ríos Ucayali y Madre de Dios estaban separadas por una pequeña lengua de las estribaciones andinas. Esclavizando a cientos de indígenas, transladó un barco de vapor por piezas al otro lado del istmo y descendió el Madre de Dios pasando junto al futuro Puerto Maldonado. La película Fitzcarraldo (1982), de Werner Herzog, se inspiró en su vida.

LUGARES DE INTERÉS

Pevas

F2 145 km río abajo desde Iquitos Desde Iquitos

Pevas, la población más antigua de la Amazonia peruana, está formada por estructuras de madera, muchas de ellas con tejado de paja. Los misioneros la fundaron en 1735, pero lamentablemente no se conserva ningún edificio de aquella época. Es famosa por no tener coches, ni bancos ni oficina de correos. Los lugareños son en su mayoría mestizos o nativos de las tribus bora, huitoto, ocainas o yagua.

Su habitante más famoso es el artista Francisco Grippa, cuyas peculiares obras se pueden contemplar en el estudio-galería donde vive, situado en lo alto de una colina. Los visitantes son bien acogidos y reciben como bienvenida plátanos y cerveza.

Yurimaguas

D3 390 km al sudoeste de Iquitos Desde Tarapoto

El nombre de esta ciudad, fundada por un monje jesuita en 1710, deriva de las tribus indígenas de los yoras y los omaguas. Estos grupos han desaparecido, aunque se cree que algunos omaguas siguen viviendo en las zonas más remotas de la selva.

Yurimaguas fue un minúsculo puesto de avanzada hasta la fiebre del caucho, época de la que datan los azulejos que se pueden contemplar en el extremo oriental de la avenida Arica. Se convirtió en el principal puerto del río Huallaga, conocido popularmente como la Perla de Huallaga, y hoy en día la vida sigue girando en torno al colorido puerto fluvial. Pero el crecimiento del siglo XX apreciable en Iquitos y Pucallpa ha pasado de largo en esta localidad.

Aunque Yurimaguas se encuentra más cerca de Iquitos que Pucallpa, ha sido una localidad olvidada, pues se considera que la ruta más corta y práctica de Lima a la Amazonia es la que pasa por Pucallpa. No obstante,

¿Lo sabías?

Yurimaguas es la última ciudad del Huallaga a la que se puede acceder por carretera; a partir de ahí, ha de ser en barco o avión.

AYAHUASCA

Las ceremonias en las que se bebe té de ayahuasca (potente alucinógeno) se han convertido en un gran negocio turístico. Se ofertan alojamientos y se facilita la presencia del chamán. La mayoría de la gente suele tener buenas experiencias, pero a veces la purga (vomitar es lo normal) es muy desagradable, ya que la planta elimina del cuerpo productos químicos importantes como la sal. Hay que investigar muy bien todos los detalles del chamán, el lugar y la ceremonia antes de ir.

↑ El ajetreado día a día del puerto fluvial amazónico de Yurimaguas

ahora hay carreteras que conectan Yurimaguas con Tarapoto, y los lugareños esperan que con esto se desarrolle la ciudad.

Tarapoto

D3 116 km al sudeste de Moyobamba Desde Moyobamba o Chiclayo tarapoto.com

La agradable y bulliciosa población de Tarapoto es la mayor y la que más está creciendo en el departamento de San Martín. A una altitud de 360 m, resulta perfecta para pescar, bañarse y descansar, con algunas de las cataratas del país. En el río Mayo, a 30 km de distancia, se puede practicar descenso de aguas bravas entre junio y octubre.

A los tarapoteños les gusta la diversión y por eso celebran fiestas con baile por las calles, música popular, desfiles de disfraces y mucha comida. Uno de los licores que se elaboran en la región es el potente uvachado, uvas maceradas durante un mes en licor de caña de azúcar, canela y miel.

La famosa población quechua de montaña de Lamas se encuentra 28 km al noroeste de Tarapoto. Aún se está recuperando del devastador terremoto que la asoló en 2005, pero recibe con agrado a los viajeros interesados en visitar el museo, descubrir sus bailes, música y folclore tradicionales, contemplar las casas con muros de barro y techo de paja o comprar artesanía. Se pueden realizar visitas guiadas desde aquí.

→ Compleja talla de uno de los centros artesanales de Tarapoto

↑ Cruzando una pasarela sobre el Alto Mayo de Moyobamba

De los muchos lagos de la región, la laguna Sauce es la más popular. Hay hoteles y cámpings, y se puede nadar, remar y pescar. Llegar allí no es tan divertido, pues los taxis o minibuses tienen que cruzar el río Huallaga sobre una balsa en un punto del camino de 52 km.

Moyobamba y Alto Mayo

D3 160 km al este de Chachapoyas De Chachapoyas moyobamba.com

En los límites de la cuenca amazónica está la pequeña población de Moyobamba, fundada por los españoles poco después de la conquista de la región en la década de 1540. A pesar de los terremotos de las décadas de 1990 y 2000, el lugar se ha recuperado y proporciona buenos accesos al bosque subtropical alto. Los lugareños la llaman con orgullo la ciudad de las orquídeas. Moyobamba es la ciudad más antigua de la región amazónica peruana y algunas personas creen que fue Túpac Yupanqui *(p. 195)* quien convirtió la zona en una base desde la cual los incas realizaron diversas incursiones por los alrededores. El nombre de Moyobamba deriva del término quechua *muyupampa*, que significa llanura circular.

Moyobamba se sitúa en el curso alto del río Mayo, y sus principales lugares de interés están relacionados con el agua. Los baños termales San Mateo son populares entre los lugareños. Están justo al sur de la ciudad y se puede llegar a pie o en motocarro. A solo una hora en coche de Moyobamba están las cataratas del Gera, las más famosas de toda la zona.

Ulcumano Ecolodge
Un puñado de cabañas idílicas en medio del fantástico bosque nuboso.

D5 Sector La Suiza Chontabamba, 10 km al oeste de Oxapampa ulcumano ecolodge.com.

Carolina Egg Gasthaus
Un hostal relajante en un jardín lleno de flores.

D5 Av. San Martín 1085, Oxapampa carolinaegg.com

Albergue Frau María Egg
Chalets de madera rodeados de frondosa vegetación y desayunos increíbles.

D4 Av. Los Colonos, Pozuzo pozuzo.com

Amanecer en el río, el sueño de muchos viajeros al Amazonas

9

Pucallpa

E4 288 km al noreste de Lima Desde Lima e Iquitos Desde Lima Desde Iquitos pucallpa.com

Pucallpa, una población amazónica que en 1900 contaba solo con 200 habitantes, en la actualidad se sitúa entre las localidades con un mayor crecimiento. La carretera desde Lima llegó en 1930, transformando Pucallpa en un importante centro maderero. Las prospecciones en busca de petróleo, gas y oro han impulsado aún más su economía, gracias a lo cual se ha acabado convirtiendo en el principal puerto del río Ucayali.

Pucallpa no es una población atractiva en el sentido tradicional, ya que sus edificios son modernos y están rodeados por calles de tierra. La mayoría de los viajeros la usa como parada técnica. Sin embargo, para los aficionados al arte, aquí está la galería **Casa de Agustín Rivas,** un famoso tallador local cuyas obras decoran varios edificios de la ciudad. Otro lugar destacado es la **Escuela Amazónica de Pintura y Museo Usko Ayar,** donde el chamán y pintor Pablo Amaringo trabaja y expone sus cuadros esotéricos inspirados en el bosque.

A solo 10 km al noreste del centro de Pucallpa está el lago Yarinacocha, que ofrece muchas actividades de recreo, entre ellas excursiones en barco para ver delfines o visitar el jardín botánico Chullachaqui, en el que se pueden ver iguanas y perezosos. Aquí también hay aldeas shipobo. Los turistas llegan a un pueblo a orillas del lago, Puerto Callao, con hoteles y restaurantes muy básicos.

CURIOSIDADES

Centro artesanal Maroti Shobo

Esta excelente cooperativa artesanal de mujeres de Puerto Callao vende piezas hechas por artesanas shipibo de unas 40 aldeas. Lo más relevante suelen ser los tejidos con motivos hipnotizadores, pero también se vende bonita cerámica y joyería. Abierto 8.00-17.00 todos los días

Casa de Agustín Rivas

Tarapaca 861 061 571 834 9.00-12.00, 16.00-19.00 lu-sá

Escuela Amazónica de Pintura y Museo Usko Ayar

Sánchez Cerro 465 10.00-17.00 lu-vi

10

Poblaciones del río Ucayali

E4-E2 Entre Pucallpa e Iquitos Desde Iquitos o Pucallpa

Durante décadas, la principal vía fluvial entre Iquitos *(p. 252)* y el resto de Perú ha sido el río Ucayali desde Pucallpa. Barcos fluviales de dos y tres cubiertas surcan el río entre Pucallpa e Iquitos transportando todo tipo de mercancías a las aldeas intermedias. Estas embarcaciones también proporcionan transporte a los lugareños, que en su mayoría cuelgan sus hamacas en la segunda o tercera cubierta; por algo más de dinero se puede dormir en camarotes con literas. En estas travesías se sirven comidas sencillas. Los barcos realizan paradas frecuentes en las numerosas localidades situadas a lo largo del río. El viaje de Pucallpa a Iquitos a favor de la corriente dura unos cuatro días, mientras que el regreso a contracorriente puede llevar hasta seis (los barcos expreso tardan uno o dos días).

Las principales localidades del recorrido son Contamaná y Requena, ambas con hoteles y restaurantes sencillos. Contamaná se halla a 430 km de Iquitos y es famosa por sus manantiales termales y las colpas que reúnen a grupos de guacamayos, a las que se puede llegar en coche por un camino sin asfaltar de 22 km.

Requena es una ciudad en expansión ubicada a 160 km de Iquitos. En ella se puede visitar la pequeña catedral y la laguna Avispa, a 8 km en barco. Este lago es un destino popular entre los lugareños, que acuden a pescar con caña o red y a nadar en sus aguas tranquilas y cálidas. En la pequeña laguna Avispa no habita ninguna especie de ave rara, pero se pueden contemplar las aves amazónicas más conocidas en su hábitat natural. Ver a las jacanas de largos dedos corriendo sobre los nenúfares y otras plantas acuáticas constituye un espectáculo hermoso para cualquier amante de las aves. Las jacanas hembra se aparean con varios machos y abandonan el nido después de cada puesta; son los machos los encargados de incubar los huevos, algo rarísimo en las aves.

Puerto Bermúdez

E4 255 km al sur de Pucallpa Desde La Merced o desde Pucallpa por Constitución Mincetur, Av. Capitán Larry; 065 792 558

Bastante alejada de las rutas habituales e inaccesible después de las lluvias, esta tranquila ciudad de la selva afirma ser el centro geográfico de Perú. Muchas zonas de la selva que la rodean se han deforestado para plantar caco, llantén y yuca, pero el precioso río Pichis aún permite relajantes paseos en barco y excursiones a las pintorescas cataratas de la zona. El turismo está en pañales todavía, así que el alojamiento y otros servicios son básicos. Aun así, se pueden organizar excursiones de un día desde aquí a la frondosa Reserva Nacional del Sira, donde viven las comunidades ashaninka y yanesha, rebosante de orquídeas espectaculares y aves sorprendentes.

Hamacas colgando en la cubierta de un barco de Ucayali, opción más fresca y barata que el camarote

Vater Otto

Una taberna acogedora con una gran variedad de cervezas artesanales e importadas de Alemania, licores en abundancia y un ambiente animado. Las bebidas son baratas y los camareros amables. Tiene un bar hermano en la plaza Mayor.

D5 Jr Bolívar 514, Oxapampa
986 995 841

Restaurante Típico Prusia

La herencia austrogermana de Pozuzo ha impregnado su cocina. Este restaurante es famoso por sus *wurst* y su cerdo ahumado acompañado por llantén. Hay actuaciones de bailes tiroleses de vez en cuando a lo largo del año.

D4 Av. Cristóbal Johann 110, Prusia, Pozuzo
064 631 251

Restaurante Típico Pozucino

Agradable espacio semiabierto que sirve comida típica austriaca y alemana. Hay que pedir *schnitzels* con ensalada de patata. También tiene una cerveza muy buena.

D4 Av. Los Colonos 571, Pozuzo
992 349 095

Región de Chanchamayo

D5 310 km al noreste de Lima

Después de que la carretera corone un árido puerto andino a unos 310 km al noreste de Lima, empieza a descender hacia el cálido y frondoso valle de Chanchamayo, lleno de árboles frutales y plantaciones de café. Se sirven deliciosos cafés y zumos de fruta en los restaurantes de La Merced, la principal población y centro del valle, y en el vecino San Ramón.

La Merced, muy bien comunicada, es la puerta de acceso a la aventura. A unos 55 km al sur de la ciudad está la catarata Bayoz, una de las más visitadas de Perú. La impresionante caída tiene pozas naturales, perfectas para refrescarse en la verde y húmeda selva. Más allá está la ciudad fronteriza de Satipo, en el corazón ancestral del asediado pueblo asháninca *(p. 74)*. Los visitantes son bienvenidos en varias de sus comunidades remotas.

Al norte de La Merced, en la carretera alta, están las peculiares comunidades peruano-tirolesas de Oxapampa y Pozuzo; por la carretera baja sin asfaltar se llega a Villa Rica.

Villa Rica

E5 53 km al norte de La Merced Desde La Merced o Oxapampa

Una gigantesca cafetera en la plaza de Armas saluda al visitante que llega a Villa Rica. Este es el último de los asentamientos austroalemanes de la región, fundado en 1928, y es el centro del café: los mejores granos del país se cultivan en las fincas cercanas de los valles de Pichis y de Palcazu. Algunas, como la finca Santa Rosa, se pueden visitar. La Feria del Café anual (jul/ago) es el paraíso de los más cafeteros, con un programa bien completo de actos gastronómicos, artesanales, culturales y de entretenimiento.

Oxapampa

D5 78 km al norte de La Merced Desde La Merced o Lima

Esta capital de provincia le debe la mayoría de su pulcro aspecto a sus raíces tirolesas. Lo mismo con la arquitectura, pues la ciudad está llena de casas con techos de madera a dos aguas, aleros y balcones decorativos tallados. La iglesia de Santa Rosa, en la plaza Mayor, es a su vez una gran estructura de madera.

El calor tropical atemperado por el aire fresco de la montaña hace que el clima aquí sea increíblemente agradable. Rodeada por las colinas boscosas de la selva alta, esta ciudad es una base excelente para adentrarse en el parque Nacional Yanachaga-Chemillén, mientras que a los amantes de la adrenalina les encantará el accidentado sendero para bicicletas de montaña hasta Pozuzo. A los que les guste la música, Oxapampa es sinónimo del Selvámonos *(p. 67)*, un festival familiar con actividades culturales, juegos callejeros y música alternativa.

¿Lo sabías?

El uniforme de primaria del colegio de Pozuzo está inspirado en el traje tradicional tirolés.

Pozuzo

D4 80 km al norte de Oxapampa Desde Oxapampa pozuzo.pe

Un camino a medio hacer desde Oxapampa serpentea hasta el diminuto Pozuzo, en medio de un empinado valle frondoso lleno de cascadas. Las raíces austroalemanas de Pozuzo convierten la visita a esta variopinta comunidad selvática en algo totalmente surrealista. Fundado en 1857 por los pobladores tiroleses a los que el gobierno peruano había invitado, Pozuzo evolucionó como un híbrido entre las culturas tirolesa y peruana, en el que la yuca y el llantén son el acompañamiento de los *schnitzel* y las *wurst*, la cerveza al estilo alemán se sirve en jarras en la minifábrica de cerveza local y hay bailarines vestidos con *lederhosen* y *dirndls* bailando la polca. Sobre esto hay más en el museo. Para los amantes de la naturaleza, los paseos a orillas del río y la oportunidad de avistar el estrafalario cortejo del gallito de las rocas (*Rupicola peruviensis*, el ave nacional de Perú) son un atractivo añadido.

Parque Nacional Yanachaga-Chemillén

E4 30 km al norte de Oxapampa SERNANP, Prolongación Pozuzo 156, Oxapampa; www.sernanp.gob.pe

Este parque nacional poco conocido es uno de los más variados del país, rodeado por las comunidades yanesha y asháninca. Con más de 1.220 km², la reserva protege un paisaje rico en especies, que va desde las montañas cubiertas de bosques nubosos partidas por profundos cañones hasta las tierras bajas de maleza y selva. Hay cuatro entradas distintas para acercarse a los distintos hábitats y la abundante fauna. A tres de estas áreas se llega fácilmente desde Oxapampa y tiene zonas para acampar y barracones sencillos pero encantadores. El sector de Huampal, cerca de Pozuzo, ofrece vistas al impresionante cañón de Hunacabamba y una inmensa variedad de aves, incluyendo el gallito de las rocas y el pato torrentero, especialista en sumergirse en los rápidos del río. Hay un sendero estupendo en la zona de San Alberto, mientras que en la zona de San Daniel hay multitud de orquídeas preciosas junto a los juncos que rodean un lago. Sin embargo, lo mejor está en el sector este, Paujil, más inaccesible: una selva humosa que rodea a una estación biológica, surcada por ríos preciosos y un lago en el que viven nutrias de río gigantes. Llegar allí supone muchas horas en coche y barco y una dósis de aventura, pero entre las recompensas cabe encontrar un tapir en una colpa cercana, monos balanceándose por las copas de los árboles y caimanes tostándose al sol en las orillas.

CONSEJO DK

Visitas a pueblos ashánincas

Hay que tener cuidado con las excursiones que ofertan muchas agencias de La Merced. Si se quiere pasar algún tiempo en una comunidad (algunas ofrecen alojamiento), hay que ponerse en contacto con la Asociación Regional de Pueblos Indígenas de Selva Central (ARPISC; *www.arpisc.wordpress.com*) de Satipo.

Disfrutando de la belleza de la catarata Bayoz, en Chanchamayo

GUÍA ESENCIAL

El tren a Huancayo cruzando los Andes

ANTES DE PARTIR

La planificación es esencial para que el viaje sea un éxito. Hay que estar preparado para cualquier situación teniendo en cuenta los siguientes datos antes de viajar.

DE UN VISTAZO

MONEDA
Nuevo Sol (PEN)

GASTO MEDIO DIARIO

BAJO **100 S/**

MEDIO **300 S/**

ALTO **+ 500 S/**

AGUA MINERAL **1,50 S/**

CAFÉ **6 S/**

CERVEZA **8 S/**

CENA PARA DOS **80 S/**

CLIMA
El tiempo en Perú en la zona costera se caracteriza por sus veranos cálidos (sobre los 30ºC) y sus inviernos lluviosos con temperaturas suaves (15ºC); en la zona de la sierra andina, las temperaturas diurnas oscilan entre los 10ºC y los 20ºC, pero por las noches bajan hasta los 5ºC; por último, el clima de la selva peruana es caluroso (25ºC-28ºC) y muy húmedo. Hay que tener presente que tanto en la sierra como en la selva existe una temporada de lluvias que va desde los meses de diciembre a abril.

ENCHUFES
El voltaje estándar es de 220 V. Los enchufes son normalmente tipo C, con dos clavijas redondas, o tipo A, con dos clavijas planas. Algunos admiten los dos tipos.

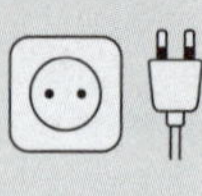

Documentación

Los ciudadanos de España y de la mayoría de los países europeos y latinoamericanos no necesitan visado para viajar a Perú. La estancia máxima es de 90 días, aunque se puede ampliar a 183 días en las oficinas de migración. Todos los turistas deben tener un pasaporte con una vigencia mínima de seis meses a partir del día de entrada en el país.

Consejos sobre seguridad

Antes de viajar puede consultar las recomendaciones de viaje específicas para cada país publicadas en la web del Ministerio de Asuntos Exteriores:
W exteriores.gob.es

Aduana

Es ilegal sacar de Perú arte colonial, piezas precolombinas o productos de animales en peligro de extinción. Aunque las hojas de coca y el té de coca son legales en Perú, hay muchos países en los que no lo son.

A cada persona se le permite entrar los siguientes artículos en Perú para uso personal:

Tabaco 400 cigarrillos o 50 puros
Alcohol 3 litros
Regalos Con un valor no superior a 300 dólares o su equivalente en otra moneda
Dinero Cuando se entre o salga de Perú con o más de 10.000 $ en efectivo (o su equivalente en otras monedas) hay que declararlo a las autoridades aduaneras

Seguros de viaje

Se aconseja contratar un seguro que cubra el robo y la pérdida del equipaje, la asistencia sanitaria, la cancelación del viaje y los retrasos, así como actividades peligrosas como el alpinismo. También debería incluir los traslados médicos, ya que una emergencia médica seria puede requerir el traslado a Lima o un vuelo a casa. Casi todos los hospitales peruanos exigen pago al contado.

Vacunas

Hay que acudir al médico al menos seis semanas antes de viajar para ver las necesidades de vacunación. En Perú no se exige ninguna vacuna obligatoria, pero los que deseen viajar por zonas selváticas deberán estar vacunados contra la fiebre amarilla. Todos aquellos que tengan intención de hacer excursiones en zonas remotas deberían también vacunarse de la hepatitis A, el tifus, la rabia, el tétano, la fiebre amarilla y la difteria. La malaria está presente en la zona oriental del país, con lo que hay que valorar con el médico el uso de profilaxis o no antes del viaje.

Dinero

La unidad monetaria de Perú es el nuevo sol, aunque los dólares americanos se aceptan en casi todos los hoteles, agencias de viaje y restaurantes de gama media a superior. El euro también está cada vez más aceptado. Los bancos son los mejores sitios para cambiar dinero, aunque las tarifas sean más baratas en las casas de cambio o en los puestos de cambio callejeros; en estos dos últimos no se recomienda cambiar grandes sumas de dinero. Se aceptan tarjetas de crédito en casi todas las ciudades y hay cajeros automáticos en la mayoría de pueblos y ciudades importantes.

Reservas de alojamientos

En casi todos los alojamientos de Perú se pueden hacer las reservas por Internet. Sin embargo, en muchas zonas de la selva y en las más remotas de los Andes, la reserva ha de hacerse directamente por teléfono o al llegar. El 18% del impuesto IGV (que no es aplicable a los turistas que estén menos de 59 días) no debería estar nunca incluido en las tarifas, pero siempre hay que confirmarlo antes de pagar.

En casi todo Perú, la temporada alta es en julio y en agosto. En esta época los precios se disparan, sobre todo en Cuzco, donde se recomienda reservar con mucha antelación. En los meses de verano austral (dic-feb) los turistas van en masa a la costa, donde suben los precios y las reservas son inevitables.

Viajeros con necesidades especiales

Aunque las instalaciones para los viajeros con necesidades especiales estén mejorando, siguen siendo escasas. Apenas hay rampas para sillas de ruedas y baños especiales, por lo que viajar en autobús es bastante complicado. Solo los hoteles de gama alta tienen habitaciones especialmente diseñadas para estos viajeros. Se puede acceder a muchos yacimientos arqueológicos, pero siempre contando con algo de ayuda. Estas agencias están especializadas:

Accessible Journeys
W disabilitytravel.com
Apumayo
W apumayo.com

Idioma

El español y el quechua son las dos lenguas oficiales de Perú, pero el español es el que más se usa. El aimara, que se habla sobre todo en el lago Titicaca también está reconocido por el Estado, junto con otros 48 idiomas nativos.

Horarios de cierre

Almuerzo Las tiendas y las oficinas gubernamentales cierran de 12.00 a 15.00.
Sábados Algunos bancos cierran al mediodía.
Domingos Bancos y museos cerrados, y las tiendas con horario limitado.
Días festivos Todos los bancos, oficinas gubernamentales, oficinas de información, atracciones turísticas y museos cierran.

DÍAS FESTIVOS

1 ene	Año Nuevo
Mar/abr	Jueves Santo
Mar/abr	Viernes Santo
1 may	Día del trabajador
28-29 jul	Día de la Independencia
30 ago	Santa Rosa de Lima
8 oct	Aniversario de la batalla de Angamos
1-2 nov	Día de Todos los Santos
8 dic	Inmaculada Concepción
25 dic	Navidad

LLEGADA Y DESPLAZAMIENTOS

Tanto para una visita de unos días como para una larga aventura, estos consejos ayudarán a descubrir la mejor manera de llegar a su destino.

DE UN VISTAZO

PRECIO DEL TRANSPORTE

LIMA
2,50 S/
Autobús metropolitano

CUZCO
8 S/
10 horas de autobús desde Arequipa

IQUITOS
13 S/
12 horas de barco desde Yurimaguas

CONSEJO
Para evitar multas, lo mejor es validar el billete antes del viaje.

LÍMITES DE VELOCIDAD

AUTOPISTA
100 km/h

CARRETERA PRINCIPAL
80 km/h

ZONAS URBANAS
60 km/h

CALLES PEQUEÑAS
40 km/h

Llegar en avión

La única puerta de acceso internacional a Perú es el aeropuerto Jorge Chávez de Lima, que recibe vuelos directos desde Madrid operados por Iberia, LATAM y Air Europa todos los días. Desde Europa hay otros aeropuertos que enlazan directamente con Lima. LATAM enlaza la mayoría de las capitales y grandes ciudades latinoamericanas con este aeropuerto. Desde Cuzco, hay un vuelo directo con Santiago de Chile. Hay muchos destinos de Perú a los que se puede llegar en avión desde Lima en un vuelo doméstico. Los horarios están siempre sujetos a cambios en función de la meteorología, muy impredecible, u otras situaciones inevitables, por lo que siempre conviene confirmarlos.
La tabla de la página siguiente muestra información sobre las conexiones con el aeropuerto de Lima. Hay que tener en cuenta que, a pesar de que el precio sea menor, las posibilidades de sufrir un robo en un taxi no oficial son mucho mayores. Siempre se recomienda coger un taxi en el servicio **Taxi Green** del aeropuerto o el nuevo servicio de transporte **Airport Express Lima.**

Airport Express Lima
W airportexpresslima.com
Taxi Green
W taxigreen.com.pe

Llegar por carretera

Se puede entrar a Perú por carretera a través de Ecuador, Bolivia o Chile. Hay tres puestos fronterizos para vehículos: desde Huaquillas, en Ecuador, hasta Aguas Verdes, en Perú; desde Arica, en Chile, hasta Tacna, en Perú; y desde Desaguadero, en Bolivia, hasta Desaguadero, en Perú. Los viajeros de Quito, Ecuador, pasan por las principales ciudades costeras del norte de camino a Lima. Desde Bolivia, hay un servicio frecuente de autobuses desde La Paz y Copacabana a Puno, y luego a Cuzco. Desde Chile, la mayoría de los autobuses viajan desde Arica a Tacna, aunque la línea de ferrocarril reabierta entre las dos ciudades es otra alternativa. Desde Tacna, los autobuses continúan hacia Arequipa o Lima. Todos los autobuses deben detenerse en

CONEXIONES CON EL AEROPUERTO DE LIMA		
Transporte público	**Duración**	**Precio**
Taxi	40 min	55 S/
Autobús	1 h 10 min	26 S/

ambos lados de la frontera y esperar a que los pasajeros completen los trámites de pasaporte necesarios.

Llegar en barco

Perú es una parada importante en los itinerarios de varias líneas de cruceros internacionales, que hacen escala en el puerto de Callao, cerca de Lima. Los pasajeros pueden desembarcar para realizar excursiones por los alrededores. Algunas empresas también paran en el puerto de Salaverry de Trujillo para visitar los templos mochica cercanos.

Para los más aventureros, se puede llegar a Perú en barco a lo largo del río Amazonas desde Manaos, Brasil. Las embarcaciones son barcos lentos, el trayecto a Iquitos dura cuatro días; con una hamaca, comida y agua y un montón de repelente de insectos el viaje será mucho mejor. Los puertos más pequeños de Tabatinga, en Brasil, y Laticia, en Colombia, también están conectados por lancha rápida con Santa Rosa, Perú, en una frontera triple. A estos puertos se puede llegar en avión desde Bogotá (Colombia) o Manaos (Brasil).

Desplazarse por Perú

Perú es un país que depende del transporte público, así que las infraestructuras entre las grandes ciudades están mejorando a pasos agigantados, aunque las condiciones de las carreteras en las zonas remotas de la costa y los Andes aún dejan mucho que desear. Los autobuses de larga distancia y la amplia red de vuelos nacionales es la mejor opción para recorrer las enormes distancias del país. Dentro de las ciudades y poblaciones más pequeñas, los colectivos combi (minibuses), los carros colectivos (taxis compartidos) e incluso los *tuk-tuks* en las regiones amazónicas son otra opción. No hay muchas rutas en tren y las que hay son trayectos turísticos que resultan algo caros.

Vuelos domésticos

En un país con un terreno tan accidentado como el de Perú, los vuelos internos son una buena alternativa a los largos, y a veces agotadores, viajes en autobús, sobre todo para los que viajan con el tiempo justo.

Volar es generalmente más caro que viajar en autobús, aunque los precios de los viajes de larga distancia, como el que une Cuzco con Lima, suelen costar lo mismo que los terrestres. Los precios arrancan sobre los 180 S/ y hay que reservar con unos meses de antelación. Los vuelos a Cuzco salen por la mañana temprano debido a que las condiciones climáticas en los Andes cambian rápidamente por la tarde.

Lima es el punto de referencia para los viajes aéreos y para las ciudades más lejanas a veces se debe hacer escala. Los vuelos de Lima a Juliaca, por ejemplo, paran en Cuzco o Arequipa. Las ciudades pequeñas no tienen servicios diarios, mientras que volar a destinos como Chachapoyas, Iquitos y Trujillo puede reducir enormemente la duración total del viaje.

LATAM es la aerolínea más grande y cara de todas, pero también la que más vuelos regulares y horarios tiene. Desde Lima vuela prácticamente a todos los aeropuertos de Perú. Otras compañías nacionales más pequeñas son **Star Perú,** con vuelos a Cuzco, Puerto Maldonado, Iquitos en la selva o Huánuco en los Andes. **Peruvian Airlines** va también a Arequipa, Jauja, Tacna o Tarapoto desde Lima. **LC Perú** va a sitios más pequeños, como Ayacucho o Pisco. La nueva compañía de bajo coste **Viva Air** solo vuela a ciudades principales.

LATAM
W latam.com
LC Perú
W lcperu.pe/en
Peruvian Airlines
W peruvian.pe
Star Perú
W starperu.com
Viva Air
W vivaair.com

Viajar en tren

Todos los servicios ferroviarios que operan en Perú se encuentran en las regiones montañosas al sur de Lima. El tren es medio principal en el que muchos visitantes viajan desde Cuzco a Aguas Calientes, la estación de Machu Picchu. También se puede viajar a las ruinas de Ollantaytambo en el Valle Sagrado. **Peru Rail** e **Inca Rail** ofrecen servicios parecidos. La opción más barata cuesta en torno a los 233 S/, hasta los 1.400 S/ que cuesta el Hiram Bingham, la opción más lujosa.

También hay servicios entre Cuzco y Puno. Una o dos veces al mes, el **Ferrocarril Central Andino** realiza el trayecto entre Lima y Huancayo por las segundas vías más altas del mundo, desde donde se puede conectar con la línea Huancayo a Huancavelica. Normalmente es necesario reservar al menos con una semana de antelación, y más pronto aún en temporada alta.

Ferrocarril Central Andino
W ferrocarrilcentral.com.pe
Inca Rail
W incarail.com
Peru Rail
W perurail.com

Barcos y ferris

Perú no tiene servicios de ferris costeros. En la selva, se pueden alquilar lanchas a buen precio para las que se necesita una hamaca o alquilar un camarote, para hacer trayectos que conectan ciudades como Iquitos con Pucallpa y Yurimaguas. También hay cruceros de lujo a las reservas de Allpahuauyo-Mishana y Pacaya Samiria, a donde solo se puede llegar en barco. En el lago Titicaca, los barcos transportan a los pasajeros entre el puerto de Puno y las islas, pero no hay un servicio regular a Bolivia.

Autobuses de larga distancia

Los servicios de autobuses de lujo interurbanos son los que más se usan para cubrir largas distancias. Los de **Cruz del Sur** y **Movil Tours** son los más cómodos, seguros y fiables. Estos autobuses de lujo ofrecen asientos tipo cama completamente reclinables, viajes directos sin escalas, todas las comidas, aire acondicionado, películas, lámparas de lectura, azafata y baños a bordo.

Siempre hay que comprobar los puntos de partida con atención; los autobuses suelen salir de la terminal central de cada ciudad, pero no en el caso de Lima, donde la mayoría de las empresas tienen sus propias estaciones. Aunque la mayoría de las rutas principales a través de Perú están asfaltadas, los caminos en áreas rurales, montañosas y selváticas pueden estar en muy mal estado, y los autobuses no mucho mejor. En todos los viajes, los artículos de valor deben ir a bordo sin

PLANIFICADOR DE VIAJE

Este mapa, que muestra la duración de los principales viajes entre las ciudades más importantes de Perú, incluye viajes en autobús de larga distancia, y en los casos en los que el trayecto es superior a 12 horas, muestra la duración del vuelo.

Arequipa a Cuzco	10 h
Arequipa a Puno	6 h
Chiclayo a Máncora	6 h
Ica a Arequipa	12 h
Lima a Arequipa	1 h 30 min
Lima a Chachapoyas	1 h 20 min
Lima a Cuzco	1 h 20 min
Lima a Ica	4 h
Lima a Trujillo	8 h
Trujillo a Chiclayo	3 h

apartarse de nuestra vista, ya que puede haber robos. En su momento, viajar por la noche era demasiado peligroso para los visitantes extranjeros; aunque ya no es el caso a lo largo de la costa, deben evitarse los viajes nocturnos en las regiones más remotas y montañosas, donde las posibilidades de accidentes o robos son mayores.

Cruz del Sur
W cruzdelsur.com.pe
Movil Tours
W moviltours.com.pe

Billetes

Las compañías más grandes y modernas venden billetes y publican sus horarios de autobuses por Internet. Siempre se puede reservar en persona en una oficina o directamente en la terminal; esto último suele ser más fácil, ya que las oficinas de las diferentes compañías pueden estar en distintos puntos de la ciudad. Normalmente, los billetes de tren también se pueden comprar por Internet.

Hay que reservar con mucha antelación en temporada alta, así como de mayo a noviembre, Semana Santa, Navidad y las Fiestas Patrias (28 y 29 de julio). Los precios son mucho más altos.

Colectivos

La forma más económica de desplazarse por las principales ciudades peruanas es utilizando minibuses colectivos, también conocidos como combis, y carros colectivos. Ambos van entre ciudades y pueblos, lo que es a menudo más rápido que en autobús. Las rutas fijas se indican en los parabrisas de los colectivos. Los conductores gritan los nombres de las calles a medida que el minibús se precipita por la carretera, metiendo a tantos pasajeros como sea posible. En los carros colectivos caben hasta siete pasajeros y en los minibuses colectivos desde 12 en adelante. Sin embargo, estos vehículos tienen un historial de seguridad espantoso y, a menudo, es preferible coger un taxi.

Taxis

Aunque los taxis se pueden parar en la calle sin problema, es mucho más seguro llamar a un radiotaxi. Los trayectos cortos dentro de las ciudades apenas cuestan más de 10 S/. Pocos tienen taxímetro, así que hay que acordar el precio con antelación y confirmar que es en soles y no en dólares. Los precios suben un 35% después de medianoche.

No se recomienda usar las aplicaciones de taxis en Perú, ya que se sabe que los conductores acceden al sistema y engañan a los pasajeros, que no tienen prácticamente ninguna posibilidad de compensación. **Easytaxi** y **Taxi Real** son servicios buenos y seguros y se pueden reservar por teléfono.

Easytaxi
W easytaxi.com/pe
Taxi Real
W taxireal.com

Direcciones

Gracias a su diseño urbanístico cuadrado, es fácil orientarse por la mayoría de las ciudades. Sin embargo, en las ciudades pequeñas y aquellas que hayan desarrollado un rápido crecimiento, apenas hay letreros. No está de más saber el nombre de un punto de referencia local para guiar al taxista al destino deseado.

Desplazarse en coche

Viajar al ritmo de cada uno es una de las formas más flexibles de explorar Perú. Sin embargo, las malas condiciones de las carreteras y la temeridad de los conductores son solo algunos de los peligros. El robo de coches también es un problema. El combustible es caro y varía según el tipo (el diésel es el más barato).

Se pueden alquilar coches con empresas internacionales en Lima, mientras que, en zonas rurales, lo habitual son las empresas locales menos serias. Revisar el contrato de alquiler y todos los costes posibles es esencial antes de firmar. Los vehículos con tracción a las cuatro ruedas son mejores para las zonas rurales remotas, ya que las motos se recomiendan solo para las ciudades de la selva. Legalmente no es necesario un permiso de conducir internacional, pero puede ser útil para demostrar la autenticidad del permiso de conducir.

Fuera de las ciudades, casi no hay gasolineras, así que hay que llenar el depósito en cuanto se pueda. Dentro del coche hay que llevar siempre agua potable, alimentos, ropa de abrigo y un neumático de repuesto por si hay una emergencia.

Normas de circulación

Al conducir en Lima, por sus autopistas de varios carriles, llenas de coches y gente pitando, da la sensación de que no hay normas de circulación, y lo mejor es no conducir en la capital. En los caminos rurales estrechos, hay que tener cuidado con los conductores que intentan maniobras de adelantamiento arriesgadas y estar siempre listo para quitarse de en medio. Hay que pitar en las curvas peligrosas de carreteras rurales.

Por la noche, las posibilidades de tener un accidente o de que haya un robo aumentan, así que es mejor evitarlo, sobre todo en las montañas. Los puestos de control policial a lo largo de las autopistas generalmente no presentan problemas, pero lo mejor es llevar siempre una fotocopia del pasaporte y el carné de conducir original por si lo piden.

Transporte local

Mototaxis

En las ciudades de provincia, los mototaxis, con su asiento a modo de *tuk-tuk*, son bastante comunes. No es el medio de transporte más seguro ni el más cómodo, así que lo mejor es contratar a través del hotel o de la agencia de viajes un coche con conductor o un taxi por horas.

INFORMACIÓN PRÁCTICA

Con unos pocos conocimientos locales se llega muy lejos en Perú. Aquí están los consejos y la información esencial para una buena estancia.

Seguridad personal

La delincuencia –en particular, ladrones y carteristas– es un problema para los visitantes, por lo que se debe estar siempre atento. El robo es más común en las principales ciudades turísticas, en los trayectos de autobuses de larga distancia y en las terminales de autobuses. Lo mejor es usar cajeros automáticos durante el día, cuando haya más gente alrededor, y hay que evitar caminar solo en zonas desiertas por la noche. Siempre hay que llevar copias de los documentos importantes, en todo momento, y estar al tanto de las estafas con policías falsos; nunca hay que acompañar a uno a un coche

En las comisarías se pueden poner denuncias en caso de robo. Las mujeres pueden viajar solas sin problemas, aunque los peruanos intenten llamar su atención constantemente. Llevar un anillo de bodas o ir en grupo siempre los desalienta.

Las zonas rurales tienen sus propios peligros y todos los viajeros deben evitar caminar o acampar solos en las rutas de senderismo.

Salud

El servicio de salud peruano es bastante bueno, con varios hospitales públicos en Lima y clínicas privadas con la última tecnología, como la **Clínica Inrernacional.**

La malaria es un problema cada vez más común en la zona de la selva; hay que cubrirse mucho y usar repelente de insectos por las noches. El zika, que también se transmite por la picadura de un mosquito, es un riesgo, con lo que las mujeres embarazadas no deben viajar a Perú. No hay ninguna vacuna contra ambas, por lo que se recomienda tomar medidas para evitar las picaduras.

El dolor de estómago por tomar comida con la que no se está familiarizado, o por agua en mal estado, es bastante común. Las farmacias tienen de todo y son como las españolas.

El mal de altura, cuyos síntomas incluyen falta de aliento, cansancio, dolor de cabeza y náuseas, puede afectar a los viajeros que vayan a las tierras altas. Lo mejor es descansar, beber mucha agua y evitar hacer ejercicio. También se puede tomar té de coca. Si los síntomas continúan, hay que bajar de altitud inmediatamente y buscar

ayuda médica. Con la altura, el sol quema más y se recomienda llevar una protección muy alta.
Clínica Internacional
W clinicainternacional.com.pe

Tabaco, alcohol y drogas

Fumar está prohibido en los lugares públicos, incluyendo el transporte. Perú tiene un límite bastante estricto de alcohol en sangre para los conductores: un 0,05 %. Esto equivale a una cerveza pequeña. La posesión o el tráfico de drogas es un delito muy grave, con penas de prisión muy altas y sin fianza.

Carné de identidad

No hay ningún requisito legal que obligue llevar el carné de identidad, pero se recomienda encarecidamente llevar consigo una fotocopia del pasaporte en todo momento. Es posible que haya que mostrar una identificación al realizar pagos con tarjeta de crédito. Para entrar a Machu Picchu, es obligatorio enseñar el pasaporte original.

Costumbres

Los peruanos son educados y bastante conservadores. Al principio y al final de una reunión se intercambia un apretón de manos. Las personas que se conocen se saludan con un solo beso. Se recomienda ropa sencilla, incluyendo pantalones cortos por debajo de la rodilla y camisetas que cubran los hombros. El espacio personal no se respeta mucho: tanto los autobuses como las calles están a reventar.

Evite usar la palabra *indio* para describir a los indígenas peruanos.

Seguridad para LGTB

Al ser una sociedad tan católica y con la cultura del *macho* tan arraigada, la actitud de los peruanos hacia la homosexualidad continúa hostil, a pesar de las leyes contra la discriminación por orientación sexual vigentes desde 2017. Lo mejor es evitar las demostraciones públicas de afecto. En Miraflores y Barranco, en Lima, hay zonas de ambiente.

Vestimenta en los sitios sagrados

Se considera una falta de respeto llevar ropa provocativa o pantalones cortos en la iglesia; tanto hombres como mujeres deben llevar los hombros y piernas tapados. Hay que tener respeto también al hacer fotos.

Teléfonos móviles y wifi

Los viajeros con teléfonos móviles GSM generalmente tienen cobertura en todas las ciudades y pueblos grandes, aunque también se puede comprar una tarjeta SIM local, muy barata, de compañías de todo el país, para realizar llamadas dentro del país y navegar por Internet. Prácticamente todos los hoteles, hostales y cafés tiene wifi gratis para los clientes.

Correos

El servicio peruano de correos lo gestiona la empresa privada Serpost, con sucursales en todas las poblaciones importantes. Las cartas y postales internacionales suelen tardar unas semanas en llegar a destino. Hay servicios certificados. La manera más rápida de enviar documentos importantes o paquetes es por mensajería.

Impuestos y devoluciones

Normalmente se le añade el 18 % del impuesto IGV a las estancias hoteleras. Sin embargo, los extranjeros que estén menos de 59 días en Perú no tienen que pagarlo. Con enseñar el pasaporte es suficiente para que lo quiten de la cuenta. La devolución de impuestos a los turistas que se van se puede hacer, pero es muy difícil.

Tarjetas de descuento

Merece la pena presentar el carné de estudiante, ya que con él se obtienen descuentos de hasta el 50 % en museos y sitios históricos de todo el país.

PÁGINAS WEB

www.peru.travel
La página oficial de turismo del país tiene muchísima información detallada sobre destinos y responde rápidamente a las dudas.

ÍNDICE

Los números en **negrita** hacen referencia a las entradas principales

D

E

J

K

L

M

AGRADECIMIENTOS

La editorial quiere agradecer a las siguientes personas, instituciones y compañías el permiso para reproducir sus fotografías:

a=arriba; b=abajo; c=centro; f=extremo; l=izquierda; r=derecha; t=superior

123RF.com: Maria Luisa Lopez Estevill 210-211bc; Mark Green 202tr; 215tc; 217br; Craig Hastings 24-25ca; Patricio Hidalgo 226tc; saiko3p 212-213tr

Al Frio y Al Fuego: 59crb

Alamy Stock Photo: 500px 134-135; age fotostock 19tl, 66cr; 66br, 71tr; 112tc, 126-127, 196-197, / Toño Labra 103br; Eyal Aharon 55bl; Alpineguide 6-7; Archivart 179br; Archive PL 72cr; Aurora Photos 41cl, 67tr; Matthias Bachmaier 42br; BHammond 45cl; blickwinkel 129tr; Brett Bodkins 218-219bc; Andrew Briggs 181cr; Michele Burgess 169cr, 169b; Charles O. Cecil 52-53bl; Jonathan Chancasana 264-265bl; B Christopher 66tl; Rafal Cichawa 148-149bl; Classic Image 69cra; Thornton Cohen 34cra; David R. Frazier Photolibrary; Inc. 111bc; Ionut David 45tl, 192-193tc; Michael DeFreitas South America 49crb; 128cl; 131t; 232clb; 233br; 235bc; dpa picture alliance 61crb; Maxime Dube 34-35tc, 246-247br; Education & Exploration 1 122-123tc; Julio Etchart 73bl; FirstShot 92cr; Fotoholica Press Agency 165tr; Oliver Gerhard 245tr; Nicholas Gill 59cl; GL Archive 70tc; Bernard Golden 75cra, 110-111tl, 121t, 240br, 263bl; Granger Historical Picture Archive 191cr; Mark Green 42tl, 133b, 156cr, 203tr, 229br; Hemis 66cl, 92fclb, 161crb, 194tl; Heritage Image Partnership Ltd 70cr; Bob Hilscher 147tl, 182-183bl; History and Art Collection 69br; The History Collection 71br; Image Source 202-203bl; imageBROKER 12tc, 62tl; Nicolett Jakab 21ca, 75cl, 248-249; Jon Arnold Images Ltd 102clb; Juniors Bildarchiv GmbH 229cla; Judith Katz 220tl; Paul Kennedy 16c, 76-77; Keystone Pictures USA 73tl; Daniel Korzeniewski 163cr, 262t; Karol Kozlowski Premium RM Collection 109br, 159tl; Jesse Kraft 34cla; Jason Langley 24tl, 204b; Frans Lemmens 228bc, 231tl; Nika Lerman 184br; Yadid Levy 176tc; Martin Lindsay 156-157br; Inga Locmele 158-159bl; Alex Lowry 67cr; Don Mammoser 132t, 143bl; Mauritius Images Gmbh 144b; Melvin Migin 56-57bc; Aivar Mikko 219tr; Minden Pictures 246cla; J.Enrique Molina 100tl, 129tl, 130bl, 217cla, 217cr; Carlos Mora 40br, 67tl, 252br, 260b, 261bc; National Geographic Image Collection 57crb, 220-221br; Newscom / Juan Francisco Melgar 101b; NortePhoto.com / Luis Gutierrez 148tl; North Wind Picture Archives 190cra; Mirosław Nowaczyk 65cl, 65br; Efrain Padro 38bl, 183tr; Ville Palonen 254bl; Ida Pap 55cr; Andrew Paul Travel 177bl; pawlopicasso 69tr; PERU Landmarks and People by Vision 159ca; peruvianpictures.com 72br; PhotoBliss 92fcrb; Photononstop 63cl; PJF Military Collection 217cra; Graham Prentice 86cra; Prisma Archivo 69bc, 70bl, 70br; Jussi Puikkonen 48br, 80cr; Kseniya Ragozina 234-235tl; Stefano Ravera 149tr, 179tc; Realy Easy Star 60tr, 60cla; Sergi Reboredo 13tc; 74-75br, 167clb, 230cra; Reciprocity Images 160bc; Reda &Co Srl 244b; robertharding 40-41tl, 145tr, / Karol Kozlowski 124clb; Henryk Sadura 160tl; Worawan Simaroj 146-147br; South America 85bl; Stock Connection Blue 257clb; Tetra Images / Henryk Sadura 114bl; Mark Towner 20cb, 236-237; UtCon Collection 259br; Mireille Vautier 112bl; Ivan Vdovin 232b; Davor Vukovic 160-161tr; VWPics / Federico Tovoli 36crb; David Wall 80crb; John Warburton-Lee Photography 64br, 67br; Yola Watrucka 38-39tc; Xinhua 67bl; 73bc; Zoonar GmbH 30crb; ZUMA Press; Inc. 53tr

AWL Images: John Coletti 93; Hemis 74cra; Karol Kozlowski 85cr; Nigel Pavitt 75tl; Alex Robinson 214br; Andrew Watson 233tr

Bridgeman Images: *Relief depicting crossed hands*; from Kotosh / De Agostini Picture Library / G. Dagli Orti 129c; *Native Peruvians gather potatoes from their terraced farms* (colour litho); Herget; Herbert M. (1885-1950) / National Geographic Image Collection 68bc; *Theatrum Orbis Terrarum sive Atlas Novus* / Veneranda Biblioteca Ambrosiana / Gianni Cigolini / Mondadori Portfolio 68tc; *Facsimile of a drawing by Felipe Guaman Poma from his 'El Primer Nueva Coronica y Buen Gobierno'* / Werner Forman Archive 191cl

Centro de Textiles Tradicionales del Cusco: 44tc

Cervecería del Valle Sagrado: 50tl

Depositphotos Inc: pxhidalgo 23tr; roussien 35cla; ssviluppo 26br; vitmarkov 28crb

Dorling Kindersley: Demetrio Carrasco / Museo de Sitio Huaca Pucllana 109tl, 109tr, 109ftl, / San Francisco Monastery, Lima 94br, / Santa Rosa de Ocopa Convent 99tr; Nigel Hicks 261tc, / Museo Tumbas Reales de Sipan 231cr, 231br; Linda Whitwam 26tc

Dreamstime.com: A41cats 8cl; Galyna Andrushko 58-59tc; Jean-Paul Bagur 37bl; Rui Baião 25tr; Barbarico 242bl; Manuel Mauricio Huerta Berrocal 82bl; Bhofack2 50-51bc; Larisa Blinova 11tc, 51cr; Byelikova 166bl; Chrishowey 11br; Rafał Cichawa 215br; Coconutdreams 165bc; Sorin Colac 43br; Steven Cukrov 123br; Danflcreativo 189tr; Danilovets 8cla; Ionut David 36-37tr, 174tc, 188tc; Neil Denize 39cr; Donyanedomam 11cr; Drmonochrome 193bl; Duncanandison 211tl; Dvrcan 24-25tc, 115tr, 125tl; Joan Egert 257crb; Emicristea 185; Aurora Esperanza Ángeles Flores 36cla; Lider Garcia 116-117; Gkadams92 87cra; Albert Gonzalez 32cr; Diego Grandi 30tc, 32bl, 61cla, 113br; Juan José Napuri Guevara 53cl, 82-83tc; Pablo Hidalgo 104-105; Patricio Hidalgo 26crb, 230-231bl; Ildipapp 51tl; Imagezebra 141tr (all); Jarcosa 71bl; Vladislav Jirousek 69tl; Mariusz Jurgielewicz 258cra; Karol Kozlowski 109ftr; Jesse Kraft 80bl, 92crb, 190-191bc, 200tc, 243cr; Debra Law 189c; Libux77 58-59bc; Lindrik 22tl, 80tc; Makasanaphoto 68br, 211cra; Markpittimages 28tc; Carlos Soler Martinez 226bc; Sergey Mayorov 60-61bc; Giulio Mignani 17bl, 150-151; Pixattitude 62-63bl, 63tc, 258-259bl, 259tr, 259cra; Ondřej Prosický 10clb; Pytyczech 10cla; Kseniya Ragozina 18ca, 170-171; Riopatuca 191ca; Roussien 242-243tc; Saiko3p 28cr; Salparadis 257bl; Suebmtl 22tr; Petr Švec 23tl; Takepicsforfun 30cr; Roman Tiraspolsky 187tc; Viennetta 12-13bc; Vitmark 57cl, 166cr; Thomas Wyness 30bl; Michael Zysman 212crb

Getty Images: AFP Photo / Ernesto Benavides 49cl; Cris Bouroncle 231cra; David Curtis 64-65tl; Danita Delimont 32crb; Fotoholica Press 53br; Kenneth Garrett 128-129bl; Glowimages 140-141bl; hemis.fr 92clb, / Hughes Herve 98-99bl, 120br; Imágenes del Perú 217cb; Ipsumpix 71tl; Jesse Kraft / EyeEm 143br; Michael Langford 259tl; Leemage 129br; Lonely Planet Images 95br, / Brent Winebrenner 72bl; Manuel Medir 41br; John & Lisa Merrill 47br; Domingo Leiva Nicolas 96-97br; DEA / G. Dagli Orti 132bl; Bruno Perousse 182cl; Jaime Razuri 73cla; Erika Skogg 188-189br; Anibal Solimano 73tr; Keren Su 36bl; suraark 87tl; Universal History Archive 72tc; WIN-Initiative 2-3

iStockphoto.com: alessandro_pinto 240tc; Peter Bocklandt 54-55tc; Agustina Camilion 8-9br; DC_Colombia 154tc, 252tc; dimarik 46-47bc; elisalocci 54bl; Fabiolm 187bl; flavijus 87cla; hadynyah 12clb, 52tr; holgs 34tl; instamatics 166-167tr; JohnnyLye 43cl; Juliandoporai 194-195br; marktucan 35tr, 266-267; Mauro_Scarone 10-11bc; OscarEspinosa 63crb; OSTILL 141br; PatricioHidalgoP 149cl; paulobaqueta 184crb; piginka 67cl; powerofforever 57tr; raisbeckfoto 96t; rchphoto 168tl; RMDobson 255; RPBMedia 256-257tl; RStelmach 205tr; saiko3p 74bl; Starcevic 164tl; stbaus7 48-49tl; Stockphoto24 19cb, 206-207; tbradford 46tl, 108-109bl; Carrie Thompson 94tr; torukojin 191tl; travelview 22-23ca; xeni4ka 26clb

Mundo Alpaca - Arequipa; Peru: 28bl, 44-45bl

Picfair.com: Rui Baiao 43tc; Mariano Diaz Gargiulo; Argentina 17tc, 136-137; Paul Neuman 4

Don Porfirio's; Lima: 13br, 84bl

Rex by Shutterstock: Ernesto Arias / EPA-EFE 84-85tl

Jade Rivera: *Hogar de un Suspiro* de Jade Rivera 83cb

Robert Harding Picture Library: Heiko Beyer 92cra; Michael DeFreitas 32tc, 88-89; Robert Frerck 20tl, 86-87br, 222-223; Laura Grier 162-163tl; Karol Kozlowski 13cr, 66tr; Tono Labra 95tl; Gerard Lacz 56tc; Jose Enrique Molina 8clb, 66bl; Alex Robinson 38-39bc; Matthew Williams-Ellis 24cla, 47tr, 142-143tl

Shutterstock: Milton Rodriguez 143crb; Jerome Stubbs 184cl; Christian Vinces 216-217bl

SuperStock: Album / J.Enrique Molina 179cra; Cultura Limited 180-181tl; Minden Pictures / Cyril Ruoso 254cl

Solapa delantera:
Alamy Stock Photo: Alpineguide tc; National Geographic Image Collection cra; Brett Bodkins cb; **Dreamstime.com:** Larisa Blinova br; Ondřej Prosický cla; **Picfair.com:** Paul Neuman bl

Imágenes de cubierta:
Delantera y lomo: **Alamy Stock Photo:** Alpineguide; *Trasera:* **Alamy Stock Photo:** Eyal Aharon c, Alpineguide bc, Inga Locmele tr; **Dreamstime.com:** Giulio Mignani cla.

Resto de imágenes © Dorling Kindersley

Mapas:
Mapas de Lima y Perú de Netmaps.

Para más información, visitar: www.dkimages.com

MIX
Paper from responsible sources
FSC™ C018179

Toda la información de esta Guía Visual se comprueba regularmente.

Se han hecho todos los esfuerzos para que esta guía esté lo más actualizada posible a fecha de su edición. Sin embargo, algunos datos, como números de teléfono, horarios, precios e información práctica, pueden sufrir cambios. La editorial no se hace responsable de las consecuencias que se deriven del uso de este libro, ni de cualquier material que aparezca en los sitios web de terceros, además no puede garantizar que todos los sitios web de esta guía contengan información de viajes fiable. Valoramos mucho las opiniones y sugerencias de nuestros lectores. Por favor escriba a: Publisher, DK Eyewitness Travel Guides, Dorling Kindersley, 80 Strand, London, WC2R 0RL, UK, o al correo electrónico: travelguides@dk.com

Colaboraciones principales Steph Dyson, Sara Humphreys, Eleanor Griffis, Maryanne Blacker, Jorge Riveros Cayo, Dominic Hamilton, Rob Rachowiecki, Joby Williams

Edición sénior Alison McGill

Diseño sénior Laura O'Brien

Edición de proyecto Zoë Rutland

Diseño de proyecto Sara-Louise Brown, Tom Forge, Bess Daly

Diseño Van Lee

Edición Louise Abbott, Lucy Richards, Lucy Sara-Kelly

Documentación fotográfica Ellen Root

Iconografía Ashwin Adimari, Sumita Khatwani, Susie Peachey

Ilustración Chapel Design & Marketing Ltd., Chinglemba Chingbham, Surat Kumar Mantoo, Arun Pottirayil, T. Gautam Trivedi, Mark Arjun Warner

Cartografía senior James Macdonald, Casper Morris

Cartografía Simonetta Giori, Zafar Khan

Diseño de cubierta Simon Thompson, Vinita Venugopal

Iconografía de cubierta Susie Peachey

Diseño DTP Jason Little

DTP Azeem Siddiqui, Tanveer Zaidi

Producción senior Stephanie McConnell

Responsable editorial Rachel Fox

Dirección de arte Maxine Pedliham

Dirección editorial Georgina Dee

De la edición española

Coordinación editorial Elsa Vicente y Cristina Gómez de las Cortinas

Servicios editoriales Moonbook

Título original: Eyewitness Travel Guide, Peru
Séptima edición, 2020

Publicado originalmente en Gran Bretaña en 2008 por Dorling Kindersley Limited
80 Strand, London WC2R 0RL

ISBN 978-0-241-43276-1

Impreso y encuadernado en China

NOTAS DE VIAJE

NOTAS DE VIAJE

NOTAS DE VIAJE